# PESIMISMO CON ESPERANZA

El pesimismo como virtud moral en tiempos
de incertidumbre

MARA VAN DER LUGT

Shackleton
—b o o k s—

*Para mi madre*
*y mis hermanos*

*Pesimismo con esperanza. El pesimismo como virtud moral en tiempos de incertidumbre*
Título original: *Hopeful pessimism*
© Mara van der Lugt, 2025.
Publicado originalmente por Princeton University Press
© 2025 by Princeton University Press
© Traducción: Bonalletra Alcompas, S. L.

Shackleton
—books—

(f) (x) (○) @Shackletonbooks
shackletonbooks.com

© Fotografías: d. p. (I), Crispin Hughes (II), d. p. (IIinf. y III), State Library of New South Wales (IVsup.), Watts Gallery Trust (IVinf.).
© Fotografía de cubierta: pexels-timmossholder-322686

© Primera edición en Shackleton Books, S. L., 2026

Realización editorial: Bonalletra Alcompas, S. L.
Diseño de cubierta: Ana Montero
Diseño y maquetación: Reverté-Aguilar

ISBN: 978-84-1361-743-5
Depósito legal: B 2040-2026
Impreso por ELCOGRAF (Italia).

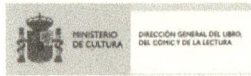 

Lectura infinita
#pactoporlalectura

# Contenido

*Impossible, you say;*
*let me retreat*
*and find my rest.*
*What rest, my friend,*
*in these fragmented times?*[1]
TOYOHIKO KAGAWA

---

Figura 1. G. F. Watts, *Hope*, primera versión («verde»), 1885-86.

Figura 2. Marcha y sentada de protesta en Trafalgar Square organizada por Extinction Rebellion (XR) el primer día de su Rebelión de Abril, 9 de abril de 2022.

Figura 3. G. F. Watts, *Hope*, segunda versión («azul»), 1886.

Figura 4. Gustave Doré, ilustración para Dante, *Purgatorio*, canto 29.

Figura 5. Josiah Wedgwood, medallón de arcilla de Sydney Cove, 1789.

Figura 6. G. F. Watts, Una dedicatoria (*A todos aquellos que aman lo bello y lloran la destrucción insensata y cruel de la vida y la belleza de las aves*), 1898-99.

# Introducción

Una figura femenina permanece sentada sobre un globo terráqueo. La imagen transmite soledad y desolación, como si hubiera acontecido una terrible catástrofe de la que solo hubieran sobrevivido el globo desnudo y la figura que lo corona: con los ojos vendados, esta inclina la cabeza con la intención de escuchar el sonido de la última cuerda de la última lira. Recostada sobre el globo, como sobre las ruinas del mundo. El escritor G. K. Chesterton sugeriría más tarde que, si alguien entrara por azar en una galería de arte y viera este cuadro por primera vez, pensaría que se titula *Desesperación*. Y, en realidad, se titula *Hope* («Esperanza»). El cuadro, pintado por G. F. Watts en 1885, inquietó a algunos de los primeros espectadores que lo contemplaron: aquella escena frágil y aquella figura quebrada estaban a años luz de las representaciones habituales de la esperanza —un ancla, un símbolo que fortalece el ánimo—. Sin embargo, pese a su desolación, pronto anduvo en boca de todos y fue alimentando una «biografía intelectual» propia. Tanto Martin Luther King como Jeremiah Wright se refirieron a *Hope* en sus sermones, que a su vez inspiraron a un joven Barack Obama. Con todo, no está claro que el mensaje que a menudo se extrapola del cuadro —que la resiliencia humana lo conquista todo; que, incluso con una sola cuerda, la esperanza persevera— sea el que Watts pretendía. Cuando le preguntaron por la pintura, no quiso ligarla ni con el optimismo ni con el pesimismo. «La esperanza no tiene por qué implicar expectativa», afirmó. Por tanto, lo que se deduce es que la música puede surgir de la cuerda que queda.[1]

Esta afirmación resulta interesante, porque no solemos pensar en la esperanza en estos términos. Tendemos a interpretarla, precisamente, como una expectativa de cara al futuro y a contraponerla a actitudes que consideramos carentes de esperanza: el pesimismo, la pasividad, la desesperación. Pero ¿y si siguiéramos la pista de Watts y adoptáramos otra concepción de la esperanza? ¿Cómo sería una esperanza que no dependiera ni de la expectativa ni del optimismo? ¿Podría el propio pesimismo ser esperanzado? «Pesimismo esperanzado»: suena a una contradicción en los términos, ya que la esperanza suele ligarse —o incluso equipararse— con el optimismo, y el pesimismo con su contrario, la desesperación. Son palabras con las que nos tropezamos a diario en una época ensombrecida por la tormenta de la catástrofe climática que se avecina. De modo que ¿eres optimista o pesimista teniendo en cuenta nuestras posibilidades? ¿No caes en la desesperanza? ¿Hay motivos para la esperanza? ¿Cómo evitar la desesperación? Estas son las preguntas que escritores, científicos y activistas se formulan cada día. Parece como si se nos exigiera adoptar una postura a todos, no solo sobre el cambio climático y qué hacer al respecto, sino también sobre la actitud que mantenemos ante el futuro: un futuro que, por lo demás, se presenta incierto.

No hay nada de malo en estas preguntas, en la medida en que nacen de una disposición abierta y curiosa. No obstante, a veces, tanto las preguntas que se formulan como el modo de responderlas vienen cargados de una intensa dimensión moral. Lo que subyace a la exigencia de elegir entre esperanza u optimismo, por un lado, y desesperación o pesimismo, por el otro, es la suposición persistente de que optar por lo primero equivale a situarse en el lado correcto de la historia, mientras que ceder a lo segundo supone renunciar por completo a ello. Según esta narrativa, quien se entrega al pesimismo se adentra en un mundo lleno de fatalismo, derrotismo y apatía, donde el cambio resulta imposible debido a la incapacidad misma de imaginarlo.

Noam Chomsky, en una colección que tuvo el acierto de titular *Optimismo contra el desaliento* (*Optimism over Despair*), plantea la cuestión del optimismo y el pesimismo como una bifurcación en el camino:

> Tenemos dos opciones. Podemos ser pesimistas, rendirnos y contribuir a que ocurra lo peor. O podemos ser optimistas, aprovechar las oportunidades que sin duda existen y quizá ayudar a hacer del mundo un lugar mejor. No es una elección compleja.[2]

Igualmente, Jane Goodall sostenía que la gente se siente «abrumada por la magnitud de nuestra insensatez» y que eso provoca que «se hunda en la apatía y la desesperación, pierda la esperanza y, en consecuencia, no haga nada».[3] En una postura más matizada, Rebecca Solnit contrapone la esperanza tanto al optimismo como al pesimismo: «Los optimistas creen que todo irá bien sin nuestra participación; los pesimistas adoptan la posición contraria; ambos se eximen así de actuar»,[4] porque «tanto si uno está seguro de que todo se irá al infierno como si considera que todo saldrá a pedir de boca, no hay un impulso para actuar» (*Esperanza en la oscuridad*).

## El malentendido

Los autores que advierten contra el peligro del pesimismo y la desesperación (que, como constataremos en adelante, no son lo mismo, aunque a veces vayan de la mano) actúan condicionados por un temor comprensible. Si examinamos con más detenimiento sus formulaciones, enseguida resulta evidente que lo que en realidad combaten no es tanto el pesimismo (la idea de que el futuro se presenta sombrío) ni siquiera la desesperación (una respuesta natural ante ese panorama), sino el espectro del fatalismo, la apatía y el derrotismo: la convicción de que *no hay nada que hacer y, por tanto, lo mejor es claudicar.*

Este espectro, como veremos, a veces adopta formas muy reales y tangibles y, cuando lo hace, el temor al fatalismo está justificado: existen motivos para inquietarse ante quienes afirman que deberíamos *limitarnos a rendirnos.* Aun así, son muy pocos los que defienden eso y, lo que aquí nos importa es que la mayoría de los pesimistas no lo lleva a término.

El gran malentendido, tanto en el debate climático como en un sentido más general, surge cuando se equipara el optimismo con la actividad y el compromiso, y el pesimismo con la pasividad, el derrotismo o la resignación. Porque no es cierto que el pesimismo equivalga a darse por vencido. Como también han argüido otros —y como demuestra sobradamente la historia—, pesimismo y activismo son perfectamente compatibles; de hecho, en algunos casos han resultado una combinación especialmente poderosa. Al fin y al cabo, si el activismo optimista se apoya en la cercanía del éxito, queda expuesto a los reveses y las decepciones: se consume con rapidez, se apaga con facilidad. En cambio, el activismo pesimista, si se encauza de manera adecuada, puede manifestarse como un fuego de combustión lenta: un fuego que no necesita alimentarse ni de la expectativa ni de la gratificación de los éxitos en el camino.

Tendemos a equiparar rápidamente el pesimismo con la pasividad, el fatalismo o la desesperación, y a rechazarlo por este mismo motivo —pues, desde luego, no queremos una filosofía que nos diga que debemos claudicar—. Pero ¿es esto realmente el pesimismo? Joshua Foa Dienstag explicó en su libro sobre este tema que, lejos de conducir a la pasividad, el pesimismo puede estar estrechamente ligado a una tradición de activismo moral y político, como en el caso del novelista y filósofo francés Albert Camus (aspecto que abordaremos ampliamente en el segundo capítulo).

Ni siquiera los pesimistas más sombríos se atrevieron a afirmar jamás que la vida solo podía empeorar o que nunca podía mejorar: esto no es más que una caricatura del pesimismo, trazada a toda prisa con el fin de descartarlo. Ni siquiera Schopenhauer, el más lúgubre de todos los filósofos, suscribió tal idea. Por el contrario, sugirió que es precisamente porque no podemos controlar el curso de las cosas por lo que nunca podremos saber qué depara el futuro: la vida puede cambiar a peor o a mejor. «El pesimista», en palabras de Dienstag, «no espera nada».[5]

Esto no significa que tal pesimismo se halle «carente de esperanza», al menos no en el sentido de creer que no hay posibilidad de cambio. Si el futuro se encuentra radicalmente abierto, esa incertidumbre es tanto un peligro como una posibilidad. Para el pesimista siempre hay esperanza, porque siempre hay incertidumbre. Se trata de una esperanza sin expectativa, y bien podría ser lo que Watts insinuó al titular *Hope* («Esperanza») a su desolado cuadro.

Sin embargo, si el pesimismo puede ser compatible con el activismo, ¿qué ocurre, entonces, con la desesperación? ¿Es que acaso se asemeja la desesperación a la claudicación? No estoy tan seguro. Ciertamente debemos resistir a toda costa a algunas formas de desesperación: a aquellas que nos llevan a derrumbarnos en la inacción, a admitir la derrota. Aun así, existen también otras: versiones de la desesperación compatibles con el activismo, con el coraje y la tenacidad, con permanecer en la batalla incluso cuando toda «esperanza» parece perdida. No es cierto que necesitemos estar positivamente esperanzados para continuar luchando. No hay duda de que los movimientos de resistencia y activismo del pasado se han alimentado de la esperanza y la expectativa, pero también de la desesperación, la ira, el duelo y, más que nada, de razones de justicia y de deber: porque *es lo que se nos exige*.

Esta es una forma de compromiso y de impulso moral que de ningún modo resulta incompatible con la desesperación, y no debería sorprendernos: aparece por doquier en nuestras narrativas culturales, aunque pocas veces lo reconozcamos como tal. Así, en la adaptación cinematográfica de *El Señor de los Anillos*, cuando, en medio de una situación desesperada, Frodo pregunta a su compañero «¿a qué nos aferramos, Sam?», este responde: «A que todavía hay algo de bondad en este mundo, señor Frodo. Y que *merece la pena luchar por ello*».[6] Este pasaje, muy apreciado en las redes, suele glosarse como una afirmación de la esperanza contra toda probabilidad, sin embargo, al igual que el cuadro de Watts, admite otra lectura: que incluso cuando no hay «esperanza» a la vista, cuando no hay razón alguna para creer que sobreviviremos al tsunami de la perdición, puede merecer la pena luchar. Aun a sabiendas de que la misión entraña una dificultad enorme, sigue siendo una forma de esperanza. En ausencia de perspectivas reales de éxito, lo que puede sostenernos no es la esperanza expectante de la victoria, sino el conocimiento desesperado de que existen razones por las que vale la pena luchar: una serena desesperación de la que bien puede brotar la esperanza.

La cuestión es que la esperanza es importante, pero debe ser del tipo adecuado: aquella que persiste cuando las demás versiones fracasan. J. R. R. Tolkien dio claramente cuenta de ello, y por este motivo existen dos palabras para la esperanza en élfico: *Amdir* y *Estel*.[7] Yo hablaré, en cambio, de la esperanza verde y de la esperanza azul, y sostendré que, mientras la verde ha dominado nuestra conciencia, es hacia la azul hacia donde debemos dirigirnos: la esperanza que se sitúa al lado del pesimismo e incluso camina de la mano de la desesperación; la esperanza que nace de la pura incertidumbre.

La esperanza del *pesimismo con esperanza*.

## El peligro

Lo que debemos evitar, entonces, no es tanto el pesimismo como la pasividad, el derrotismo o la claudicación. Ni siquiera la desesperación debe evitarse por completo, pues también puede insuflarnos energía e impulsarnos a luchar por el cambio; lo que sí debemos rechazar es la forma de desesperación que conlleva que nos derrumbemos. Estos términos no son sinónimos del pesimismo, que no es más que la asunción de una mirada sombría sobre el presente y sobre el futuro, y que *no* implica la pérdida del coraje ni la renuncia a insistir en la lucha por algo mejor; al contrario, con frecuencia son precisamente esos los dones que el pesimismo puede otorgar.

¿Significa esto que los autores que advierten contra el pesimismo o la desesperación siguen estando plenamente justificados, siempre que sustituyamos esos términos por otros, como fatalismo o apatía? ¿Se trata, en última instancia, de una cuestión semántica?

Si así fuera, nuestra tarea resultaría sencilla. No obstante, se trata de algo más complejo. Porque, mientras la narrativa de la esperanza logra esquivar la Escila de la apatía y el derrotismo, a veces se desliza hacia la Caribdis del optimismo, cuyo peligro tiende a subestimar.

*Esperanza y optimismo*: son conceptos enmarañados en los estrechos nudos de la asociación, y a menudo confundidos o incluso fusionados por los mismos autores que afirman mantenerlos a distancia. El peligro del optimismo es uno contra el que los viejos pesimistas no se cansaron de advertirnos: que, si sobrestimamos el poder que tenemos sobre nuestra mente, nuestra vida y nuestro destino, es demasiado fácil deslizarse hacia la crueldad. Que insistir en que la vida es buena, incluso ante un sufrimiento duro e implacable, o sostener que tenemos bajo control nuestra felicidad, equivale a agravar todavía más ese sufrimiento. Supone añadir al dolor la responsabilidad de ese mismo dolor; supone cargar a quien sufre con un sentimiento de inadaptación.

Este peligro está presente en todas las épocas (como los pesimistas nos han advertido desde, al menos, el siglo XVII), sin embargo, resulta especialmente seductor en tiempos oscuros como los que atravesamos. Insistir constantemente en la necesidad de proclamar esperanza y optimismo significa sobrecargar no solo a los activistas, sino también a todos aquellos que, con razón, se preocupan por el cambio climático: presume añadir a las inquietudes de esta época el peso de tener que afirmar la propia disposición esperanzada a cualquier precio.

Científicos y comentaristas conversan con demasiada frecuencia sobre los estados de ánimo sombríos de los activistas climáticos y, a veces con condescendencia, expresan su preocupación por su bienestar psicológico e insisten en la necesidad de un mayor optimismo o esperanza para combatir su «ecoansiedad».[8] Por el contrario, se ha hablado muy poco del daño que causan estos discursos, que se han filtrado en el marco teórico del movimiento climático y generan una presión constante por centrarse en la consecución del éxito en lugar de en la posibilidad del fracaso. El resultado, de hecho, es el agotamiento y la desilusión —y así nos vemos abocados a la profecía cumplida—. Lo único que esto demuestra es que, cuando el activismo se basa en el optimismo, queda expuesto de un modo muy particular: precisamente porque no equipa a sus participantes para afrontar los reveses y las decepciones, ni la posibilidad del fracaso.

Y quizá sea esa misma tendencia a sobrestimar la necesidad del optimismo y de la esperanza la que conduce al agotamiento, la desilusión y la apatía: las expectativas demasiado altas se derrumban con facilidad, y el activismo que se apoya en ellas se desmorona con la misma rapidez.

En el debate climático tiene que haber espacio para los sentimientos y las actitudes negativas, para las discusiones sobre la incertidumbre y la perspectiva del desastre, incluso para la posibilidad de que el propio movimiento climático fracase. Reconocer estos horizontes oscuros no equivale a entregarse a la desesperación, ni tampoco a claudicar. Uno puede ser profundamente, sombríamente pesimista; puede hallarse en las frías y duras garras de la desesperación; y aun así no verse privado de la posibilidad —y puede que no sea más que una posibilidad— de que lo mejor todavía pueda llegar.

Esta es una forma de esperanza que se paga cara, que no surge a la ligera, sino que se talla a partir de una visión dolorosa: quizá no sea más que el reconocimiento de todo el sufrimiento que la vida puede contener y, de hecho, contiene. Si algo me han enseñado los pesimistas es esto: que, con los ojos sumidos en esa oscuridad, todavía puede abrirse una extraña y fulgurante grieta, como una puerta entreabierta, para que lo bueno entre en la vida. Puesto que todo es incierto, también lo es el futuro, y por eso siempre existe la posibilidad de un cambio, tanto para lo peor como para lo mejor.

Esto mismo puede convertirse en una postura moral: una que acoge lo bueno cuando se da y lo impulsa en su camino, pero que también reconoce lo malo sin restarle importancia ni cargar una responsabilidad inasumible sobre aquellos a quienes aplasta en su trayecto. A veces no está en nuestras manos cambiar el mundo como querríamos, y reconocerlo puede ser el mayor esfuerzo y, a la vez, el mayor consuelo, sin por ello renunciar al empeño de ofrecer lo mejor —y lo más arduo— de nuestro trabajo a la causa.

Como escribió Jonathan Lear en su libro *Esperanza radical*, en los tiempos de devastación cultural los viejos valores suelen perder su sentido.[9] Si han de sobrevivir al derrumbe del horizonte moral, precisan nuevos significados, nuevos conceptos que les insuflen vida. Lo más difícil de todo es negociar ese cambio, comenzar a habitar nuevas virtudes mientras las antiguas prosiguen entre nosotros. Y considero que esta es una de las maneras en que el pesimismo puede resultar de utilidad: como una virtud en sí misma, pero también como un modo de dotar de un nuevo significado a virtudes que transmutan como parte de este mundo cambiante. Contemplar, con los ojos abiertos, la realidad que tenemos delante requiere coraje; no apartar la vista, templanza; y, aun así, no decidir que todo termina ahí: eso es esperanza.

*Esperanza*: no la de que al final todo saldrá bien, sino la de que nada ha terminado nunca por completo; que «hay una grieta en todo», como cantaba Leonard Cohen en *Anthem*, tanto en lo bueno como en lo malo, de modo que ninguno de los dos extremos queda jamás enteramente fuera de nuestro alcance.[10] No se trata de la convicción firme de que las cosas necesariamente mejorarán: no se trata de echar mano del burdo optimismo, que ya no puede ser una virtud en un mundo que se resquebraja y que podría revelarse como nuestro mayor vicio. Tal vez sea más fácil esmerarnos bajo esa bandera de éxito asegurado, no obstante, esa facilidad es engañosa. Pues, si bien es posible desanimarse por la pasividad o el fatalismo, también lo es agotarse con la decepción constante.

Lo que nos exige el *pesimismo con esperanza* es que nos esforcemos por el cambio sin certezas, sin esperar de nuestros esfuerzos otra cosa que el conocimiento de haber llevado a cabo lo que se nos demanda como agentes morales en un tiempo de transformación. Puede que esto sea apenas la más tenue de las esperanzas, el más sombrío de los consuelos, sin embargo, también puede ser precisamente lo que mejor nos sirva en los tiempos venideros: como un valor y —sí— como un ejercicio de fervor moral, una virtud frágil para una época frágil.

# PARTE I

# Pesimismo

# Capítulo 1
# Optimismo, pesimismo, fatalismo

*«Solo hay una cosa más estúpida que el pesimismo absoluto:*
*el optimismo absoluto».*
Albert Camus[1]

Imagina que entras en una galería. No estaba previsto, pero aquí estás. Empiezas a recorrerla sin rumbo fijo. Algunos cuadros ya los conoces; otros te resultan nuevos; uno, sin saber por qué, te detiene en seco. Te atrae y, por un momento, dejas atrás todos tus pensamientos: estás «ante un lienzo sombrío, con una figura encorvada, abatida y esquiva que se inclina en la penumbra sobre una lira rota».[2]

Cierra los ojos y vuelve a abrirlos. ¿Qué ves?

Según G. K. Chesterton, tu primera impresión será pensar que el cuadro lleva por título *Desesperación*. Aun así, después de leer su verdadero título y contemplarlo con más detenimiento, «una difusa, aunque poderosa sensación de significado» empezará a crecer en tu mente. Frente a él, te descubrirás «en presencia de una gran verdad». Percibirás «que hay algo en el ser humano que siempre parece a punto de extinguirse, pero nunca lo hace; una certeza que parece abandonarte una y otra vez y, sin embargo, permanece eternamente; una cuerda tensada al límite que nunca llega a romperse».

Podríamos llamar a ese algo *Esperanza*, como hizo el creador del cuadro, pero «podríamos darle muchos otros nombres. Llámalo fe, vitalidad, voluntad de vivir, la religión de la mañana siguiente, la inmortalidad, amor propio o vanidad: es aquello que explica por qué el ser humano sobrevive a todas las cosas y por qué no existe la persona pesimista».[3] Sin eso —sea lo que *eso* sea—, estamos muertos.

No existe la persona pesimista. Para quien se adentra en el estudio del pesimismo filosófico, esta es una idea inquietante y, si se tiene en cuenta a los numerosos autoproclamados pesimistas del pasado y del presente, difícil de sostener. Pero ¿qué quiso decir G. K. Chesterton? ¿Que no hay nadie que, por el mero hecho de seguir viviendo, no otorgue valor a su existencia? ¿Que los pesimistas filosóficos, como Arthur Schopenhauer, son en realidad optimistas disfrazados? ¿O que no existe quien no albergue alguna expectativa positiva respecto del futuro, alguna creencia que sostenga que podría llegar algo mejor?

En otras palabras: *¿qué es un pesimista?*

## Una breve visita guiada

Depende de a quién se le pregunte y de la época en la que se pregunta. Las palabras *optimismo* y *pesimismo* han cambiado de sentido de manera notable a lo largo del tiempo. Si retrocediéramos hasta el siglo XVII y le preguntáramos a un literato qué significan esos conceptos, nos miraría extrañado, sin entender la pregunta —y con razón: los términos aún no existían—. Sin embargo, si avanzásemos hasta mediados del siglo XVIII, tendríamos más suerte. Podríamos llamar a la puerta de Voltaire, autor de un cuento que incluye el término *optimismo* en el título, y preguntarle qué significa esa palabra tan curiosa.

«¡Amigos míos!», podría responder con su característica sonrisa irónica. «El optimismo es una filosofía cruel, inventada por gentes como Leibniz y Pope, según la cual *todo sucede para bien* y *vivimos en el mejor de los mundos posibles.* Al fin y al cabo, si Dios hubiera podido crear uno mejor, ¡lo habría hecho! O eso creen los optimistas».

Pero no nos consideramos ingenuos: hemos hecho los deberes. ¿Acaso no sintió Voltaire admiración por Leibniz en su juventud? ¿No dijo él mismo que, aunque haya imperfecciones en algunas *partes de la creación*, el resultado *es muy bueno*?

Tal vez la pregunta lo incomode.

«Uno puede cambiar de opinión, ¿no es cierto? Además, considerar que el resultado es muy bueno no es lo mismo que el optimismo. Yo nunca afirmé, como sí hizo Alexander Pope,[4] que *todo es bueno y todo está bien*».

¿Y cuál es, entonces, el problema del optimismo?, podríamos insistir. «¿Acaso no habéis leído mi célebre *Cándido o el optimismo*? «Si este es el mejor de los mundos posibles, ¿cómo serán los otros?».[5]

Sí, lo hemos leído. Ese libro fue decisivo para que el *optimismo* se convirtiera en una palabra de uso común. ¿La acuñó el propio Voltaire?

«¡Qué más quisiera!», respondería con ironía melancólica. «Fueron los jesuitas, por supuesto».

Acudamos, pues, a los eruditos de la Compañía de Jesús. Nos reciben, aunque ignoramos el nombre del sabio de sotana oscura que se sienta ante nosotros: prefiere el anonimato.

«Sí», podría decir, «fuimos nosotros quienes acuñamos el término *optimismo* para describir a filósofos como Leibniz, que pintaron un mundo excesivamente positivo. Y, pensándolo bien, también *pesimismo*, para autores como Voltaire o ese taimado escéptico Bayle, que parecen creer que el mundo es un lugar pésimo y culpan al creador. Ambos olvidan que el mundo es *ahora* malo, ciertamente, a causa del pecado original, pero todo será restaurado al final de los tiempos».

Desconcertados, querríamos seguir preguntando. No obstante, nuestro tiempo se ha agotado y los eruditos guardan silencio.

Probemos suerte un siglo más tarde, hacia mediados del XIX, y vayamos a visitar al más célebre de los pesimistas, quizá el primero que se atrevió a llamarse así con orgullo: nos referimos a Arthur Schopenhauer. No lo encontramos frunciendo el ceño sobre su escritorio, sino tocando la flauta. Esperamos a que termine y le pedimos, con suma cortesía, que nos aclare la cuestión.

«¡Por supuesto!», responde con entusiasmo. Toma de sus estantes una Biblia cubierta de polvo, la abre por el Génesis y declara: «El optimismo se resume en estas cinco palabras: *y todo está muy bien*. El pesimismo es el audaz desafío a esa idea: la sospecha, increíble, de que todo está *muy mal*; de que el sufrimiento se halla en el corazón mismo de las cosas; de que el mundo no debería existir». Pasa unas páginas y lee un fragmento del libro de Job: «Perezca el día en que nací y la noche en que se dijo: ha sido concebido un varón»; y luego del Eclesiastés: «Vanidad de vanidades, todo es vanidad».[6]

Con un aire de confusión, le preguntamos: «Entonces… ¿el optimismo y el pesimismo no tienen que ver con el futuro?».

«¡No, amigos míos!», exclama. «Tienen que ver con la vida, con su sinsentido, con su miseria. Tienen que ver con *el valor mismo de la existencia*».

## Orientados al valor

¡Ajá! Ahora sí que empezamos a avanzar. Al parecer, durante los primeros siglos que siguieron a su aparición, el optimismo y el pesimismo no remitían tanto a *nuestras expectativas sobre el futuro* como al valor mismo de la existencia. Trataban de responder a preguntas como estas: ¿vale la pena vivir? ¿Superan las bondades de la vida a sus males? Desde luego, habría mucho más que decir, ya que las respuestas a estas

preguntas varían enormemente, incluso entre pensadores que se si-
túan en el mismo bando. Aun así, de momento, podemos agrupar las
respuestas afirmativas bajo el signo del optimismo y las negativas bajo
el del pesimismo.

En otros textos he llamado a estas posiciones *optimismo y pesimismo orientados al valor* (a veces también *optimismo y pesimismo filosóficos*),
y he defendido que guardan una relación íntima con el antiguo problema del mal: la pregunta de cómo un Dios bueno puede permitir la
existencia del mal y el sufrimiento en el mundo.[7] A fin de cuentas, los
viejos optimistas del siglo XVIII buscaban ante todo defender al Creador de los ataques de los escépticos, que planteaban interrogantes incómodos: si la vida no merece la pena para algunas criaturas, ¿por qué
Dios las creó? O, si en conjunto la vida es abrumadoramente mala,
¿cómo puede justificarse la Creación?

Para conjurar tales objeciones, los optimistas orientados al valor
siguieron distintos caminos. Algunos sostenían que la vida terrenal
era, en efecto, dura para la mayoría, pero que se veía compensada por
la bienaventuranza futura en el más allá (al menos, para quienes la me-
rezcan). Otros fueron más lejos y trataron de demostrar que la vida en
este mundo era buena para la mayoría, o incluso para todos. Algunos
llegaron al extremo de afirmar que no existe una sola criatura para la
que la vida no valga la pena, pues, de ser así, Dios no la habría creado.

La respuesta más célebre llegó de la mano de Gottfried Wilhelm
Leibniz, en sus *Ensayos de Teodicea*, de donde procede el término *teodicea* (del griego *theos* [Dios] + *dikē* [justicia]), esto es, el intento de vin-
dicar a Dios frente a quienes lo responsabilizaban de los males —morales y físicos— de la existencia.[8] Leibniz admitía que hay sufrimiento
en la existencia, sin embargo, afirmaba que, si pudiéramos contemplar
el conjunto del cosmos a lo largo del tiempo (incluidos los posibles
seres de otros planetas y la bienaventuranza eterna de los justos), veríamos que vivimos, en efecto, en el mejor de los mundos posibles.

Leibniz nos invita a imaginar una gran pirámide que contiene todos los mundos posibles que Dios podría haber creado. La pirámide se extiende sin límite hacia abajo, porque hay ilimitados mundos posibles. Pero en la cima solo hay uno: aquel que se considera mejor que todos los demás. No es perfecto, no obstante, supera cualquier alternativa. Es el mejor de los mundos posibles, y el mundo en el que tú y yo habitamos. ¿Cómo lo sabemos? Muy sencillo: sabemos que este es el mejor de los mundos posibles porque es el mundo que Dios, en efecto, creó. Si hubiera existido otro mejor, Dios habría creado ese. Y si no hubiera habido una opción óptima, Dios no habría creado ninguno.

Algunos se dejaron seducir por esta vertiginosa visión de la realidad; entre ellos, la matemática y filósofa francesa Émilie du Châtelet, compañera y amante de Voltaire durante varios años. Otros se mostraron menos entusiastas, y generaciones de estudiosos derramaron ríos de tinta para atacar o defender el *optimismo* inflexible de Leibniz.

Voltaire atacó. En dos ocasiones. La primera, en su célebre *Poema sobre el terremoto de Lisboa* (1756), donde contrapone la devastación de aquel desastre ocurrido en 1755 a las filosofías optimistas de Leibniz y Pope. Y la segunda, en su novela *Cándido o el optimismo*, cuyos personajes padecen toda clase de sufrimientos y violencias —torturas, violaciones, ejecuciones, esclavitud, peste y catástrofes naturales— para dejar claro que el optimismo es «una filosofía cruel disfrazada con un nombre tranquilizador».[9]

¿Significa esto que Voltaire era un pesimista? Difícilmente. Otros filósofos, como Pierre Bayle y David Hume, fueron mucho más lejos en su análisis de la maldad de la existencia. Para Bayle, y más tarde para Hume, la cuestión no era solo que las cosas malas de la vida superaran en número a las buenas (aunque también lo creían), sino que las sobrepasaban en peso. Una vida puede contener una cantidad semejante de momentos buenos y malos; el problema es que los malos suelen tener una intensidad tal que inclina la balanza. Un breve periodo de desgracia, decía Bayle, tiene fuerza suficiente como para arruinar una gran cantidad de bien, del mismo modo que una pequeña porción de agua de mar basta para salar un barril de agua dulce. De igual manera, una hora de profunda tristeza o de dolor intenso encierra más mal que el bien que puedan contener seis o siete días placenteros.[10]

Frente a esa visión sombría, pensadores como Leibniz y Rousseau insistieron en los bienes de la vida y en nuestra capacidad de buscar el bien en todas las cosas. Si aprendiéramos a ajustar la mirada —sostenían—, veríamos que la vida es, en realidad, buena: que «hay incomparablemente más bien que mal en la vida de los hombres, como hay incomparablemente más casas que prisiones», y que el mundo «nos servirá si lo ponemos a nuestro servicio; seremos felices en él si deseamos serlo».[11] Así como los pesimistas creían que los optimistas se engañaban al insistir en los bienes de la vida, los optimistas pensaban que los pesimistas torcían la mirada hacia el mal: cada bando acusaba al otro de no ver las cosas como son.

Si avanzamos unos siglos, veremos que esta versión del debate entre optimismo y pesimismo sigue viva en la filosofía contemporánea: no solo en el pensamiento religioso, sino también en la reflexión laica sobre si la procreación puede considerarse moralmente justificable. Al fin y al cabo, si la vida es tan mala como sostenían los pesimistas, ¿tenemos derecho a crear nuevas vidas? ¿En qué punto exacto la existencia se vuelve demasiado dolorosa, o demasiado incierta, como para continuar?

Con todo, aunque los filósofos sigan hablando de optimismo y pesimismo en este sentido antiguo, centrado en el valor de la existencia, no es así como se emplean hoy estos términos en la vida cotidiana. Si preguntáramos a alguien: «¿Qué es el optimismo? ¿Qué es el pesimismo?», probablemente respondería que se refieren a las expectativas sobre el *futuro*. Y eso nos lleva al segundo sentido de ambos términos, que ya no se centra en el valor de la existencia en su conjunto, sino en el porvenir.

## Orientados al futuro

Pensemos en cómo usamos habitualmente las palabras *optimista* y *pesimista* en el lenguaje cotidiano:

Soy optimista respecto de nuestras posibilidades de desarrollar esta tecnología antes de 2030.
Somos optimistas: creemos que nos irá bien en este torneo.
Soy pesimista respecto de mis posibilidades de conservar el empleo.
Soy pesimista respecto del estado de la economía.

Actualmente, cuando decimos que alguien es optimista o pesimista respecto de algo, casi siempre hablamos de expectativas sobre el futuro, o sobre algo que podría ocurrir más adelante. Si sostenemos «Soy optimista respecto de X», damos a entender que consideramos probable que ese hecho X llegue a suceder. Si X es un proyecto, queremos decir que confiamos en su éxito. A la inversa, cuando afirmamos ser pesimistas respecto de X, entendemos que ese hecho no se producirá o que el proyecto fracasará.

Así hablan también los periodistas cuando comentan previsiones económicas, o los científicos al describir escenarios posibles: un escenario «pesimista» parte de la idea de que todo saldrá mal; uno «optimista», de que todo irá bien.

¿Son, entonces, estos términos simples descripciones neutras de nuestras expectativas sobre lo que ocurrirá o dejará de ocurrir? No del todo. Pensemos en algunos ejemplos:

Soy optimista respecto de que perderé dinero con esta inversión.
Soy optimista ante los tiempos difíciles que se avecinan.
Soy optimista respecto de que suspenderé mis exámenes.

Si estas frases suenan extrañas —o incluso cómicas— es porque lo son: nadie que hable con propiedad usaría «optimista» en este sentido, salvo si emplea un tono irónico. Pero *¿por qué?* Si estoy convencido de que X ocurrirá (y X es, digamos, «perderé dinero con una inversión»), ¿por qué no puedo decir que soy *optimista* al respecto?

Parece que, aunque creamos que algo va a suceder, no diríamos que somos *optimistas* si no *deseamos* que ocurra. Reservamos la palabra para aquello que *queremos* que se realice, lo que consideramos bueno, útil o favorable. No diríamos que somos optimistas ante un desastre, aunque estemos seguros de que ocurrirá; del mismo modo, no diríamos que somos pesimistas ante una situación, a menos que esa situación nos resulte, de algún modo, dañina.

Los términos, por tanto, no son neutros. El optimismo expresa la expectativa de que ocurra algo *bueno*; el pesimismo, la previsión de que suceda algo *malo*. Lo mismo sucede cuando los empleamos en un sentido más amplio. Si sostenemos que somos optimistas respecto del futuro, damos a entender que esperamos que el porvenir —en general o en algún aspecto concreto— será *mejor* que el presente. Si afirmamos que somos pesimistas, esperamos lo contrario: que será *peor*.

Sin embargo, en ninguno de estos casos esperar algo malo significa *desearlo*. Al contrario, utilizamos «pesimista» para hablar de aquello que *creemos* —o *tememos*— que ocurrirá, aunque deseemos evitarlo.

¿Por qué, entonces, habría de considerarse mejor ser optimista que pesimista?

### ¿Un «deber» de optimismo?

Planteo esta pregunta porque es habitual oír «optimista» y «pesimista» usados con una marcada carga emocional y moral. Cuando llamamos a alguien optimista, suele ser un elogio; de ahí que políticos y empresarios se apresuren a declararse optimistas, o incluso a invocar —siguiendo a Karl

Popper— un «deber de optimismo».[12] Por el contrario, llamar pesimista a alguien suele equivaler a menospreciarlo, descalificarlo o restarle importancia. «El pesimismo es para perdedores», afirma el título de un libro.[13]

El resultado es que ambos términos acaban asociándose no solo con nuestras expectativas o actitudes ante el futuro, sino también con rasgos de carácter y atributos morales. Ser optimista se considera, por lo general, una virtud, o al menos algo digno de admiración; ser pesimista, en cambio, se percibe más cerca del defecto.

Estas asociaciones tienen una larga historia. Los optimistas «orientados al valor» de antaño reprochaban a los pesimistas su ingratitud, su debilidad, su pusilanimidad. Y aunque los términos hayan cambiado de significado con el transcurso del tiempo, a fecha de hoy la misma sospecha sigue adherida al concepto de pesimismo. Todavía tendemos a asociar el optimismo con la fuerza de voluntad y la determinación; el pesimismo, con la debilidad y la claudicación.

Pensemos en una cita que a menudo se atribuye a Winston Churchill: «Un pesimista ve la dificultad en cada oportunidad; un optimista ve la oportunidad en cada dificultad».[14] En realidad, no tenemos pruebas de que Churchill afirmara eso, pero la frase ilustra bien los supuestos que suelen acompañar a la idea de pesimismo. Los pesimistas son los «aguafiestas del apocalipsis»: ven dificultades en todo, se inclinan hacia la pasividad y la resignación, y dejan que su temperamento los domine en lugar de «ponerse firmes» y creer en un futuro mejor. Los optimistas, por el contrario, son activos, valientes, audaces; son los que hacen, los que avanzan.

Existen varias razones para desconfiar de estas asociaciones. Para empezar, desde esta perspectiva el optimismo y el pesimismo serían meras cuestiones de temperamento o disposición personal. Sin embargo, si así fuera —si algunas personas tuvieran una inclinación innata para ver siempre el lado oscuro de las cosas, mientras que otras estuvieran predispuestas a mantener una actitud alegre incluso en las peores circunstancias—, no está nada claro por qué la segunda disposición tendría que merecer elogio y la primera, reproche.

Ciertamente apreciamos cualidades como la amabilidad o un carácter jovial, pero también valoramos la compasión, la empatía y la capacidad de expresar emociones como la tristeza o la ira. Quizá resulte difícil ser amigo de alguien que nunca sonríe, aun así, no lo es menos conservar la amistad con alguien que sonríe siempre, incluso cuando compartimos malas noticias, o que responde a nuestras tragedias personales con frases como: *«Todo es para bien»*.[15]

En realidad, no concebimos el optimismo y el pesimismo como *simples* disposiciones personales. El propio uso de estos términos —y el hecho de que el optimismo esté tan cargado de connotaciones positivas y el pesimismo de negativas— lo desmiente. Cuando elogiamos a alguien por su optimismo, o cuando alguien se elogia a sí mismo afirmando «Soy optimista», damos a entender que el optimismo no es solo una inclinación natural, sino un rasgo de carácter cultivado: algo que se puede ejercitar y desarrollar, como una virtud; algo de lo que uno puede sentirse orgulloso si lo ha alcanzado. Hablar de un «deber de optimismo» equivale a aseverar que *debemos* ser optimistas, que *siempre* debemos mantener la fe en la posibilidad del éxito incluso contra toda evidencia.

Con frecuencia, se oyen frases como: «Todo indica que las cosas irán mal para X, *pero tenemos que ser optimistas*». Y, sin embargo, allí aparece un problema. ¿Por qué habría de considerarse una virtud declarar el propio *optimismo contra los hechos*? ¿No sería, en cierto modo, un uso indebido de la palabra «optimista», que solemos reservar para cuando de veras esperamos que ocurra algo bueno? Si alguien nos dijera que es optimista respecto de X *ignorando por completo la realidad*, ¿confiaríamos en su criterio? Es de sobra conocido que Immanuel Kant sostuvo que nunca debemos mentir, porque, si universalizáramos esa conducta e imagináramos una sociedad en la que todos mintieran, la confianza sería imposible. Del mismo modo, si viviéramos en una sociedad donde todo el mundo fuera optimista por obligación —porque lo contrario no resultara socialmente aceptable—, dejaríamos de tener motivos para creer en ninguna expresión de optimismo.

Desde luego, esto es una exageración: nadie afirma que debamos ser optimistas ante todo y en todo momento. Pero, entonces, ¿por qué esta insistencia en el optimismo, este miedo tan extendido a que cualquier expresión de pesimismo sea el primer paso hacia la rendición? ¿Por qué, al cerrar el año 2022 —que trajo hambre a África, guerra a Europa e incendios devastadores a los bosques del planeta, sin contar el agravamiento de la crisis climática—, varios periódicos neerlandeses decidieron dedicar sus ediciones especiales a temas como «la esperanza», «el optimismo» o «mirar con ilusión hacia el mañana», e ilustraron esa «nueva mirada sobre la crisis» con la imagen de una familia que tuesta malvaviscos, feliz, junto a un incendio forestal?[16]

Una posible explicación es que las noticias alegres, esperanzadas y optimistas nos resultan cómodas y tranquilizadoras, mientras que las sombrías nos inquietan.[17] No obstante, creo que detrás de ese miedo al pesimismo hay una confusión muy extendida. Cuando la gente sostiene: «Incluso cuando todo está en contra, tenemos que ser optimistas», lo que en realidad quiere decir es: todas las evidencias están en nuestra contra, pero *debemos intentarlo de todos modos*. O quizá: *si damos lo mejor de nosotros, aún puede quedar una posibilidad*.

Esa actitud —tan digna de reconocimiento— no es incompatible con el pesimismo. Solo lo es con el fatalismo.

## El fatalismo

El fatalismo es la creencia de que el futuro está grabado en piedra, de que nuestras acciones no pueden cambiarlo. A menudo se confunde con el pesimismo, dado que se basa en la idea de que adoptar una postura pesimista equivale a negar por completo la posibilidad del éxito; que se piensa que todos nuestros esfuerzos están destinados al fracaso. Pero, si el pesimismo es simplemente la expectativa de que es probable que ocurra algo malo, o de que una situación negativa probablemente empeore, esa identificación con el fatalismo no se sostiene. Albergar una expectativa pesimista sobre el futuro no es lo mismo que creer que el futuro está determinado, o que no puede hacerse nada para cambiarlo. Al contrario: ver un futuro sombrío puede ser precisamente un acicate para actuar, una llamada a las armas. Incluso la sensación de que el éxito es improbable no tiene por qué interponerse en el camino de una acción decidida, siempre que esa acción se alimente de fuentes morales más profundas que la certeza de la victoria: el deber, la justicia y la necesidad de luchar por aquello que consideramos valioso.

Que el pesimismo no sea lo mismo que el fatalismo lo muestra también el hecho de que la mayoría de los autodenominados pesimistas del pasado no compartían esa idea; al contrario, hicieron cuanto pudieron por resistirse a ella. Como ha señalado Joshua Foa Dienstag, ser pesimista no significa necesariamente esperar lo peor, sino, más bien, *no esperar nada en absoluto*.[18] El pesimismo, en filosofía, tiene que ver con los límites de lo que podemos llegar a saber acerca de lo que la vida nos depara. No es, por tanto, una creencia positiva en el declive, sino una creencia negativa: una negativa a asumir que el progreso está garantizado.

Así entendido, el pesimismo —como tradición filosófica y política— se opone al fatalismo, precisamente, ya que la incertidumbre intrínseca de la vida nos impide esperar tanto el progreso como el retroceso. Curiosamente, esta es una idea que comparten algunos autoproclamados optimistas. Incluso Karl Popper, quien influyó tanto al declarar que «el optimismo es un deber», tuvo la precaución de precisar que con ello solo quería decir que el resultado aún no está fijado y que debemos distinguir el presente del «futuro aún abierto».

El futuro está abierto. No está fijado de antemano. Nadie puede preverlo, salvo por azar. Las posibilidades que encierra —tanto buenas como malas— son infinitas. Cuando afirmo que «el optimismo es un deber», me refiero a que el futuro no solo está abierto, sino también que todos contribuimos a decidirlo con lo que llevamos a cabo. En definitiva, somos, en conjunto, responsables de lo que está por venir.[19]

Y añade:

El futuro abierto contiene posibilidades imprevisibles y moralmente muy distintas. Por eso nuestra actitud fundamental no debería ser «¿Qué va a pasar?», sino «¿Qué debemos hacer para que el mundo sea un poco mejor, aun sabiendo que las generaciones futuras podrían volver a empeorarlo todo?».[20]

Esta combinación de apertura y activismo —como veremos más adelante— es una actitud que muchos pesimistas suscribirían sin dudarlo. Cuando Popper menciona el «pesimismo», lo emplea para describir una «visión cínica de la historia», según la cual «las cosas siempre han sido y siempre serán así»: una forma de fatalismo que vuelve inútil —e incluso imposible[21]— cualquier acción. Ahora bien, si el pesimismo consiste simplemente en una valoración del presente o en una expectativa sobre el futuro, *sin implicar que este esté ya escrito*, entonces no hay motivo para que el pesimista no pueda ser también un activista. (Que esto es así, y que el pesimismo no es en absoluto incompatible con la acción, se explicará en el próximo capítulo).

Desde luego, existe una versión del pesimismo que podríamos llamar fatalista: aquella que lo define como la creencia de que las cosas *ineludiblemente* irán a peor, o de que un determinado acontecimiento negativo está *destinado* a suceder.[22] Podríamos llamarlo pesimismo fatalista. Sin embargo, nos han tendido una trampa. Si bien esa creencia es fatalista, también lo es su contraria: la convicción de que las cosas necesariamente irán a mejor, o de que un acontecimiento positivo está destinado a producirse; es decir, el optimismo fatalista. Si la primera postura es fatalista por afirmar la certeza del declive, la segunda lo es por afirmar la certeza del progreso. En la misma medida en que el pesimismo puede volverse fatalista, también puede serlo el optimismo.[23]

La idea de un optimismo fatalista puede resultarnos hoy extraña —aunque la fe en un progreso inevitable es, de hecho, más común que la creencia en un declive ineludible—, pero fue una de las razones por las que Voltaire criticó con tanta dureza el optimismo (tal como él lo entendía). Voltaire consideraba que la insistencia de Leibniz en que *el conjunto del sistema es bueno* encierra una forma de fatalismo: si todo es para bien en el mejor de los mundos posibles, eso implica que nada puede mejorar; que no hay razón para esforzarse en un avance social, político o moral.[24] ¿Por qué tendríamos que actuar para transformar la cultura si creemos que las cosas están destinadas a mejorar *per se*?

En eso radicaba la preocupación de Voltaire: si vivimos convencidos de que todo *fue*, es y *será* para bien, eso —en palabras de Marilynne Robinson[25]— «aplasta nuestro sentido de lo posible». Nos vuelve apáticos, aniquila nuestro impulso de actuar, nos despoja de toda voluntad de cambio. Y lo mismo ocurre si creemos que todo fue, es y será para mal. En ambos extremos encontramos el mismo fatalismo, y con razón lo rechazamos, como hizo el propio Voltaire. Conviene recordar, sin embargo, que ese fatalismo puede adoptar muchas formas: quizá nos resulte más visible en las sombras del pesimismo, pero no es menos persistente cuando se disfraza con los brillantes colores del optimismo.

## Optimismo climático, pesimismo climático

Lo que debemos evitar, entonces, no es el pesimismo, sino el fatalismo: la creencia de que el futuro está grabado en piedra, de que nada de lo que hagamos podrá cambiarlo. Ese fatalismo —y esto es importante— puede adoptar tanto la forma del optimismo como la del pesimismo (tal como los entendemos ahora), aunque ninguno de los dos es *necesariamente* fatalista. En la mayoría de los casos, tanto el optimismo como el pesimismo expresan no una certeza, sino una probabilidad: la convicción de que es *probable* que algo ocurra. Esto no nos sorprende en el caso del optimismo: usamos el término con propiedad cuando expresamos la confianza de que es *probable* —aunque no *seguro*— que suceda algo bueno.

No obstante, con demasiada frecuencia se olvida que también existe una versión abierta del pesimismo: empleamos el término con propiedad cuando expresamos una creencia —que es, al mismo tiempo, un temor— de que es *probable* que ocurra algo malo. Así, un optimista climático podría decir: «Hay razones de peso para creer que podemos cambiar el rumbo y evitar los peores efectos del cambio climático. Es probable que nuestros esfuerzos por impedir la catástrofe climática tengan éxito». Mientras que un pesimista climático podría responder: «Hay razones de peso para creer que no podremos cambiar el rumbo ni evitar los peores efectos del cambio climático. Es probable que nuestros esfuerzos por impedir la catástrofe climática fracasen».

Ambas afirmaciones miran hacia el futuro; ambas expresan una expectativa —una sobre algo bueno, la otra sobre algo malo—, pero ninguna equivale a rendirse. El pesimista climático, por ejemplo, podría añadir: «Es probable que nuestros esfuerzos fracasen... y *aun así haremos todo lo que esté en nuestras manos*». La verdad es que por sombrías que resulten las proyecciones sobre lo que ocurrirá si no logramos limitar el calentamiento global a 1,5 o incluso 2 grados, sigue existiendo la posibilidad de mitigar las peores consecuencias, de contener los escenarios más oscuros. Y esas diferencias, aunque pequeñas, pueden marcar la frontera entre la vida y la muerte para quienes ya sufren en primera línea sus efectos. «La batalla no está, ni mucho menos, perdida —escribe David Wallace-Wells—; de hecho, nunca lo estará mientras evitemos la extinción, porque, *por mucho que aumente la temperatura del planeta, siempre será cierto que la década siguiente podría contener más sufrimiento... o menos*».[26] Y si estas razones no bastaran para sostener una acción colectiva constante, hay otra, más simple y urgente: *es un deber.* Se lo debemos a quienes viven hoy, a las generaciones que vendrán y a todas las criaturas —sintientes o no— con las que compartimos este mundo.[27]

De una premisa pesimista no se sigue necesariamente una conclusión derrotista. Si uno cree que el futuro se presenta oscuro, el paso lógico no es quedarse de brazos cruzados, sino actuar con mayor determinación: hacer cuanto esté en su mano para resistir y perseverar frente a la tormenta que se avecina. A la inversa, si uno cree que el futuro será luminoso —porque la tecnología nos salvará, o porque los gobiernos reaccionarán a tiempo—, ¿acaso esa confianza es un motivo igual de sólido para actuar?

Dejo la pregunta abierta a propósito: es una cuestión que, como civilización, hemos evitado formularnos. Insisto en este punto: el pesimismo no debe confundirse con el fatalismo. Ser pesimista respecto de algo no equivale, en absoluto, a decir «de todos modos no sirve de nada». Como veremos en el próximo capítulo, se da la circunstancia de que han proliferado los activistas profundamente pesimistas, y basta observar cuánta resistencia se alimenta hoy de la desesperación para entender que el pesimismo climático no es lo mismo que el fatalismo o el derrotismo, ni equivale, en términos lógicos, a la inacción o la resignación. En la historia y la cultura popular abundan los ejemplos de resistencia sin esperanza de victoria, pero esta resistencia actuaba en nombre de la justicia y el deber: porque es lo correcto. Simplemente no solemos reconocerlos como lo que son: una forma de *pesimismo con esperanza*.

Existen, desde luego, grados, matices e incluso combinaciones entre estas dos actitudes —optimismo climático y pesimismo climático—, y en ambos casos encontramos versiones fatalistas. Los fatalistas optimistas se delatan con afirmaciones como: «La humanidad resolverá *sin duda* el cambio climático; nuestros esfuerzos están *destinados* al éxito». Mientras que los fatalistas pesimistas sostienen: «La humanidad *no* resolverá el cambio climático; nuestros esfuerzos están *condenados* al fracaso». El fatalismo climático, por tanto, comprende dos variantes: una optimista y otra pesimista. En la primera podemos incluir ciertas formas de tecno-optimismo, que confían tanto en las soluciones tecnológicas que acaban por diluir la necesidad de un cambio individual o colectivo. En la segunda, podemos encontrar a los defensores de lo que algunos llaman estoicismo climático o adaptación profunda: la creencia de que, en lugar de actuar para minimizar el sufrimiento humano, deberíamos «aprender a aceptar y adaptarnos»; aceptar que «estamos perdidos» y adaptarnos mediante una «cultivada práctica cotidiana del desapego».[28]

En sentido estricto, ni siquiera estos fatalismos equivalen necesariamente a la pasividad o la inacción, como se verá más adelante. Sin embargo, entrañan un riesgo real —el mismo que señalan quienes insisten en la necesidad de esperanza u optimismo—: el riesgo de pensar que *no tiene sentido actuar*, ya sea porque la crisis no tiene solución o porque se resolverá sin nosotros. Ese riesgo merece combatirse, y la batalla debe librarse en dos frentes. El fatalismo optimista supone un peligro tan grande como el pesimista: la tentación de la resignación acecha en ambos extremos. Como escribió el novelista China Miéville, «hay un mal pesimismo, pero también un mal optimismo». Frente a quienes sostienen que ya no tiene sentido actuar, Miéville responde que «hay razones científicas de peso para creer que aún no hemos llegado —no del todo— a un punto sin retorno. Necesitamos inclinar el equilibrio hacia otro punto de inflexión, hacia un cambio social irreversible, y para eso hace falta otro tipo de pesimismo: *una mirada firme y honesta a lo mal que están las cosas*».[29]

Nunca deberíamos fingir que actuar no sirve de nada. Incluso si, en cierto sentido, el desastre ya está en marcha, nuestras acciones pueden evitar algunos de sus peores efectos y tener un impacto directo y tangible sobre quienes *hoy* viven y sufren. No obstante, tampoco debemos sentirnos presionados a suavizar nuestras preocupaciones respecto del futuro ni a restar gravedad a la amenaza real que tenemos delante.

Esto es especialmente importante en el debate sobre el cambio climático, donde es común oír preguntas como: «¿Eres optimista o pesimista respecto del futuro?» o afirmaciones como: «Tenemos que ser optimistas, cueste lo que cueste». No hay nada de malo, en principio, en decir que somos optimistas o pesimistas respecto de algo, en la medida en que describimos nuestras propias expectativas, esperanzas o temores. Aun así, las cosas se tuercen cuando una cultura exige a sus miembros expresar optimismo a cualquier precio, mientras el pesimismo se considera tan sospechoso que debe evitarse, como si fuera un vicio o una falta moral.

Y es ahí donde se revela la crueldad del optimismo: no solo en imponer la carga de tener que manifestar optimismo o esperanza incluso cuando no se sienten, sino también en sobrestimar el grado de control que podemos ejercer sobre nuestros propios afectos y actitudes. Hay quien considera que, si nos dejamos afectar negativamente, es porque aún no hemos logrado una reorientación suficiente en nuestra manera de pensar y en nuestra actitud hacia nosotros mismos y hacia el mundo. «La experiencia del daño —haber sido afectados negativamente— significa, sencillamente, que somos culpables de no haber tomado todavía plena conciencia de nuestros apegos».[30] No obstante, como recordarían los pesimistas del pasado, ridiculizar el pesimismo o despreciar a quienes atraviesan la desesperación supone añadir sufrimiento al sufrimiento: es cargar sobre esa desesperación el peso de la culpa por padecerla.

En una época en que islas enteras se hunden en el mar; en que vastas extensiones de tierra y bosque son arrasadas por tormentas de viento y de fuego, y las ciudades desaparecen bajo las aguas; en que perdemos especies más rápido de lo que alcanzamos a contarlas, y hombres y mujeres de todas las edades lloran en las calles, resulta esencial que podamos expresar, con libertad y sinceridad, nuestras creencias y actitudes, incluso —y, quizá, sobre todo— cuando esas emociones son sombrías. La insistencia en alimentar relatos positivos, optimistas y esperanzados trae consigo sus propios riesgos y cargas, mientras que reprimir las narrativas negativas, pesimistas o incluso desesperadas es peligroso, porque impone a quienes ya están sobrecargados el deber adicional del optimismo.

Por este motivo, quizá haya algo que ganar si volvemos a mirar de frente estos términos, si nos reencontramos con ellos como si fuera la primera vez, y nos preguntamos:

> ¿Por qué nos resultan tan importantes?
> ¿Qué queremos decir *cuando hablamos de optimismo o de pesimismo*?
> ¿Es cierto que el optimismo nos consuela, mientras el pesimismo amenaza nuestra calma?
> Y, si lo es, ¿es justo que así sea?

Sea cual sea la respuesta a esas preguntas, una cosa parece clara: en una época marcada por la crisis climática y la devastación ecológica, el pesimismo todavía desempeña un papel.

# Capítulo 2
# Pesimismo y activismo

*«La única cobardía es ponerse de rodillas. (...)*
*Es nuestro deber hacer lo que sabemos que es justo y bueno».[1]*
Albert Camus, 1943

Así pues, Chesterton se equivocó al afirmar que «no existe eso que algunos llaman «un pesimista»». Pero ¿existe algo así como un activista pesimista, o un pesimista activista?

Para algunos, esto puede parecer una contradicción en los términos, especialmente si tenemos en cuenta la tan extendida idea de que el activismo debe ser optimista o incluso utópico,[2] y la tenaz asociación del pesimismo con el derrotismo o el fatalismo. Es más, la alternativa puede parecer incluso absurda: si uno es pesimista o cree en la probabilidad de un futuro distópico, ¿por qué tendría que seguir luchando por el cambio? Seguramente el lema del activismo debería ser «¡Sí se puede!» y no «¡Estamos perdidos!». Recordemos la afirmación de Noam Chomsky según la cual podemos optar por «ser pesimistas, rendirnos y contribuir a que ocurra lo peor», o bien «ser optimistas, aprovechar las oportunidades que sin duda existen y quizá ayudar a que el mundo sea un lugar mejor».[3] En cierto sentido, tiene razón: si «nos rendimos», favorecemos los peores desenlaces; si nos comprometemos con la acción, «quizá ayudemos a que el mundo sea un lugar mejor». Aun así, como he mencionado, la dicotomía *optimismo/pesimismo* resulta poco útil en este contexto, pues sugiere que cualquiera que no confíe plenamente en la posibilidad de alcanzar el éxito está, por ello mismo, *rindiéndose*, incluso cuando sus actos desmientan tal cosa. Esto no solo es injusto con quienes se encuentran sumidos en la desesperación y, aun así, actúan con firmeza; también puede resultar desalentador para muchos que desean actuar, pero no logran reunir el «optimismo» que parece exigirse. Y cabe además preguntarse: si ser pesimista equivale a rendirse, ¿por qué los activistas climáticos alzan pancartas que dicen «No tengo esperanza», «Tengo miedo de envejecer por la crisis climática», o —citando a David Wallace-Wells— «Es peor, mucho peor, de lo que crees»[4]?

Para ser justos, tanto en la tradición filosófica como en el debate climático, han existido argumentos pesimistas en favor de la resignación. De hecho, esos argumentos se han utilizado como excusa para no hacer nada, para retirarse y obtener un placer pasivo de la idea del «estamos perdidos».[5] Sin embargo, también ha ocurrido con posturas optimistas, como en el caso de ciertas ideologías tecnoutópicas que posponen la crisis climática por una confianza equivocada en que la tecnología resolverá el problema por nosotros. Por esta razón, afirmar que el activismo solo puede ser optimista o utópico conlleva un doble riesgo: no solo sugiere que cualquiera que sea pesimista respecto al futuro *ya se ha rendido* (lo que, a su vez, ofrece a los pasivos una coartada para su inacción), sino que también sugiere que cualquiera que sea optimista es, por definición, un activista. Y no es así. El optimismo puede ser tan desmovilizador —o incluso más— que el pesimismo. Cuando alguien afirma alegremente «Confío en que la humanidad resuelva este problema», por lo general significa que esa persona considera que no tiene por qué emprender ninguna acción, ni individual ni colectiva; dicho de otra forma, implica que el problema climático no es un problema *para esa persona*.

En resumen, no deberíamos dejarnos engañar por argumentos viciados, ya sean optimistas o pesimistas. La cuestión no debería ser si uno es optimista o pesimista, sino si es activo o pasivo; si se muestra resuelto o resignado. Y si el verdadero enemigo es la inacción, la pasividad o la resignación, entonces ese peligro —como hemos visto— acecha en ambos grupos. Así que dejemos a un lado por un momento todas estas suposiciones y planteemos otra pregunta: ¿han existido, de hecho, activistas o movimientos activistas que se hayan mostrado abiertamente pesimistas en su visión?

La respuesta es sí.

## Albert Camus

En su libro *Pessimism: Philosophy, Ethic, Spirit*, Joshua Foa Dienstag no solo argumenta que existe una tradición pesimista del pensamiento político, sino que asegura que el pesimismo puede ser una poderosa fuente de compromiso político[6]. Como contraejemplos de «la concepción común de que el pesimismo desemboca en el desapego político», Dienstag señala a Albert Camus y Miguel de Unamuno, cuya «interpretación filosófica del pesimismo apuntaba hacia un compromiso con la política, más que a apartarse de ella». A lo que Dienstag añade que «sin duda debería hacernos dudar de la interpretación ordinaria del pesimismo la constatación de que dos de los intelectuales más activos y políticamente comprometidos del siglo xx se integran en sus filas».[7]

El nombre de Camus apenas necesita presentación, aunque solo sea porque durante la pandemia de la Covid-19 muchos leímos *La peste*, la novela de 1947 que le valió el Premio Nobel (Jean-Paul Sartre se burló de él por aceptar el galardón).[8] Además de como novelista, a

Camus se lo conoce como filósofo existencialista —aunque él mismo rechazó esa etiqueta— y, añade Dienstag, como un existencialista pesimista. Camus no se llamó a sí mismo pesimista —una palabra que ya en su época era una condena—, pero sus escritos filosóficos sobre «lo absurdo» y sobre la condición trágica de la humanidad parecen situarlo de lleno en esa tradición.[9] Como escribe en *El mito de Sísifo* (1942), el destino de la humanidad supone anhelar una vida clara y con propósito a pesar de que el mundo mismo carece de sentido: «Lo absurdo nace de esta confrontación entre la necesidad humana y el silencio irracional del mundo».[10] Lo absurdo es una condición inalienable del ser humano, encerrado en un tiempo lineal y enfrentado a la certeza de la muerte. Si muchas personas no son conscientes de lo absurdo, se debe a la táctica de la evasión (*l'esquive*, en francés): evadirse de los desafíos de la existencia, por ejemplo, por medio de la esperanza (esto es: la esperanza de otra vida o de «alguna gran idea» que otorgue sentido a la vida). «La evasión es el juego invariable».[11]

Como respuesta alternativa a lo absurdo (una alternativa tanto a la esperanza como al suicidio), Camus nos ofrece la imagen de Sísifo, el rey mitológico a quien los dioses condenaron «a empujar sin cesar una roca hasta la cima de una montaña, para que la piedra volviera a caer por su propio peso». Aunque Sísifo es plenamente consciente de la inutilidad de su tarea y su condición es, por ello, trágica, Camus nos pide que no imaginemos a Sísifo resignado ni derrotado, sino que nos lo representemos desdeñoso y rebelde e incluso, a veces, alegre; como alguien que ha dicho «sí» a su destino: «el héroe absurdo». «Hay que imaginarse a Sísifo feliz».[12]

Resulta difícil ver esto como un principio para el activismo, ¿verdad? Conviene señalar, en primer lugar, que *El mito de Sísifo* se escribió antes de la Segunda Guerra Mundial, una época en la que, tras sentirse tentado a buscar refugio en Argel, Camus se implicó en la Resistencia francesa y dirigió la revista clandestina *Combat*. Después de la guerra, mientras Europa avanzaba a trompicones entre las ruinas, a Camus le preocupaba que su generación debiera afrontar no solo el peligro de la monstruosidad activa, sino también el del conformismo y la complacencia. Como escribe Dienstag, «los peligros de lo absurdo que ahora contempla son, en buena medida, sociales y políticos: *l'esquive* no es solo un error personal, sino... uno que puede conducir al conformismo ante un mal monstruoso».[13] Así, en los escritos de posguerra como *El hombre rebelde* (1951), Camus «se esforzó por vincular la situación de lo absurdo con una defensa de una participación política vigorosa».[14] La rebelión o revuelta debe distinguirse con nitidez de las revoluciones que desembocan en el asesinato y la opresión; debe basarse no en ideologías que aplastan las vidas de otros seres humanos bajo sus sueños utópicos, sino en los principios de justicia, solidaridad y dignidad humana. Como escribe Camus en el capítulo final de *El hombre rebelde*:

> Las palabras que resuenan para nosotros en los confines de esta larga aventura de rebelión no son fórmulas de optimismo —con las que nada podemos hacer en el extremo de nuestra desdicha—, sino palabras de valor y de inteligencia que, a orillas de los mares eternos, llegan incluso a tener cualidades de virtud.[15]

Lo que exige la revuelta no es un optimismo sin fisuras, porque en el mundo siempre habrá miseria e injusticia, y el optimismo siempre chirría ante quienes sufren. Lo que se requiere, en cambio, es «valor e inteligencia» y la determinación de actuar incluso cuando no hay perspectiva de éxito: ese es el sentido de nuestra justicia y de nuestra libertad. Esa determinación no es, en modo alguno, incompatible con el pesimismo. «La idea de que una filosofía pesimista es necesariamente una filosofía del desaliento es una idea pueril», escribe Camus en el número de septiembre de 1945 de *Combat*: una mente objetiva, si atiende a los hechos, concluiría que «una filosofía negativa no es incompatible, en realidad, con una ética de la libertad y del valor».[16]

No son palabras vacías. En su editorial del número de *Combat* publicado la noche en que París fue liberado de la ocupación alemana,[17] Camus escribe:

> A los hombres nada les es dado, y lo poco que pueden conquistar se paga con muertes injustas. Pero la grandeza del hombre está en otra parte. Está en su decisión de ser más fuerte que su condición. Y si su condición es injusta, solo tiene una manera de superarla, que es ser justo él mismo.[18]

Según la interpretación de Dienstag de este pasaje, las acciones de la Resistencia no quedaban justificadas por su eventual éxito, sino porque «otorgaban dignidad a la vida individual bajo la ocupación, al tiempo que permitían a quienes respetaban esa dignidad crear un espacio común donde pudieran experimentar la libertad. (...) La resistencia, la rebelión, si son auténticas, se justifican en el mismo momento en que ocurren, y no en relación con un resultado deseado, por noble que sea.»[19]

Dienstag, siguiendo a otros autores,[20] vincula las teorías de Camus con las de Hannah Arendt: «Ambos tomaron como modelo las actividades de la Resistencia francesa, que, según esta perspectiva, no se emprendieron con la creencia de que fueran necesariamente eficaces o exitosas, sino simplemente con la convicción de que constituían la respuesta humana necesaria frente a la tiranía».[21] Las rebeliones, en otras palabras, no se justifican por la expectativa del éxito, ni por razones de optimismo o de eficacia, ni siquiera por la imagen de un héroe sisífico que se rebela de manera desdeñosamente individualista, sino por razones de justicia y —de manera crucial para el Camus tardío— de solidaridad. Como escribió este a Roland Barthes, frente a su novela anterior

*El extranjero* (1942), *La peste* representaba «la transición desde una actitud de rebelión solitaria hacia el reconocimiento de una comunidad cuyas luchas deben ser compartidas. Si existe una evolución de *El extranjero* a *La peste*, es en la dirección de la solidaridad y la participación».[22] En opinión de Dienstag, esta concepción de la rebelión no solo muestra «la existencia y la seriedad de una tradición pesimista en la filosofía política», sino que también «responde a una de las críticas más persistentes dirigidas al pesimismo, a saber, que no puede ser eficazmente político. [...] La ética de Camus, al menos, nos permite ver cómo una filosofía de este tipo puede orientarnos hacia el ámbito político».[23]

Asimismo, nos permite comprender ejemplos históricos de «resistencia desesperada»:[24] rebeliones emprendidas con la certeza de la derrota. Así, el 23 de abril de 1943, Mordecai Anielewicz, comandante del levantamiento judío en el gueto de Varsovia, escribió a Yitzhak Cukierman:

> *Siento que están ocurriendo grandes cosas y que lo que nos atrevimos a hacer tiene una importancia grande, enorme.*[...] Es imposible describir las condiciones en las que viven ahora los judíos del gueto. Solo unos pocos podrán resistir. El resto morirá tarde o temprano. Su destino está decidido. [...] Con la ayuda de nuestro transmisor oímos el maravilloso informe sobre nuestra lucha emitido por la emisora «Shavit». El hecho de que se nos recuerde más allá de los muros del gueto es un estímulo para nuestra lucha. ¡Que la paz vaya contigo, amigo mío! ¡Quizá aún podamos volver a vernos! *El sueño de mi vida se ha alzado para convertirse en realidad. La autodefensa en el gueto habrá sido una realidad. La resistencia armada judía y la venganza son ya hechos. He sido testigo del magnífico, heroico combate de los judíos en la batalla.*[25]

Si nos basamos en la idea de que la resistencia o el activismo deben apoyarse en consideraciones de optimismo o de eficacia, actos de resistencia como estos parecen trágicos, *y nada más*. Sin embargo, desde la perspectiva de Camus y otros (como Arendt, Foucault y Adorno),[26] tales acciones tienen una justificación en un sentido crítico: por razones de justicia, dignidad y solidaridad, aunque no de victoria.

Esto resulta aún más conmovedor porque los ejemplos de resistencia judía contra los nazis se han citado como inspiración en el debate climático, para sostener que, incluso si la victoria es improbable, la resistencia sigue estando justificada. Hacia el final de su libro *Cómo dinamitar un oleoducto: nuevas luchas para un mundo en llamas*, Andreas Malm cita el siguiente pasaje del libro *Revolutionary Yiddishland*, de Alain Brossat y Sylvie Klingberg:

En los guetos, como en los campos de exterminio de los que eran la antesala, los resistentes emprendieron una carrera contra la muerte. Luchar y resistir era la única elección lúcida, pero para los combatientes eso significaba, la mayoría de las veces, poco más que escoger el momento y la manera de su muerte. Más allá del resultado inmediato de la lucha, que casi siempre era inevitable, su combate era por la historia, por la memoria. [...] *Esta afirmación de la vida mediante un sacrificio y un combate sin perspectiva de victoria* es una paradoja trágica que solo puede entenderse como un acto de fe en la historia.[27]

A lo que Malm comenta:

Precisamente lo desesperado de la situación constituía la nobleza de esa resistencia. Los rebeldes afirmaron la vida con una robustez extraordinaria porque la muerte era segura y, aun así, siguieron luchando. Nunca, nunca puede ser demasiado tarde para ese gesto. Si es demasiado tarde para librar la resistencia dentro de un cálculo de utilidad inmediata, ha llegado el momento de que reivindique los valores fundamentales de la vida, aunque solo signifique clamar al cielo. Para afirmar eso haría falta algún tipo de acción enérgica. Este es el momento del tópico de Emiliano Zapata: «Es mejor morir de pie que vivir de rodillas».[28]

También a Albert Camus le gustaba citar esa última frase.[29] Los llamados «realistas», afirma, solo actuarán en función de la eficacia: «únicamente están dispuestos a emprender tareas que tengan éxito».[30] Debemos ser más valientes que eso, sabiendo que, cuando el éxito completo es inalcanzable, siempre es posible «disminuir el dolor de los hombres»,[31] y que por eso siempre es nuestro deber intentarlo.

De modo que las personas que combaten la peste en la novela de Camus no deben considerarse heroicas ni extraordinarias: «En realidad, no había gran mérito por parte de quienes se dedicaron a los equipos sanitarios, porque sabían que era lo único que había que hacer y que, en aquel momento, no hacerlo habría sido inconcebible.»[32] Este mensaje se repite una y otra vez en *La peste* —que muchos leímos en el contexto de la pandemia, y que deberíamos releer en el del cambio climático—: la pregunta no es *«¿por qué deberíamos actuar?»*, sino *«¿cómo podríamos no actuar?»*. Como dice el doctor Rieux: «Cuando se ve el sufrimiento y el dolor que trae consigo, hay que estar loco, ciego o ser un cobarde para resignarse a la peste».[33]

Publicada en el período inmediatamente posterior a la Segunda Guerra Mundial, *La peste* fue criticada por algunos que consideraron que el autor abordaba la pestilencia como metáfora del fascismo, con lo que lo asimilaba a una fuerza impersonal y natural. Sin embargo, si lo observamos con detenimiento, la peste no representa ni al fascismo ni al régimen de Vichy, sino la tentación de consentir cualquier mal moral: la tentación de ceder, de no resistir lo suficiente. Como dice Tarrou hacia el final del libro, «todos la llevan dentro, esta peste, porque nadie en el mundo, nadie, es inmune». La peste sitúa a los ciudadanos de Orán ante una decisión: actuar o no actuar, o más bien, de qué lado estar (pues no actuar es también una forma de acción: es optar por el lado de la «pestilencia»). «Lo único que digo es que en esta tierra hay pestilencias y hay víctimas, y que, en la medida de lo posible, hay que negarse a estar del lado de la pestilencia». Para Tarrou, comprender esto era ya un primer paso hacia la acción: «Así que decidí hablar y actuar con claridad, ponerme en el buen camino».[34]

Tarrou tomó una decisión; Cottard, otra. Ante el argumento de Tarrou de que «demasiada gente no hacía nada, de que la epidemia era asunto de todos y de que todos tenían que cumplir con su deber», por ejemplo, uniéndose a los equipos sanitarios, Cottard responde que «no servirá de nada. La peste es demasiado fuerte». Cuando se le pregunta de nuevo si no se unirá a ellos, añade: «No es asunto mío». Y, por último, al recordar que, si la peste termina, la policía irá a detenerlo por un delito anterior: «En cualquier caso, esta peste me está haciendo un favor, así que no veo por qué debería implicarme en acabar con ella».[35]

*No sirve de nada, no es asunto mío, me está haciendo un favor.* Tres argumentos no del todo incompatibles entre sí, pero sospechosos precisamente por su compatibilidad, como si Cottard reconociera que ninguno basta por sí solo y necesitara acumularlos. También, en la crisis climática, no faltan quienes creen que es inútil actuar, porque «estamos perdidos» de todos modos; o que «no es asunto mío»; o incluso que, en cierto sentido, «les está haciendo un favor». (Sabemos que hay personas que obtienen beneficios del cambio climático y que han invertido mucho tiempo y dinero en impedir, de forma estridente, que se lo combata.)[36] Este es el gran peligro contra el que hay que luchar por todos los medios: el de la adaptación, la resignación y la inercia frente al mal y la injusticia; lo que uno de los personajes más famosos de Camus llama el «hábito de la desesperación»:

Los habitantes se habían adaptado, se habían doblegado, como se dice, porque era lo único que podían hacer. Naturalmente, seguían teniendo una actitud de desgracia y sufrimiento, pero ya no sentían su aguijón. El doctor Rieux, por su parte, consideraba que la desgracia residía precisamente en eso, y que el hábito de la desesperación era peor que la desesperación misma.[37]

Y esto nos conduce a otro tipo de riesgo, uno que quizá convenga introducir mediante otro relato pestilente.

## Barbarie climática

En el relato de Edgar Allan Poe *La máscara de la Muerte Roja*, un país queda devastado por una peste —la «Muerte Roja» del título— que mata a todos los que la contraen en una terrible media hora. «Pero el príncipe Próspero era feliz, intrépido y sagaz». Ese gobernante jovial decide, mientras «sus dominios habían quedado medio despoblados», invitar a «mil amigos sanos y de buen ánimo» a un castillo apartado, de gruesos muros y puertas de hierro. En su interior, el príncipe «había dispuesto todos los artificios del placer»: «Había bufones, había improvisadores, había bailarines de ballet, había músicos; había Belleza, había vino. Todo eso y la seguridad estaban dentro. Fuera estaba la "Muerte Roja".» Al fin y al cabo —pensaba Próspero— «el mundo exterior podía arreglárselas solo. Mientras tanto, era una necedad afligirse o pensar».[38]

En su novela climática *El ministerio del futuro*, ambientada en un futuro cercano, Kim Stanley Robinson incluye un artículo científico ficticio que analiza distintas reacciones negativas posibles ante una «catástrofe climática global». Una de ellas ha sido llamada, por el relato de Poe, el «síndrome de la máscara de la Muerte Roja», y se basa en «la afirmación de que, siendo el final inminente e inevitable, no queda nada por hacer salvo irse de fiesta mientras se pueda».[39] Pero quizá este «síndrome» deba entenderse de otro modo. El problema del relato no es que Próspero se retire a *celebrar* en vez de, por ejemplo, guardar luto u organizar una vigilia: a quienes sufren más allá de sus muros, les importa poco que él opte por darse un banquete o por entregarse al duelo. El problema es que Próspero se retira, *punto*. A pesar de ser un gobernante, busca refugio en el recinto de su castillo y deja a la intemperie a las personas a las que está obligado a proteger. Como lo habría expresado Tarrou, al esconderse en su castillo Próspero elige, paradójicamente, ponerse «del lado de la pestilencia» cuando debería estar del lado de las víctimas.

Obsérvese que Próspero *no niega* la existencia de la peste. Al contrario: su festín luminoso se apoya en la oscuridad exterior. Próspero y quienes festejan con él saben perfectamente lo que ocurre al otro lado de los muros. Pero saber no es lo mismo que actuar; la mera conciencia no basta.

En el marco del debate climático también se ha subrayado este punto. Mientras filósofos y activistas insisten en la necesidad de una conciencia climática, bajo el supuesto de que «una conciencia genuina y la aceptación de la existencia del cambio climático antropogénico (frente a la ignorancia o la negación) conduce automáticamente a desarrollar posiciones políticas y morales que abogan por la acción colectiva de las personas»,[40] varios autores han sostenido que ese supuesto es falso, porque la conciencia puede ir fácilmente acompañada de la inacción. Como señaló James Butler:

> Dentro del activismo climático existe una obstinada creencia en el poder salvador de la conciencia climática, como lo muestran los titulares apocalípticos de *The Guardian* o la exhortación de Extinction Rebellion a que todos reconozcamos la emergencia. Si supiéramos, actuaríamos del modo correcto. Pero no hay un punto de inflexión evidente en el que el conocimiento se transforme en acción; en una esfera política cada vez más mediatizada, difundir conciencia acaba por convertirse en un sustituto de la acción misma.[41]

Y el problema es aún peor: no solo la conciencia puede terminar *sustituyendo* a la acción colectiva; también puede desencadenar acciones del tipo equivocado, conduciendo a otro peligro, distinto y más inmediato: el de la *barbarie climática*.

Naomi Klein y otros autores emplean este concepto para describir una forma específica de adaptación climática que acepta la realidad del cambio climático, pero infiere de él el principio de acción equivocado: sustituir el discurso de la justicia climática por otra ideología, la del sálvese quien pueda, cada nación por su cuenta. Del mismo modo que Próspero asume la peste como un problema real y, en consecuencia, elige retirarse tras los muros de su castillo, la táctica de la barbarie climática consiste en que los países se replieguen tras los muros que ellos mismos levantan, dejando fuera a quienes han visto sus hogares convertidos en lugares inhabitables por esos mismos países, mientras siguen emitiendo los gases de efecto invernadero que causan la muerte mediante sequías, inundaciones e incendios. «Que nadie lo ponga en duda: este es el amanecer de la barbarie climática», escribe Naomi Klein en su libro *En llamas*. «Y a menos que se produzca un cambio radical no solo en la política, sino también en los valores subyacentes que la rigen, así es como el mundo rico va a «adaptarse» a una mayor alteración climática: desatando por completo las ideologías tóxicas que jerarquizan el valor relativo de las vidas humanas para justificar el monstruoso descarte de vastas franjas de la humanidad.»[42]

Este cambio de perspectiva resulta difícil, porque durante las últimas décadas el gran desafío tanto para científicos como para activistas ha sido combatir los incendios del negacionismo climático, incluso mientras las grandes petroleras avivaban las llamas. Si bien esta campaña tuvo éxito en muchos sentidos —al precio de décadas de retraso, que permitieron a las empresas de combustibles fósiles cambiar cómodamente de rumbo mediante el *greenwashing*—,[43] también ha sobrevalorado el poder salvador de la conciencia, bajo la suposición optimista de que ver implica necesariamente actuar. La barbarie climática perturba esta lógica, pues nos enfrenta a «la posibilidad de una adaptación cruel al cambio climático».[44] En palabras de Jacob Blumenfeld, el problema es que «el negacionismo climático ya no cuenta con la aceptación social; además, ya no es necesario. Hoy puede aceptarse la verdad irrefutable del cambio climático sin renunciar al amor por los combustibles fósiles ni al odio hacia los inmigrantes». Este es el espectro de la barbarie climática, que «reconoce el cambio climático y se adapta a él inhibiéndose de cualquier obligación hacia los demás, fuera del grupo de pertenencia preferido, cuyos límites siempre pueden estrecharse más y más en cascadas de violencia y desprecio».[45]

Esto no significa que la conciencia no sea importante: en una época de luces de gas y desinformación, es crucial tener claros los hechos y la ciencia. Significa, sencillamente, subrayar una evidencia: que la conciencia, por sí sola, no basta, del mismo modo que la mera esperanza o el mero duelo no bastan si no se transforman en acción y determinación.[46]

En el relato de Poe, las cosas no terminan bien ni para Próspero ni para quienes se han encerrado a festejar la supervivencia con él. Sin embargo, nosotros no vivimos en la ficción. Y por eso la pregunta que debemos plantearnos —a nosotros mismos y a nuestros gobiernos— es hasta qué punto queremos parecernos a Próspero. Para citar de nuevo a Naomi Klein:

No podemos minimizar la crueldad que se intensifica a gran velocidad en nuestro presente; tampoco el daño a largo plazo que sufrirá la psique colectiva si no se le hace frente. Bajo el teatro de algunos gobiernos que niegan el cambio climático y otros que afirman estar haciendo algo al respecto mientras fortifican sus fronteras frente a sus efectos, se nos plantea una pregunta general. En el futuro áspero y escabroso que ya ha comenzado, ¿qué tipo de personas vamos a ser? ¿Compartiremos lo que queda y trataremos de cuidarnos unos a otros? ¿O, por el contrario, intentaremos acaparar lo que queda, ocuparnos solo de «los nuestros» y dejar a todos los demás fuera?[47]

O, como lo habría expresado Tarrou, ¿vamos a estar del lado de la pestilencia?

## Los peligros del optimismo

Mucho antes de la era del cambio climático, Camus percibió los peligros de la inercia y de la adaptación, y advirtió contra ellos. En su pesimismo encontramos una lucidez que atraviesa todos los subterfugios y evasiones disponibles en su tiempo hasta llegar al núcleo palpitante de su activismo: que debemos hacer lo que debe hacerse, por razones de justicia y solidaridad, porque se lo debemos a nuestros semejantes, para evitar su sufrimiento en la medida de lo posible. Frente a la tentación de la inercia —de refugiarnos en nuestras fortalezas como Próspero, de dar la espalda al sufrimiento como Cottard—, Camus propone una filosofía feroz de la acción, tan audaz como desnuda, despojada de toda confianza en la victoria.[48] Como le dice Tarrou a Rieux, «tus victorias siempre serán temporales, eso es todo». A lo que Rieux responde: «Siempre. Lo sé. Pero eso no es una razón para abandonar la lucha». Para él, la peste significa una «derrota interminable»; pero no dejará de intentarlo, él, que ha sido «instruido» por el sufrimiento.[49] Siguiendo una línea similar, Adam Tooze ha señalado que Andreas Malm recurre a «los dramas de la historia europea del siglo xx […] no como inspiración para la revolución, sino como una forma de dar sentido a una resistencia que, en última instancia, puede resultar en vano».[50]

Camus, desde luego, es solo un autor; su perspectiva es una entre muchas. Y a estas alturas podría objetarse que también ha habido activistas y teorías del activismo abiertamente optimistas —también dentro del movimiento climático—. Sin embargo, mi propósito no es defender que los activistas *deben* ser pesimistas. Mi objetivo es más modesto y doble. En primer lugar, el pesimismo no es lo mismo que el derrotismo y no es incompatible con el activismo; de hecho, el pesimismo, en cierta modalidad, puede resultar especialmente empoderador. En segundo lugar, el optimismo, aunque puede ser un poderoso motor de acción, también entraña peligros.

Estos peligros han sido descritos recientemente por el filósofo y activista climático Anh-Quân Nguyen, quien observa que, aunque el optimismo «está presente casi en todas partes en el movimiento climático» y a menudo «se considera una necesidad para sostener el activismo», se trata de un error: «Aferrarse al optimismo es comprensible, pero a la larga conduce al movimiento climático a más desesperación, agotamiento y repliegue».[51] La razón principal es que el optimismo climático, en varias de sus formas, impone «una carga mental desmesurada sobre los activistas, con expectativas abrumadoras que se supone deben movilizarlos y motivarlos, y que acaban teniendo efectos negativos sobre la salud mental, provocando agotamiento y, finalmente, abandono del activismo climático».[52]

Esta se considera una afirmación llamativa, dado que se ha vuelto habitual que el mundo académico y los medios expresen su preocupación por la ecoansiedad de los activistas climáticos y por otros estados de ánimo sombríos asociados a la crisis climática. Pero Nguyen sostiene que es precisamente el *optimismo climático* el que «provoca efectos negativos en la salud mental de los activistas». Cita un estudio de 2019 sobre un grupo de ellos en Nueva Zelanda realizado por Karen Nairn, quien apunta que los participantes «enmarcaban su agotamiento como si, de algún modo, fueran responsables de sentirse "quemados"». Por ejemplo, una activista se culpaba a sí misma por haber sido demasiado optimista y establecía una relación directa entre su optimismo y el agotamiento posterior:

Durante mucho tiempo, supongo que asumí que había que sentir *algún tipo de optimismo respecto al futuro*, es decir, la capacidad de crear una situación en la que el cambio climático no arruinara el mundo... pero tenía una amiga que es increíblemente cínica y pesimista —en realidad, un par de ellas—, ambas implicadas en [un grupo activista climático], y ninguna de las dos se había quemado, sorprendentemente, lo cual me parece interesante... Ahora *pienso en cómo podría no haberme quemado yo, y en que, si no hubiera sido tan ciegamente optimista*, quizá habría podido moderar mi implicación en las cosas, para no tirarme de cabeza a tratar de hacer todo lo posible, y descubrir opciones más realistas.[53]

Esto, argumenta Nguyen, es precisamente el peligro asociado al optimismo: «Bajo el optimismo climático orientado al futuro, los activistas son responsables de su propia esperanza y, a la inversa, también de su propia desesperación, en el camino hacia la justicia climática». Concluye que los activistas climáticos deberían rechazar el optimismo climático «debido a su tendencia a maquillar el éxito, a explicar o minimizar las emociones oscuras y a sobrecargar mentalmente a los activistas en su lucha», y propone, en su lugar, adoptar «un pesimismo valiente, capaz de dar sentido a la absurdidad de las luchas activistas».[54]

Existe además otro peligro, relacionado con la tendencia del optimismo climático a generar expectativas que, más tarde, se convierten en *presión para satisfacerlas*. Esto puede ser una forma eficaz de movilizar a nuevos activistas, pero deja al movimiento climático —y a quienes lo integran— mal preparado para afrontar la decepción y el fracaso. Según Nguyen, esta presión por lograr resultados, cueste lo que cueste, «la creencia de que vamos a ganar», da lugar a una tendencia del movimiento climático a incurrir en lo que él denomina *success-washing*: «El optimismo climático orientado al futuro está tan profundamente arraigado en el movimiento que ignora o explica los fracasos y se entrega a prácticas de *success-washing* en las acciones llevadas a cabo por los activistas climáticos», por ejemplo afirmando que determinadas acciones han tenido impacto *incluso cuando* no se han alcanzado sus objetivos.

Nguyen comenta:

La tentación del *success-washing* es comprensible si asumimos nuestra necesidad de optimismo climático para mantener la esperanza y la capacidad de agencia del movimiento climático. Decirles a millones de activistas que las movilizaciones masivas, las protestas y las huelgas han logrado poco o nada para frenar un colapso climático catastrófico no es tarea fácil, y la preocupación de que esto pueda ahogar a los activistas en la desesperación, el duelo y la falta de esperanza es comprensible.[55]

Añade, luego, un punto importante: «*Pero la mayoría de los activistas ya lo saben*, y algunos líderes del movimiento, como Greta Thunberg, ya se han pronunciado al respecto»; por ejemplo, al afirmar —en contraste con el secretario general de la ONU, António Guterres, y otros que se mostraron llenos de optimismo ante aquellas acciones— que las huelgas escolares mundiales de *Fridays for Future* de 2019 "no lograron nada".[56] «Ante la ineficacia de muchas de sus acciones climáticas», sostiene Nguyen, «el movimiento climático necesita una evaluación honesta que evite malas respuestas, que no hacen sino generar falsas esperanzas que acaban conduciendo a una desesperación aún mayor». «Deberían adoptar una postura que permita una forma más amable y sostenible de mirar y evaluar su activismo». En otras palabras: «deberían ser pesimistas».[57]

Aún podemos añadir otra consideración. En los debates sobre optimismo y pesimismo en el contexto climático, no solo se abordan estos conceptos como posturas acerca de nuestras expectativas sobre el futuro, sino también como sustitutos de conjuntos específicos de emociones positivas y negativas. El «pesimismo» se asocia a estados de ánimo o emociones «oscuras», como el duelo, la ira o la desesperación; el «optimismo», en cambio, a emociones positivas como la esperanza, la alegría y, en ocasiones, el coraje o la perseverancia. La noción de sentido común —o, más bien, la intuición visceral— de muchos parece ser que las emociones negativas nos desinflan o nos restan energía, mientras que las emociones positivas serían una mejor fuente de acción.[58] Sin embargo, hay indicios de que estas asociaciones pueden estar mediadas culturalmente.[59]

Un estudio de 2017 realizado por Jochen Kleres y Åsa Wettergren (al que también alude Nguyen) comparó los patrones de respuesta emocional entre activistas del Norte y del Sur Global. Los investigadores señalan que los activismos septentrionales tienden a compartir «un énfasis muy fuerte en movilizar a través de *la esperanza en la acción colectiva*».[60] Así lo expresaba el Consejo Ecológico danés en septiembre de 2013: «Las perspectivas no son buenas... Pero la esperanza, las acciones positivas y la resolución de problemas son mucho mejores que pintarlo todo de negro».[61] O el Sierra Club, con sede en Estados Unidos, en 2014: «Nuestro comité intenta enviar mensajes positivos, como: *sí, esto es grave, pero podemos superarlo; deberías ser optimista respecto a lo que podemos lograr; deberías entusiasmarte con nuestro trabajo juntos*».[62] Este respaldo a las emociones positivas, junto con la desconfianza hacia las negativas (como la ira, la culpa o la desesperación), se repitió en muchos de los testimonios recogidos, al menos entre los procedentes de países del Norte Global. «Descubrimos que nuestros entrevistados del norte aceptan el miedo, pero enfatizan la esperanza, rechazan la culpa y tratan la ira con cautela», señalan los investigadores. En contraste, «los entrevistados del Sur Global se muestran más intensamente asustados, menos esperanzados y más airados, y atribuyen la culpa —la responsabilidad— a los países del norte».[63]

Veamos, por ejemplo, esta afirmación de una activista de un país africano (no especificado):

El cambio climático ya está transformando nuestro mundo. Como decía, su impacto se siente más en el Sur Global porque no tenemos lo necesario para adaptarnos —por ejemplo, nuestras casas, la forma en que construimos las casas: flotan con facilidad, la lluvia se las lleva… […] El desarrollo marca la diferencia. Por eso nos afecta tanto el cambio climático, por eso cuando llueve siempre entramos en pánico, porque a veces los estudiantes se quedan sin clases, porque el agua arrastra las escuelas consigo. […] *Es como estar dentro de un incendio…* por eso nos apasionamos tanto ante la cuestión del cambio climático, porque nos está afectando en mayor grado.[64]

*Como estar dentro de un incendio.* Estas palabras se pronunciaron cuatro años antes de que Greta Thunberg exhortara a los líderes políticos y económicos reunidos en Davos a «actuar como si nuestra casa estuviera en llamas. Porque lo está». Mientras que al Norte Global hubo que instarlo a «actuar como se actúa en una crisis»,[65] en los países donde el cambio climático ya está causando estragos apenas hacen falta este tipo de recordatorios: allí la amenaza no remite a un futuro lejano, sino que ya ha cruzado el umbral.

Como señalan Kleres y Wettergren:

Aquí, la «pasión» del activismo deriva de la experiencia del cambio climático *como una realidad ya manifiesta*, con consecuencias devastadoras: un contraste radical con el miedo abstracto al cambio climático en el norte. El elemento emocional predominante es el miedo agudo. Hay referencias explícitas al pánico, como cuando la lluvia persiste y las casas se inundan. La cita describe el dolor de vivir con ese miedo como «estar dentro de un incendio». La esperanza ocupa un lugar más discreto.[66]

No es que la esperanza de cambio esté ausente, sino que se articula a través de la necesidad de actuar y de un poderoso sentido de urgencia, ya que el desastre ya está aquí; y, en lugar de mantenerse distanciada de emociones oscuras como el miedo o la ira, se combina con ellas de manera intensa. Así enmarca su acción una activista de un país del África subsahariana:

> No paramos, los activistas no paramos, seguimos, seguimos; eso es el activismo: no paras hasta que [cumples la misión], así que seguimos. [...] Queremos ver el cambio en esta [zona], queremos detener el cambio climático y necesitamos justicia climática, así que ¿por qué iba a parar, teniendo en cuenta de dónde vengo? Si empiezas, tienes que seguir. [...] Si te [hieren], puedes descansar; cuando te levantas, sigues adelante: eso es el activismo.[67]

Lo llamativo es que, mientras que a los activistas del norte —alentados en ello tanto por los medios como por el ámbito académico— se les predispone a preocuparse y evitar que las emociones oscuras conduzcan al agotamiento, esta inquietud parece mucho menos presente entre los activistas del sur, donde la urgencia se vive con tal intensidad que rendirse no es una opción: simplemente se «sigue adelante».

Esto resulta aún más significativo si tenemos en cuenta que algunos activistas del norte lidian con el problema del agotamiento como consecuencia directa de un optimismo frustrado. En palabras de una activista sueca, no hay nada más desmoralizador que ver cómo se alimentan las propias esperanzas para luego acabar decepcionándose:

> Siempre me da un enorme ataque de ansiedad climática cuando vuelvo a casa después de una COP; siempre voy a las COP *llena de esperanza*, pensando «Dios mío, vamos a salvar el mundo», y luego, cuando regreso a casa, me doy cuenta de que no lo logramos. Entonces, me hundo, y *es la peor sensación del mundo*: pienso por qué estoy haciendo esto, y siempre me entra esa sensación... de que voy a dejarlo todo, irme a

vivir al bosque, construir mi propia cabaña, vivir de forma sostenible por mi cuenta y abandonar la sociedad.[68]

Los pensamientos de retirada, en este caso como en otros, parecen haber sido provocados no por un pesimismo sostenido, sino por la frustración de las propias esperanzas. A la luz de afirmaciones como estas, cabe preguntarse de dónde procede la idea de que el pesimismo nos desinfla. Al fin y al cabo, si esta activista no hubiera albergado expectativas tan altas —si hubiera adoptado una forma de pesimismo sostenible, como recomienda Nguyen—, ¿habría quedado tan extenuada?

Existen, por tanto, indicios de que la resistencia a los estados de ánimo oscuros entre los activistas del Norte Global está mediada tanto por supuestos culturales como por preocupaciones regionales: cuando el peligro se percibe como algo perteneciente a un futuro remoto, la fuente del miedo se concibe de manera abstracta, de un modo impensable para quienes ya viven con el desastre, para quienes «la fuente del miedo no es imaginada, sino presente y aguda».[69] Estos supuestos deberían ser cuestionados, no porque sean ilegítimos en sí mismos, sino siendo conscientes de que insistir en la esperanza y el optimismo *a costa de emociones oscuras* como el duelo, la ira o la desesperación puede entrañar sus propios peligros. Peligros que, además, no son únicamente psicológicos, sino potencialmente políticos. Como advierten también Kleres y Wettergren, las diferencias en las respuestas emocionales entre los activismos del norte y del sur pueden conllevar consecuencias políticas concretas: «Estas diferencias pueden indicar un enfoque relativamente despolitizado del activismo climático en el norte, frente a un enfoque más politizado en el sur».[70]

## El valor del pesimismo

«El pesimismo tiene mala fama entre los activistas, aterrorizados ante la idea de rendirse», escribe el novelista China Miéville. «Pero un activismo sin el pesimismo que debería provocar la lucidez no es más que sentimentalismo». Estas palabras se publicaron en la revista de izquierdas *Salvage*, fundada en 2015 por un grupo de escritores afincados en Londres, entre ellos Miéville. En una oposición llamativa a la mayoría de los relatos activistas, que subrayan la esperanza y el optimismo, los autores vinculados a *Salvage* sostienen con firmeza que el pesimismo desempeña un papel en esta obra. Si bien es cierto que existe «un mal pesimismo, como existe un mal optimismo», hay algo en esta visión que resulta indispensable para cualquier época en crisis: «Necesitamos conducirnos a otro punto de inflexión, a un cambio social irreversible, y eso exige un pesimismo distinto: una mirada firme y honesta a lo mal que están las cosas».[71]

Ese texto se publicó el 1 de agosto de 2015. Un mes después, los editores de *Salvage* tuvieron la ocasión de poner en práctica ese *ethos* cuando Jeremy Corbyn fue elegido líder del Labour Party, alimentando las esperanzas de muchas personas en la izquierda. «Por primera vez desde George Lansbury, el Partido Laborista tiene un líder que es a la vez socialista y experimentado activista», escribieron los editores para describir la conmoción que provocó la victoria de Corbyn. Con todo, su narrativa partió de un «pesimismo duramente conquistado», que no es «ni cinismo ni desesperanza»:

No estaremos a la altura de los desafíos que vienen si volvemos a oscilar, una vez más, de la desolación a la mala esperanza; ya hemos visto adónde conduce eso. La respuesta de *Salvage* a estos vaivenes improductivos sigue siendo un pesimismo duramente conquistado. No se trata de cinismo ni de desesperanza: tiene que ver con nuestra claridad de análisis —del capitalismo, del sistema de clases, de la centralidad de este antagonismo en nuestras vidas— y con nuestra negativa a edulcorar la·magnitud de las dificultades a las que seguimos enfrentándonos.

Señalan que la «mala esperanza», que equiparan a un «optimismo filisteo y presa del pánico», es «propensa a transformarse de inmediato en mala desesperación» y, al igual que Nguyen y Nairn, vinculan el optimismo con el peligro del agotamiento: «uno de los peores aspectos del triunfalismo tradicional de la izquierda es que, al no reconocer la magnitud de nuestras derrotas pasadas y su legado, prepara a cada nuevo recluta esperanzado no para años de trabajo paciente, sino para *un agotamiento rápido y una desmoralización temprana*». El optimismo sin más aparece, así, como un peligro real para el activismo: «No tiene sentido resurgir con ímpetu solo para caer después, de forma más permanente y numerosa, en los sepulcros». En su lugar, los editores proclaman un pesimismo pleno que, lejos de desmovilizar, es «una fuente de energía»:

> *Salvage* se aferra a la necesidad de un pesimismo que no sea un bálsamo tranquilizador, sino el resultado de un análisis, e insta a otros sectores de la izquierda a afrontar esta batalla con la misma cautela sobria. Aspirar a tal rigor no es solo una responsabilidad en estas circunstancias: es *una fuente de energía*. *Salvage* recomienda un pesimismo que tenga la humildad de dejarse sorprender, de celebrar las sacudidas de nuestras victorias sin renunciar a la cautela que todos —todos— necesitamos. Y avanzamos con el deseo absoluto y comprometido —la *Sehnsucht*— de que se nos demuestre que estamos equivocados.[72]

Estemos o no de acuerdo con la política del colectivo *Salvage*, el análisis del poder energizante del pesimismo es, a mi juicio, acertado. Esta idea de que el pesimismo no tiene por qué ser desalentador, de que en cierta modalidad puede incluso resultar capacitador, es precisamente el punto defendido por Dienstag y por los pesimistas de antaño, quienes nos han mostrado una y otra vez que el pesimismo no debe equipararse al derrotismo ni a la pasividad; al contrario, se trata de una filosofía cargada de potencial ético y político, de fervor moral y de fuerza motivadora.

En mi opinión, el verdadero enemigo al que hay que combatir no es el optimismo ni el pesimismo —quizá ni siquiera la desesperación (pues, como muestran los ejemplos, puede haber fundamentos sólidos para la resistencia incluso más allá de toda esperanza de éxito)—, sino cualquier postura que implique *apartar la mirada o rendirse*. Esta actitud puede recorrer el mundo bajo disfraces distintos, desde el «todo va a ir bien» hasta el «estamos condenados» o el «que cada nación se ocupe de sí misma». Estos lemas, por diversos que sean, remiten a una misma fuente: lo que Camus llamó en una ocasión «la tentación más fuerte del ser humano», «la tentación de la inercia».[73] Como dijo el escritor en una entrevista de 1957:

No tenemos nada que perder, excepto todo. Así que sigamos adelante. Esta es la apuesta de nuestra generación. Y si hemos de fracasar, en cualquier caso, será mejor haber estado del lado de quienes eligen la vida que del lado de quienes destruyen.[74]

# Capítulo 3
# Perder el futuro

*… No hay mucho que ver*
*más allá de eso, porque las preguntas importantes,*
*las preguntas a las que uno vuelve una y otra vez,*
*no son sobre su hogar perdido, no representado,*
*sino las que enmarcan sus bocas deformadas:*
*¿Qué somos ahora? ¿En qué nos convertiremos?*
John Koethe

El mundo se acabará en el año 2100. Pero no lo destruirá el cambio climático, sino la peste.

Esa es la premisa de una extraña novela digresiva publicada en 1826 por Mary Shelley, quien apenas unos años antes había escrito *Frankenstein*. Shelley clausuró una serie de autores y artistas que abordaron el tema del fin del mundo, en un momento en que el panorama literario de la época se vio arrastrado por una moda tan improbable como persistente: la obsesión por *lo último*. Si el mundo llegara a su fin —se preguntaban Shelley y sus contemporáneos—, ¿cómo sería la vida del último ser humano que quedara en pie?[1]

Ambientada en la segunda mitad del siglo xxi, *El último hombre* es en parte una novela romántica y en parte una distopía; un enredo de historias de amor que tiene como telón de fondo la extinción de la humanidad. Por una parte, trata del amor y la amistad en tiempos de epidemias; por otra parte, de cómo las cosas dejan de importar, o comienzan a importar de otra manera. A medida que la peste se extiende y la esperanza se desvanece, la mayoría de las rutinas se vuelven inútiles; incluso el tiempo adquiere un significado distinto. Así reflexiona el protagonista, Lionel Verney, durante un invierno en el que el azote de la peste les concede una tregua momentánea:

> La experiencia de un tiempo inmemorial nos había enseñado antaño a medir nuestros goces por años y a proyectar nuestra vida a lo largo de un dilatado proceso de progreso y decadencia; el largo camino se internaba en un vasto laberinto, y el Valle de la Sombra de la Muerte, en el que concluía, quedaba oculto por los objetos interpuestos. Pero un terremoto había cambiado el paisaje: la tierra se agrietó bajo nuestros pies; profundo y abrupto, el abismo se abrió para recibirnos, mientras las horas nos conducían, como en un carro, hacia la sima.[2]

Se percibe, además, un cansancio general que se filtra en cada hora y en cada pasatiempo, una sensación de «absoluta inutilidad» de las cosas. «Anhelaba volver a mis antiguas ocupaciones, sin embargo ¿de qué servían?», nos cuenta Verney. «Leer era inútil; escribir, en verdad, vanidad.»[3]

Esta experiencia se intensifica cuando queda claro que Verney se ha convertido en el último hombre, el «único superviviente de mi especie». Por un momento se compara con Robinson Crusoe: «Los dos habíamos sido arrojados a la soledad: él, a la orilla de una isla desolada; yo, a la de un mundo desolado»; no obstante, enseguida comprende que difícilmente podrían ser más distintos, porque Crusoe «podía tener esperanza, y no en vano» de que algún día sería rescatado; mientras que él «no tenía esperanza alguna».[4] Y así deambula en soledad por Roma y graba el nuevo año en la piedra más alta de la basílica de San Pedro: «¡2100, último año del mundo!».[5]

Resulta perturbador leer esas palabras en este primer cuarto del siglo XXI, cuando el año 2100 aparece tan a menudo en predicciones y proyecciones sobre el cambio climático y cuando todavía humean las cenizas de una pandemia global.[6] Pero, al fin y al cabo, no deja de ser una novela, y además distópica. Y ya tenemos una cierta experiencia con la distopía. El género quedó tan firmemente asentado en el siglo que media entre el nuestro y el de Shelley, que proyectó con entusiasmo fechas hacia un futuro lo bastante cercano y lo bastante distante como para que sirvieran de lienzo a nuestras esperanzas y temores. En cualquier caso, el tiempo avanza, y, cuando el siglo XX desembocó en el XXI, asistimos a aniversarios curiosos, a medida que el presente va alcanzando los futuros distópicos. Así, George Orwell escribió en 1949 su distopía totalitaria situándola en 1984; *Blade Runner* (1982) apuntó a 2019, y *Cuando el destino nos alcance* (1973) proyectó las inquietudes por la superpoblación aproximadamente en 2022. Finalmente, en 2021 alcanzamos el año central de una novela publicada en 1992 por la autora británica P. D. James: *Hijos de los hombres*.[7]

Al igual que *El último hombre* de Shelley y tantas otras novelas y películas apocalípticas, la novela de James nos ofrece una visión de «lo último», pero bajo un supuesto distinto: en su imaginación, no es una peste ni un meteorito lo que golpea a la humanidad, sino una ola de infertilidad mundial. No se trata, pues, de un acontecimiento único y agudo que interrumpe la existencia cotidiana ni se da una mortandad colectiva: al menos durante un tiempo, la vida continúa, la gente sigue con sus trabajos y actividades, con la única diferencia de que no nacen niños.

¿Cómo sería vivir en un mundo así? Según Theo Faron, el personaje central de la novela, el principal resultado fue la irrupción de un «negativismo casi universal», a medida que las cosas dejaban de importar como antes. Los placeres, ya fueran sensuales o intelectuales, son lo único que puede contrarrestar el *ennui universel*:

> Pero quienes seguíamos vivos cedimos a ese negativismo casi universal, lo que los franceses llamaron *ennui universel*. Nos cayó encima como una enfermedad insidiosa; en efecto, era una enfermedad, con sus síntomas pronto familiarizados de languidez, depresión, malestar desdibujado, una predisposición a sucumbir a infecciones menores, un dolor de cabeza perpetuo e incapacitante. (…) Las armas con las que lucho contra esa dolencia son también mis consuelos: los libros, la música, la comida, el vino, la naturaleza.[8]

Lo más interesante es que, mientras el último hombre de Shelley afronta la perspectiva de su propia muerte y el sufrimiento y la muerte de quienes ama, para los últimos humanos de James la tragedia adopta una forma muy distinta. No hay peste, ni meteorito o cometa encaminado a colisionar con la Tierra; y, en cierto sentido, no hay ningún desastre en concreto. Es verdad que la gente no puede tener hijos, pero muchas personas a nuestro alrededor llevan vidas plenas y felices sin descendencia, de modo que no parece haber, en principio, razón alguna para que al menos un grupo de seres humanos no puedan seguir haciéndolo incluso en un mundo de «últimos». Ese es el objetivo de Theo Faron y otros personajes de la novela. Sin embargo, como él mismo nos confiesa, allá donde mire, detecta una erosión del sentido:

> No podemos experimentar nada que no sea el instante presente, no podemos vivir en ningún otro segundo del tiempo, y comprender que esto es lo más cerca que podemos estar de la vida eterna. Pero nuestras

mentes se remontan a través de los siglos en busca del consuelo de nuestra ascendencia. Y, sin la esperanza de una posteridad para nuestra especie —si no para nosotros mismos—, sin la certeza de que, aun muertos, seguimos viviendo, todos los placeres de la mente y de los sentidos a veces no me parecen más que defensas patéticas y ruinosas, apuntaladas frente a nuestra destrucción.[9]

Una vez más, se trata de ficción: no vivimos, ni hemos vivido nunca, en un mundo así. Pero quizá podamos imaginar cómo sería vivir en él. Eso, al menos, es lo que ha defendido el filósofo Samuel Scheffler en sus ya clásicas conferencias «Afterlife».[10] En esas conferencias, y en el libro que vino después, Scheffler trata de explicar por qué y de qué manera nos importa la «vida futura» de la humanidad (es decir, «la continuación de la vida humana en la Tierra después de nuestras propias muertes»).[11] Lo lleva a cabo a través de dos escenarios hipotéticos. Primero, en el «escenario del fin del mundo», nos pide imaginar que «si bien tú vivirías una vida de duración normal, la Tierra sería destruida por completo treinta días después de tu muerte, en una colisión con un asteroide gigante».[12] Segundo, en el «escenario de infertilidad», nos invita a imaginar un futuro semejante al que pinta James en *Hijos de los hombres*: un mundo en el que todos los seres humanos se han vuelto infértiles, de modo que la humanidad «se enfrenta a la perspectiva de una extinción inminente a medida que la última generación nacida va muriendo poco a poco».[13] En este caso, nadie muere prematuramente ni se enfrenta a la pérdida de sus seres queridos, pero el fin de la humanidad se perfila como una certeza oscura en el horizonte.

Para cada uno de los escenarios, Scheffler nos pide que consideremos cómo reaccionaríamos y, más concretamente: «¿Cómo afectaría este conocimiento a tus actitudes durante el resto de tu vida?».[14]

En el caso del escenario del fin del mundo, Scheffler imagina que la mayoría de nosotros responderíamos probablemente con algo así como una «profunda consternación».[15] Más allá de eso, sugiere que algunos —y quizá muchos— de los proyectos y actividades que más valoramos dejarían de parecernos dignos de emprenderse: por ejemplo, encontrar una cura para el cáncer o tener hijos y criarlos. En lo referente a otros proyectos, la cuestión no resulta tan clara: ¿seguirían escribiendo libros los escritores si supieran que pronto no quedaría nadie para leerlos? Tal vez sí; tal vez no. Lo que le interesa a Scheffler es que, para muchas actividades, la perspectiva de nuestra propia muerte no sería un motivo para abandonarlas (al contrario: podríamos hacer muchas cosas a sabiendas que la posteridad se beneficiará de ellas; y, en cualquier caso, todos tenemos la certeza de que algún día vamos a morir). Sin embargo, la perspectiva de la muerte de *todos los demás* sí podría ser una razón para dejar de emprender nuevas tareas. Lo que esto sugiere, según Scheffler, es que la vida futura del resto de la humanidad parece importarnos más que «nuestra propia existencia continuada». Y la razón por la que nos importa más es que la vida futura de los demás constituye «una condición para que otras cosas nos importen. Sin la confianza en la existencia de una vida futura [de la humanidad], muchas de las cosas que nos parecen importantes de nuestras vidas dejarían de serlo o pasarían a importarnos menos».[16]

Scheffler considera que ocurriría algo parecido en el escenario de la infertilidad: «Parece plausible suponer que un mundo así sería un mundo caracterizado por una apatía generalizada, anomia y desesperación; por la erosión de las instituciones sociales y de la solidaridad social; por el deterioro del entorno físico; y por una pérdida generalizada de convicción acerca del valor o el sentido de muchas actividades».[17] En otras palabras, precisamente por los rasgos que esboza P. D. James y, en efecto, también Shelley antes que ella. Aunque reconoce que nos resulta difícil imaginar cómo sería realmente un mundo así, Scheffler considera probable que «la desaparición inminente de la vida humana ejerciera un efecto desalentador sobre las motivaciones de las personas y sobre su confianza en el valor de sus actividades; que redujera su capacidad de entusiasmo y de actividad plena y gozosa en un frente muy amplio». De hecho, en un mundo como ese no podríamos «ni siquiera estar seguros de que exista algo que pudiéramos considerar una buena vida».[18]

La cuestión es que parece existir una diferencia de naturaleza entre la tragedia de nuestra propia muerte y la desaparición del resto de la humanidad: esta última amenaza con erosionar el sentido de todas nuestras actividades de un modo en que la primera no lo hace. Scheffler considera que esta asimetría tiene que ver con el futuro y con la manera con la que nos relacionamos con él. Cuando vivimos en sociedades y en grupos sociales o familias, participamos «en una red —más amplia o más estrecha— de relaciones personales valiosas»; y eso significa que, mientras estamos vivos, podemos imaginar qué ocurrirá cuando nuestra muerte nos «arranque» de esas redes.[19]

Gracias a esa conexión, la muerte no es una incertidumbre absoluta: podemos figurarnos que la vida de quienes queremos continuará, igual que los lugares que solíamos frecuentar, y así tendremos una idea de cómo será el mundo cuando ya no estemos. «En lugar de perfilarse simplemente como una eternidad de inexistencia, el futuro puede pensarse en referencia a un mundo social en marcha en el que todos conservamos una identidad social.»[20] Dicho de otro modo, nuestro entrelazamiento con otras personas «personaliza» nuestra relación con el futuro que vendrá después de nuestra desaparición: «el hecho de que haya otras personas que valoran su relación contigo y que seguirán viviendo después de que tú hayas muerto hace posible sentir que tienes un lugar en el mundo social del futuro, aunque, debido al inconveniente de tu muerte, no puedas aprovecharlo realmente. El mundo del futuro se vuelve, por así decirlo, más parecido a una fiesta de la que uno tuvo que irse demasiado pronto y menos a una reunión de desconocidos.»[21] Las tradiciones y los grupos sociales garantizan así que, aunque no nos recuerde personalmente, «el mundo del futuro no nos resulta un lugar del todo ajeno».[22]

Todo esto se vería amenazado por el conocimiento de que el mundo acabaría treinta días después de nuestra propia muerte (o, en realidad, en cualquier momento de un futuro no demasiado lejano):

> Una de las razones por las que reaccionamos con tanta intensidad ante el escenario del fin del mundo es que parece volver irremediablemente sombría nuestra propia relación con el futuro. Estamos acostumbrados a la idea de que ni siquiera nosotros formaremos parte del futuro después de nuestra muerte. En el escenario del fin del mundo, debemos reconciliarnos con el hecho de que tampoco nadie a quien queramos formará parte de ese futuro, y ese hecho —he sugerido— hace que el futuro mismo se nos aparezca como algo más ajeno, hostil, vacío.[23]

Y lo que es más: esta amenaza estaría igualmente presente en el escenario de la infertilidad, que sugiere no solo que la supervivencia de la humanidad nos importa más que nuestra propia supervivencia, sino que «la llegada al mundo de personas que no conocemos ni amamos» nos importa más que nuestra propia supervivencia: «en ciertos aspectos funcionales y motivacionales concretos, el hecho de que nosotros y todos aquellos a quienes amamos dejemos de existir nos importa menos que la inexistencia de personas futuras a las que no conocemos y que, de hecho, no tienen identidades determinadas».[24]

Desde luego, deberíamos ahondar mucho más en esta discusión, y no tenemos por qué estar de acuerdo con todas las propuestas o conclusiones de Scheffler.[25] Sin embargo, nuestras reacciones intuitivas ante escenarios distópicos como los que él describe parecen confirmar su tesis de que la «vida posterior» de la humanidad y la prolongación de nuestro mundo hacia el futuro nos importan, no solo porque valoremos la vida de los demás, sino como *bienes de base*: como condiciones para que algo importe, siquiera.

Conservemos esa idea.

## En el abismo

Hasta el momento hemos formulado algunas reflexiones filosóficas, quizá importantes para comprendernos a nosotros mismos, pero todavía desde una hipotética seguridad: *seguridad* porque fueron escritas desde un lugar seguro, antes de que la crisis climática emergiera en el horizonte como una gran oscuridad colectiva, ardiente, que bloquea el sol; como aquello que «lo cambia todo». Pero para nosotros, situados al otro lado de ese umbral, esa seguridad ya no resulta tan evidente; y los pensamientos y experiencias que los autores del pasado imaginaron con tono sombrío han dejado de parecernos ajenos. Verney y Faron hablan de la lenta pero constante filtración del sentido fuera de sus vidas, y hoy escuchamos cosas muy parecidas en boca de jóvenes —al menos de aquellos que han abierto los ojos ante el cambio climático—. En palabras de una activista de veintiún años:

Cuando ves cuántos grados puede llegar a aumentar la temperatura y las consecuencias que conlleva ese calentamiento, entras en pánico. Sobre todo, porque acabas dándote cuenta de que *el futuro que imaginabas para ti ya no será así*. Y lo que pensabas que era importante, de repente deja de serlo. Si en ese momento no actúas, te invade la desesperanza.[26]

Cuando ves esto, se vuelve difícil ver cualquier otra cosa —y menos aún un futuro en el que depositar la confianza—. Como dijo Greta Thunberg en su discurso de 2019 ante la Cámara de los Comunes en Londres, dando voz a la experiencia de muchos:

En el año 2030 tendré veintiséis años. Mi hermana pequeña, Beata, tendrá veintitrés. Igual que muchos de vuestros propios hijos o nietos. Se nos ha dicho que esa es una edad estupenda. Que a esa edad la vida se abre ante ti. Pero no estoy tan segura de que vaya a ser tan estupendo para nosotras. Tuve la suerte de nacer en un tiempo y en un lugar en el que todo el mundo nos decía que soñáramos a lo grande; que podíamos llegar a ser lo que quisiéramos. Que podíamos vivir donde quisiéramos. Personas como yo lo teníamos todo y más. Cosas que nuestros abuelos ni siquiera podían imaginar. Teníamos todo lo que podíamos desear y, sin embargo, ahora puede que no tengamos nada. Probablemente no nos quede ni un futuro. [...] Nos habéis mentido. Nos habéis dado falsas esperanzas. Nos dijisteis que merecía la pena esperar el futuro.[27]

Estas palabras resuenan por todas partes. «Soy estudiante de Bellas Artes», dijo una joven de veintiún años que se pegó al marco de una copia de *La última cena* de Leonardo da Vinci, «pero no hay razón para que siga mi vocación de artista en un mundo en el que no tengo futuro. [...] Estoy indignada, y vosotros también deberíais estarlo».[28] «En el transcurso de una década», escribe el activista Daniel Sherrell, «se ha vuelto vagamente absurda la idea de construir nuestro futuro en el mundo como si fuera una casa en un terreno, la idea de levantarla y confiar en que se mantenga en pie. Cada vez más, el único futuro viable parece consistir en apuntalar el propio futuro. Y así el mundo se transforma de premisa en pregunta, y trabajamos desesperadamente por responderla a nuestro favor».[29]

Donde antes existía un futuro, ahora hay un hueco, una ausencia; pero se trata de «un hueco intensamente activo»: exuda oscuridad, una sensación silenciosa —o no tan silenciosa— de desesperación.[30] «Vivo con un temor callado», dice el escritor y activista Yotam Marom, «una tristeza constante por las pérdidas que la gente de todo el mundo ya está sufriendo, un miedo persistente a lo que está por venir y una especie de desesperanza avergonzada respecto a lo que podemos hacer para detenerlo».[31] O, como describe el autor islandés Andri Snær Magnason su reacción al conocer la perspectiva del aumento del nivel del mar y tantos otros efectos del cambio climático: «Siento un zumbido dentro de mí, como si todas estas palabras formaran un agujero negro que no puedo percibir directamente porque su magnitud absorbe todo su significado».[32] Es una experiencia que atraviesa generaciones; pero para quienes ya hemos construido —o estamos construyendo— una vida propia, con un hogar y una carrera, la amenaza adopta una forma radicalmente distinta de la que pesa sobre quienes aún no han podido imaginar qué serán o en quiénes se convertirán. Para poder concebir una vida con sentido necesitamos ser capaces de imaginar el futuro y el lugar que ocuparemos en él. Y es precisamente esta posibilidad misma, esta *capacidad de imaginar* un futuro en el que podamos sentirnos en casa, lo que explica por qué los jóvenes se sienten tan amenazados por el cambio climático.

Es fácil pasar por alto que muchos miembros de esta generación —la primera en crecer en un mundo en el que la emergencia climática no es solo algo que se dibuja en el horizonte, sino una realidad brutal— viven asediados por una sensación muy concreta de estar perdiendo el futuro, a medida que todo aquello que se les dijo que daba sentido a la vida se percibe como inútil o problemático. Cosas como: *estudiar, conseguir un buen empleo, asentarse...* pero ¿qué empleos pueden considerarse hoy seguros? ¿Dónde será seguro asentarse? Como dijo Greta Thunberg en Parliament Square, en Londres, en 2018: «¿Y por qué debería estar estudiando para un futuro que pronto dejará de existir, cuando nadie está haciendo absolutamente nada por salvar ese futuro?»[33] Cosas como: *formar una familia...* porque si el futuro es tan incierto, ¿sigue siendo aceptable tener hijos? Incluso actividades aparentemente más triviales, como desarrollarse personalmente viajando, han dejado de ser sencillas: ¿cuánto pesa el desarrollo personal cuando se lo pone en la balanza junto a la huella de carbono de los viajes contemporáneos?[34] Se trata de un derrumbe del sentido, extendido y persistente, que solo ahora empieza a volverse nítido. Hay un sentido muy real en el que los jóvenes experimentan no solo la pérdida de conceptos, sino la pérdida del propio futuro, a medida que las respuestas habituales a la pregunta de qué hace que la vida merezca la pena se vuelven cada vez más inciertas.

Y esa incertidumbre es, en sí misma, decisiva. Aunque la crisis climática suele formularse en términos de certeza o probabilidad de desastre, la *incertidumbre* forma parte de ella en un grado al menos equivalente. Con esto no me refiero solamente al problema científico de los bucles de retroalimentación y los puntos de inflexión, que conllevan que no sepamos exactamente cuándo se traspasan los puntos de no retorno; ni siquiera al hecho, incontestable, de que el futuro dependerá en gran medida de nuestras acciones y decisiones colectivas de hoy. Me refiero a que hay algo en la propia naturaleza de esta crisis que nos tapa la visión: percibimos la oscuridad, pero no podemos penetrar en ella ni *atravesarla*; no alcanzamos a ver con precisión qué forma adoptará ni cómo será la vida al otro lado. Como expuso el científico especializado en el Ártico y miembro del IPCC Robert Corell en un simposio celebrado en Groenlandia en 2007:

Durante los últimos 10 000 años hemos vivido en un clima extraordinariamente estable que ha permitido que se despliegue todo el desarrollo humano. En todo ese tiempo, a través del calentamiento medieval y la Pequeña Edad de Hielo, no hubo más que una variación de 1 °C. Ahora vemos el potencial de cambios bruscos de entre 2 °C y 6 °C. Simplemente no sabemos cómo es el mundo a esas temperaturas. Estamos saliendo a gran velocidad de la zona segura de la humanidad y entrando en un territorio nuevo, y no tenemos ni idea de si podremos vivir en él.[35]

Esta incertidumbre —y la conciencia vertiginosa de ella— es lo que experimentan los jóvenes cuando sienten que están perdiendo su futuro. Desde luego, esta experiencia también es relativa: no hay tiempo para preocuparse por el sentido o por la incertidumbre cuando se está luchando por sobrevivir; no hay tiempo para pensar que uno se ha quedado fuera del futuro cuando una inundación o una sequía te han expulsado de tu hogar. La sensación de perder un futuro con el que poder relacionarse puede ser específica de quienes viven en países donde el monstruo aún no ha golpeado, y por eso no conviene sobredimensionarla.

Sin embargo, tampoco hay que descartarla. La certeza del desastre que ocasionará el golpe, *combinada* con una incertidumbre radical acerca de la forma que adoptará, configura un escenario extraordinariamente oscuro —o quizá no oscuro, sino *abismal; un lugar más allá del cual no alcanzamos a ver*—. Y por eso quienes son conscientes del problema viven esta tormenta no como una crisis o una emergencia más entre muchas, sino como *la* crisis, *la* emergencia, *la* tormenta de toda una vida.[36] La crisis se vive como verdaderamente existencial no porque amenace el fin de toda la humanidad (como algunos filósofos definen con una lectura reduccionista una «amenaza existencial»), sino porque amenaza el sentido y la importancia de las cosas. Como la extraña e imparable «Nada» de *La historia interminable* de Michael Ende, se cierne sobre todo: no solo sobre lugares físicos y ecosistemas, sino incluso sobre cómo nos importan las cosas, y por qué.

El filósofo Glenn Albrecht ha definido la *solastalgia* así:

El dolor o la angustia causados por la pérdida o falta de consuelo y la sensación de desolación vinculada al estado actual del propio hogar y territorio. [...] Es la nostalgia de hogar que sientes cuando todavía estás en casa.[37]

Algo parecido se escucha, en boca de jóvenes y mayores, cuando hablan del futuro. No es solo el miedo a no tener futuro, en el sentido de una esperanza de vida más corta, o de no disponer de oportunidades que habrían querido tener. Es que no logran relacionarse con el futuro de un modo que les permita arraigar. Como en la *solastalgia* de Albrecht, hay una sensación de desamparo, de desarraigo, de ir a la deriva en el tiempo: se trata de la experiencia de perder un futuro *en el que uno podría sentirse en casa*. El futuro mismo se ha convertido en un territorio *incierto*, hostil y, sobre todo, incierto; se ha vuelto, en palabras de Scheffler, «un lugar del todo ajeno».

Esta situación plantea a las generaciones más jóvenes preguntas que quizá resulten difíciles de comprender para quienes ya tienen su vida asentada. Por ejemplo: ¿cómo se construye una vida para un futuro con el que no podemos relacionarnos? ¿Qué carreras resistirán la prueba? ¿Cómo imaginar la buena vida, una vida de alegría y sentido, si (como nos advertía Scheffler) no podemos «ni siquiera estar seguros de que exista algo que estemos dispuestos a considerar una buena vida» en un mundo profundamente fracturado?[38] Y, si no alcanzamos a ver cómo será el futuro, ¿cómo saber si querremos traer hijos a él?[39]

Para quienes se ven obligados a lidiar con este tipo de preguntas, cualquier afirmación burda de optimismo sería más que inoportuna: sería el tipo de mentira que no engaña a nadie, y menos aún al sentido moral afinado de los jóvenes, que atraviesan las promesas vacías y las tranquilizaciones de los políticos con una ira que sabemos justificada. Si les dijéramos que todo va a salir bien, esas palabras serían completamente huecas: representarían un fracaso a la hora de tomarse en serio su experiencia, y eso —como nos recordarían los pesimistas de antaño— es lo único que garantiza que su sufrimiento empeore. Más allá de la falta de sensibilidad que denotarían, tales afirmaciones no ayudarían en nada. El optimismo sin matices solo puede servir de guía allí donde el futuro es claro, visible, concebible; donde el camino se abre ante nosotros, puede haber dificultades, sí, pero al menos podemos verlas, y podemos reconocer el rumbo. Cuando el camino por delante está oscuro y el futuro es hondamente incierto, ese optimismo carece de sentido: o se deshace en ese territorio extraño y ajeno, o pesa como una carga sobre quienes tienen los ojos repletos de abismo.

Esto quizá explique, en parte, por qué se habla tanto de esperanza en el debate climático. Despojados de un futuro del que antes dependíamos para materializar nuestras aspiraciones, muchos vuelven a la misma pregunta que se hizo en su día Immanuel Kant —*¿qué cabe esperar?*—, añadiendo únicamente el aprieto propio de nuestro tiempo: *¿qué cabe esperar en la era del cambio climático?* Para algunos, formular la pregunta equivale a responderla: por ejemplo, afirmando que «siempre hay esperanza» o que «renunciar a la esperanza es rendirse». Pero a muchos oídos esto les suena falso, porque la esperanza se ha empleado tanto en nuestros discursos que ha ido perdiendo su capacidad de persuadir. Mejor, quizá, dejar esta cuestión abierta durante un tiempo: encontrarnos con la posibilidad de que la propia esperanza penda de un hilo, y aceptar que ese encuentro también forma parte de lo que significa estar vivos hoy.

De modo que el desafío no consiste en predecir el futuro con certeza, sino en aprender a vivir con esta incertidumbre y, sobre todo, en no tratarla como una excusa para la resignación, sino como *un principio de acción*; a sabiendas que, como escribe Catriona McKinnon, «el contexto de la esperanza es la incertidumbre radical».[40] Y así se presenta ante nosotros como un desafío y una prueba. Ahora nos corresponde a todos pensar qué significaría perder el futuro, pues esta sensación de pérdida puede resultar no solo una experiencia decisiva de la crisis climática, sino parte del despertar moral —no únicamente de una generación, sino de una cultura—. Hay que encontrarse con el abismo, porque el verdadero riesgo no está en ese encuentro, sino en evitarlo.

## El laberinto

Por último, una advertencia.

En muchos textos sobre el cambio climático se sugiere que el núcleo del problema es una incapacidad —o falta de voluntad— para mirar más allá del presente inmediato y hacia el (lejano) futuro. Filósofos y activistas nos instan por igual a tener en cuenta los intereses de las generaciones futuras, a desplazar el foco del corto al largo plazo, no sea que quienes vivimos en el presente seamos culpables de colonizar o incluso «esclavizar» el futuro. Lo que estos discursos comparten es el supuesto de que el problema fundamental de la crisis climática es el *cortoplacismo miope*, una *mirada temporal corta*: que solo vemos el aquí y el ahora y damos prioridad a nuestros intereses (egoístas) de corto plazo por encima de las preocupaciones a largo plazo de las generaciones futuras. Y de ahí se desprende que, en cuanto tengamos en cuenta el futuro, en cuanto adoptemos una perspectiva de largo plazo, la crisis se podrá resolver.

Hay buenas razones para ello. El futuro importa —las generaciones futuras importan— y la cuestión de cómo sopesar sus intereses frente a los nuestros merece nuestra atención más consciente.[41] No obstante, aquí también hay un riesgo: olvidar el hecho palmario de que el cambio climático no es solo un problema del futuro cercano o lejano; que en la actualidad hay gente que sufre y muere por él, y especies que se extinguen a gran velocidad. A la vista de los desastres recientes en todo el mundo —de la sequía y el fuego a la inundación y la tormenta— resulta desconcertante que esto siquiera haya que recordarlo; sin embargo, como otros han señalado, existe una tendencia en el Norte Global a olvidar hasta qué punto el cambio climático ya está causando muertes y sufrimiento *en el presente*. En palabras de la activista Vanessa Nakate, decepcionada por la cobertura mediática del cambio climático: «Siguen hablando del cambio climático como si fuera un asunto del futuro, pero se olvidan de que para la gente del Sur Global es un problema actual».[42] Greta Thunberg, de modo parecido, ve el peligro y nos advierte: «Esto es una catástrofe humanitaria *para quienes viven hoy*, no solo para los que vengan después».[43] «Al agotar lo que queda de nuestras reservas de carbón, el Norte Global está robando el futuro y también el presente», escribe en *El libro del clima*, «no solo a sus propios hijos, sino sobre todo *a quienes viven ahora* en las partes del mundo más afectadas, muchos de los cuales aún no disponen de la infraestructura moderna más básica que otros dan por sentada».[44] O, como advirtió a los líderes mundiales en 2019, temblando de indignación: «La gente está sufriendo. La gente está muriendo. Ecosistemas enteros están colapsando».[45] Obsérvese el tiempo verbal: es un presente sin concesiones; afirmó que no era algo que previésemos que ocurra en un futuro distante, sino que sucedía *ahora*.

Muchos activistas climáticos tienen una conciencia feroz de este sesgo presentista de la crisis; de ahí el desplazamiento del énfasis hacia la justicia climática, que subraya los intereses de quienes ya están luchando, además del sufrimiento de las generaciones futuras. Sin embargo, para demasiadas personas en el Norte Global esto sigue suponiendo un punto ciego; como si a los habitantes de países que todavía no se sienten amenazados por el cambio climático les resultara más fácil vincularse con las generaciones futuras (que pueden imaginar como sus propios descendientes) que con las personas que están vivas y sufren ahora, al otro lado del planeta. Por ello, el riesgo está en fijar tanto la mirada en el futuro que olvidemos lo que sucede aquí y ahora. «Olvidan el presente por el futuro», escribió Camus a propósito de los utopistas de su época, y su advertencia podría seguir sirviéndonos: «La verdadera generosidad hacia el porvenir consiste en darlo todo al presente».[46]

Esto no significa que no debamos tener en cuenta el futuro; al contrario. Las generaciones futuras *importan*; el cortoplacismo miope es un problema. Sin duda, es necesario incorporar el futuro a nuestra mirada, pero el relato no empieza y acaba en el futuro. Pensarlo así conlleva sus propios peligros. El cambio climático no debe enmarcarse como una cuestión que preocupe principal o exclusivamente a las generaciones futuras: no es solo un problema del futuro, sino un problema para quienes viven ahora.

En su ensayo sobre la técnica, Heidegger cita estos célebres versos de Hölderlin: «Pero donde crece el peligro crece también lo que salva».[47] Sin embargo, se me ocurre que, en el caso del cambio climático, a menudo opera lo inverso del *dictum* de Hölderlin: allí donde crece el poder salvador, crece también el peligro. Por el camino abundan las tentaciones; falsos atajos que parecen ayudarnos a avanzar y, sin embargo, no hacen sino enredarnos aún más en una red que nosotros mismos hemos tejido. Es como si nos encontráramos dentro de un gran laberinto, lleno de senderos que se bifurcan sin cesar: algunos parecen prometedores cuando en realidad son callejones sin salida; otros nos devuelven al punto de partida; y otros aun (y quizá estos sean los más peligrosos) parecen conducirnos con firmeza hacia adelante a través del enredo. Con cada paso, los muros se estrechan y el camino se alarga ante nosotros, de modo que cuanto más avanzamos, más se aleja de la vista nuestro destino... y, mientras tanto, nos falta el aire.

Como ha escrito con acierto Naomi Klein, «el cambio climático pondrá a prueba nuestro carácter moral como pocas cosas antes».[48] Sí, y también nos tentará. A veces los caminos que parecen más prometedores esconden trampas y desfiladeros, y aquí no es distinto: pues, si desatender el futuro entraña peligros, también los tiene sobredimensionar el futuro a costa del presente. Y con la esperanza ocurre lo mismo.

# PARTE II
# Esperanza

# Capítulo 4
# La ambigüedad de la esperanza

En diciembre de 1885, el pintor G. F. Watts escribió a su amiga Madeline Wyndham con una idea para un nuevo proyecto: «Esperanza, sentada sobre un globo terráqueo, con los ojos vendados, tocando una lira a la que se le han roto todas las cuerdas salvo una, de la que la pobre intenta arrancar toda la música posible, escuchando con todas sus fuerzas el tenue sonido... ¿te gusta la idea?».[2] El cuadro en cuestión, claro está, se trataba de *Hope* («Esperanza»), una representación tan ambigua que Chesterton pensó que bien podría llevar por título *Desesperación*.[3] Y Chesterton no fue el único. «Su título, *Hope*, es, por así decirlo, una cortesía», opinó James Manson, director de la Tate Gallery, en 1930. «Podría llamarse, con igual propiedad, muchas otras cosas. Es una suerte de artificio en la que el espectador desempeña un papel necesario».[4]

En su libro sobre el icónico cuadro de Watts, Nicholas Tromans sugiere que *Hope* se resiste a cualquier interpretación directa, en parte porque subvierte la iconografía tradicional. Así, Watts prescindió de un ancla, que era el atributo habitual de la esperanza cristiana, el «ancla» del alma: en su lugar, entrega a la Esperanza una lira de cuerdas rotas, que solía asociarse más bien con el amor perdido o la separación (el poeta John Keats utilizaba una lira de cuerdas rotas como sello personal, y su lápida se adornó con un icono similar).[5] ¿Por qué habría de emplear Watts esa imagen para *Hope*? ¿Sabía, quizá, que la palabra hebrea para «esperanza», *tikvah*, significa literalmente «cuerda» o «soga»?[6]

Los ojos vendados también resultan extraños, pues era habitual representar a la Fortuna con los ojos cubiertos y, a veces, al Amor, pero nunca a la Esperanza. ¿Aludía Watts a la «esperanza ciega» que Prometeo concede a la humanidad en la tragedia de Esquilo *Prometeo encadenado*, donde no queda claro si esa esperanza es «una bendición o una maldición»?[7] Y, al mostrar a la Esperanza aislada, sin «los contrafuertes laterales de la Fe y el Amor», las otras virtudes teologales, ¿imaginaba Watts un retorno a la «ambivalencia griega respecto de la propia esperanza»?[8] ¿Y cuál es, por último, el significado de la estrella apenas visible al fondo del cuadro? «¿El hecho de que la figura no la observe añade algo a su tragedia, o consuela al espectador pensar que las cosas no le van tan mal como ella podría creer?», pregunta Tromans.[9] Una y otra vez se impone la misma cuestión, y sin rastro de certezas, dudamos entre distintas maneras de responderla: ¿cómo de esperanzadora es *Hope*?

Esta ambigüedad bien pudo ser deliberada por parte de Watts. En la misma carta a Madeline Wyndham en la que le expuso su plan para *Hope*, mencionó que su hija adoptiva, Blanche Clogstoun, «acababa de perder a su bebé» y escribió que él mismo estaba más que resignado a morir: «me parece que no veo más que incertidumbre, contienda, conflicto; creencias en entredicho y nada asentado que las sustituya».[10] Se encontraba, pues, en un estado mental confuso; y, si su propósito era que *Hope* fuera intrínsecamente equívoco, lo logró, porque desde el principio las opiniones se dividieron, tanto sobre la composición como sobre el mensaje. Incluso dentro de la recepción cristiana de *Hope*, las lecturas diferían como la noche y el día. Algunos intérpretes cristianos hallaron en la obra de Watts un mensaje afirmativo, incluso optimista, como la poeta galesa Emily Pfeiffer, quien consideró que la «cuerda central intacta» de la pintura podía ofrecernos una visión celestial:

> Ah, entréganos el secreto de esa tensa
> cuerda central intacta. Puede evocar
> los tonos dispersos; más aún, acaso te sorprenda
> con una visión que instruya\a los sentidos;
> y, entre ruina e injusticia, te conceda el don
> de ver alzarse, al son de la música, la ciudad de Dios.[11]

Por el contrario, el teólogo escocés Peter Taylor Forsyth ofreció una lectura trágica de la imagen de Watts: el peligro de separar la esperanza de su dimensión espiritual. «No creáis que la pérdida de la fe desarrolla la fuerza de la esperanza», advirtió en un ciclo de conferencias de 1887. «Somete a la solitaria esperanza a una tensión mayor, y a menudo esta se ve desbordada».[12] Como explica Tromans, para Forsyth la figura inclinada sobre la lira «no es la esperanza misma, sino el alma de la humanidad que, tras conquistar el mundo mediante la ciencia, se sienta por encima de la naturaleza en una vía muerta espiritual. Enfrentada al universo sin Dios que la tecnología moderna parece haber revelado, el alma ya no soporta la visión y se ha vendado los ojos». Desde esta perspectiva, lo que Watts pintó no es una imagen edificante de esperanza en la oscuridad, sino la penuria de una humanidad privada de todo consuelo espiritual.[13]

De igual modo, el reverendo James Burns sostenía en 1908 que «la figura sentada sobre el globo no es la esperanza, ni el pintor ha pretendido representarla. La figura es el espíritu de la época, de una época que ha progresado hasta llegar a dominar el mundo material, pero que ha perdido la fe en sí misma... cuyos ojos están vendados para que no pueda ver a Dios y vivir».[14] Otro comentarista creyó que las vendas nos remitían a una ceguera voluntaria: «Los ojos están vendados porque, si se afrontaran los hechos, la esperanza cesaría».[15]

Lo que tampoco ayudó a esclarecer el mensaje del cuadro fue que Watts pintó *Hope* no una, sino dos veces en el mismo año, y ambas versiones diferían tanto en el color como en el tono. Si bien la primera versión de *Hope* era sobre todo verde y estaba impregnada de una extraña luminiscencia traslúcida, la segunda (que el propio Watts prefería) era «más oscura y melancólica», y más azul que verde.[16] Fue esta segunda versión, más azul, la que se convirtió en «la imagen pública del cuadro».[17]

Y fue esta la que se prestó a la Exposición Internacional de Melbourne de 1888, «donde se informó de que el cuadro "ha desconcertado a los críticos de arte" con su mensaje aparentemente pesimista de que "el mundo se encuentra hoy más bien en mal estado"».[18] No es difícil entender por qué. Más aún que la primera versión, la segunda se presta a una variante de la lectura «desesperada» de Chesterton: si no conociéramos el nombre del cuadro, fácilmente podríamos haberlo llamado *Aflicción*, *Duelo*, *Resignación* o *Desesperación*. Si Watts hubiera querido pintar los últimos instantes del mundo —el último aliento que exhala la creación antes del fin—, *Hope* no habría diferido mucho de la obra que conocemos.

Sin embargo, ni siquiera esta lectura más «pesimista» era unívoca. Chesterton, como hemos visto, consideraba que, aunque un espectador que viera el cuadro por primera vez pudiera sentirse tentado a pensar en la desesperación, una segunda mirada ofrecía una experiencia distinta, relacionada más bien con una resistencia indomable, algo parecido a la «fe», o a la «vitalidad», o a «la voluntad de vivir».[19] Años más tarde, el pastor estadounidense Jeremiah Wright sostuvo de manera similar que Watts había pintado la fortaleza espiritual incluso en medio de la oscuridad, que el cuadro mostraba la «audacia de mantener la esperanza» de una mujer:

Miren: a pesar de estar sobre un mundo desgarrado por la guerra; a pesar de estar sobre un mundo destruido por el odio; a pesar de estar sobre un mundo devastado por la desconfianza y diezmado por la enfermedad; a pesar de estar sobre un mundo donde el hambre y la codicia eran incómodos compañeros de cama; a pesar de estar sobre un mundo donde el *apartheid* y la apatía alimentaban los fuegos del racismo... su lira casi destruida, salvo por esa única cuerda que le quedaba... a pesar de todas esas cosas, la mujer tuvo la audacia de esperar. Tuvo la audacia de esperar, de hacer música y de alabar a Dios con la única cuerda que le quedaba.[20]

¿Cómo entender esta ambigüedad? ¿Es quizá una debilidad de la obra que esta pueda figurar tanto en la cubierta de un libro sobre la esperanza como en la de un libro sobre la desesperación; que pueda interpretarse como perseverancia y también como resignación? Contamos con obras de arte más sutiles, más ricas, más hondas en la historia del arte, pero pocas sobresalen con tanta naturalidad a la hora de mantenerse en un equilibrio perfecto entre interpretaciones en pugna. Si *Hope* tiene un núcleo, debe de ser este: la ambigüedad, la resistencia a clausurar la interpretación; y quizá sea precisamente esa ambigüedad lo que le aporta su fuerza al cuadro. Y si vuelvo a él en este libro, una y otra vez, después de que tantos ya lo hayan hecho, no es porque la pintura ofrezca una visión nítida de qué es la esperanza o qué significa —a estas alturas, ya está claro que no—, sino porque puede devolvernos un aspecto de la esperanza que con demasiada frecuencia se descuida. Y ese aspecto es, sin duda, su ambigüedad.

## Historia de la esperanza

Por mucho que la humanidad siga buscando la esperanza con ansiedad, con demasiada frecuencia se olvida que esta emoción también tiene una historia y que, durante buena parte de ella, se consideró algo engañoso, incluso traicionero. La tradición estoica clásica —posiblemente influida por las tradiciones orientales— veía la esperanza como una forma de deseo y, en consecuencia, como algo problemático: no solo porque nos ata a cosas que no podemos controlar, sino porque, junto con el miedo, la esperanza se «concebía como una fuerza paralizante».[21] Igualmente, los primeros historiadores occidentales, Tucídides y Heródoto (ambos del siglo V a. C.), comprendieron la esperanza como una «emoción de doble filo» que, por un lado, nos empuja a actuar, pero por otro nos conduce a decisiones temerarias. Como sostiene un investigador, estos «primeros indagadores de los peligros de la esperanza» alertaban del riesgo de una esperanza desbocada, sobre todo en contextos de guerra, y seguían así a Hesíodo y a Homero al «reconocer que la esperanza no es una estrategia».[22]

El poeta griego Hesíodo (*c*. 750–650 a. C.) inspiró una de las historias más célebres y ambiguas en torno a la esperanza —o, al menos, a la *elpis*.[23] En ella aparece una mujer, Pandora, y una tinaja o vasija (no una caja):

Ella [Pandora] ideó angustiosas desgracias para los hombres.
La esperanza fue lo único que quedó en su cárcel infranqueable,
dentro de la gran vasija, bajo la boca,
y no escapó por la abertura. Antes,
Pandora la tapó…[24]

Lo único que sabemos con certeza es lo que nos cuenta Hesíodo: que Pandora abre la vasija, que las «angustiosas desgracias» se esparcen por el mundo, pero hay una cosa que queda en su interior, y esa cosa es la esperanza. A partir de ahí, las interpretaciones se bifurcan de manera radical. «¿Es la esperanza otro mal, quizá el mayor de los males o el último bien que queda, un antídoto contra los males o, de algún modo, se trata de ambas cosas a la vez?», se pregunta Adam Potkay en su libro sobre la esperanza. «¿Está castigando Zeus aquí a los humanos, o les está mostrando misericordia?»[25] Aunque los lectores modernos tienden a inferir del relato un mensaje positivo, los especialistas en el mundo clásico han señalado a menudo que *elpis* solía tener connotaciones negativas; así que, como mínimo, este mito condensa «la ambivalencia de la esperanza en el pensamiento griego».[26]

En la tradición romana, la esperanza —*spes*— implicaba connotaciones más positivas: *Spes* llegó incluso a ser venerada como diosa y tuvo su propio templo en la colina Esquilina, en Roma.[27] Sin embargo, subsistían las reservas, pues tanto en la escuela estoica como en la epicúrea *spes* siguió siendo un concepto predominantemente negativo.[28] Quizá lo único constante en el mundo antiguo es la conciencia del lado sombrío de la esperanza: que, como mínimo, no es un bien puro y que no viene, por defecto, cargada de positividad. Varios estudiosos han señalado que la *elpis* griega, lo más cercano a nuestra «esperanza» moderna, debía acompañarse de un epíteto positivo —por ejemplo, «buena» (*agathē elpis*)— para adquirir una carga positiva. (Y, a la inversa, epítetos negativos como «ciega» o «vacía» se consideraban «convencionales».)[29] Como observa Potkay, debemos esperar hasta san Pablo para que este tipo de «barniz» positivo sobre la esperanza deje de ser necesario: con la tradición cristiana, la esperanza se convierte en un «bien sin calificativos» —incluso en una virtud—.[30]

No obstante, eso no significa que la esperanza, la verdadera, no esté sometida a condiciones muy estrictas en el cristianismo. Por ejemplo, la esperanza solo puede ser una virtud si está orientada a un «objeto del deseo muy específico»: a saber, la «vida eterna en Cristo».[31] Como escribió en 1935 el filósofo católico Josef Pieper:

> A ningún filósofo se le ocurriría, a menos que fuera también teólogo cristiano, describir la esperanza como una virtud. Porque la esperanza o es una virtud teologal o no es una virtud. Se convierte en virtud cuando se convierte en virtud teologal.[32]

El filósofo y teólogo del siglo xiii Tomás de Aquino formuló de manera convincente el argumento a favor de la virtud de la esperanza y, al mismo tiempo, subrayó que su bondad está sujeta a condiciones muy estrictas. Al igual que los antiguos, Aquino era consciente de que, como criaturas imperfectas y sin embargo esperanzadas, podemos esperar lo malo tanto como lo bueno; ¿cómo puede entonces la esperanza ser una virtud? «La virtud no se refiere tanto a lo bueno como a lo malo, sino solo a lo bueno», podría objetar un interlocutor imaginario. «No obstante, la esperanza se refiere tanto a lo bueno como a lo malo, pues unos tienen buenas esperanzas y otros tienen malas esperanzas. Luego la esperanza no es una virtud».[33] «La esperanza natural carece de la cualidad distintiva de la virtud», explica Pieper: a saber, que nunca puede ser el principio de una mala acción.[34] Un tirano puede esperar someter a su pueblo de una vez por todas; un criminal puede esperar salir airoso de algún acto perverso, y sin embargo no llamaríamos virtud a nada de eso. Aquino admite sin rodeos que, conforme a sus propios principios, la esperanza no puede ser una virtud moral como la justicia, que siempre se orienta hacia el bien; pues «todo lo que perfecciona una potencia debe ser principio de una acción buena de tal modo que nunca pueda ser principio de una mala».[35] Y justamente por eso la esperanza solo puede considerarse una virtud teologal: debe dirigirse a Dios y a la vida eterna, para que su bondad quede asegurada. «La esperanza no puede referirse a algo malo en la medida en que se aferra a la ayuda de Dios».[36]

Y aun así persisten otros peligros: aunque «nadie puede esperar demasiado respecto de Dios», uno puede esperar de forma presuntuosa y deslizarse, en cambio, hacia «la cómoda certeza de la posesión», que no es sino otra forma de desesperanza.[37] Para que la esperanza sea una virtud, ha de dirigirse al objeto adecuado y mantenerse dentro de sus propios límites; por eso la esperanza natural debe quedar custodiada por otras dos virtudes, la *magnanimidad* (que llama al alma a la grandeza) y la *humildad* (que le recuerda sus límites).[38] Aquino distingue así entre esperanza natural y esperanza teologal, y sostiene que la esperanza no es una virtud en la medida en que es *meramente* una emoción: para ser virtud, la esperanza ha de brotar del «movimiento de la mente», y ese movimiento debe elevarse hasta lo divino.[39] Esto dista mucho de elevar sin más una emoción a la categoría de virtud: la esperanza, según Aquino, no es una virtud autosuficiente, sino que debe mantenerse en equilibrio con otras virtudes y orientarse hacia su bien propio.

Tampoco está claro que la esperanza pueda entenderse aislada de las otras virtudes teologales, la fe y el amor. «Ahora subsisten la fe, la esperanza y la caridad, estas tres. Aun así, la mayor de todas ellas es la caridad», escribió Pablo a los corintios.[40] La esperanza aparece aquí situada entre la fe y el amor, y, en consonancia con ello, Tomás de Aquino le asigna un lugar intermedio entre las virtudes teologales: queda siempre en segundo término, ya sea en el orden de la perfección o en la secuencia de su desarrollo. Cuando estas virtudes se adquieren, la esperanza es la segunda en llegar; cuando se pierden, la esperanza es la segunda en alejarse.[41] Esta manera de entender su vínculo resuena en Dante Alighieri, quien, en el *Purgatorio*, personifica las tres virtudes teologales como tres damas graciosas (véase la figura 4 al inicio del libro): la Fe va vestida de blanco, la Esperanza de verde y el Amor de rojo. Bailan juntas, siguiendo ora la guía de la Fe, ora la del Amor; la Esperanza es la única que no encabeza nunca la danza: siempre acompaña, siempre va detrás. «Parecía guiarlas la blanca, luego la roja; y, según el canto de la que guiaba, las otras ajustaban el paso, ora lento, ora veloz.»[42] La misma idea aparece, asimismo, en algunos autores cristianos que vieron en el cuadro de Watts no una imagen de esperanza frente a la oscuridad, sino la desoladora estampa de lo que sucede cuando la esperanza se separa de sus virtudes hermanas, la fe y el amor cristianos.

La historia de la esperanza está, así, hondamente marcada por la teología cristiana; y, con todo, incluso desde esa lectura persiste la intuición de que la esperanza no es *inequívocamente* un bien: necesita ser orientada y custodiada, ya sea por las virtudes «compensatorias» de la humildad y la magnanimidad, ya sea por las virtudes hermanas de la fe y el amor.[43] Esto plantea una pregunta que Aquino —y tantos otros— habría despachado sin más: ¿puede la esperanza ser también una virtud *secular*?

Voltaire, por su parte, recalcó la importancia de la esperanza para la actividad y el progreso humanos. «El tesoro más precioso del hombre es esta esperanza que alivia nuestros sufrimientos y nos pinta los placeres futuros con los colores que poseemos en el presente. Si los hombres tuvieran la desgracia de no ocuparse de otra cosa que del presente, no sembrarían, no construirían, no plantarían ni se proveerían de nada, y en medio de ese disfrute engañoso carecerían de todo.»[44] Samuel Johnson consideraba que «la esperanza es necesaria en toda condición», pues sin ella las «miserias de la pobreza, de la enfermedad, del cautiverio» serían insoportables, y hasta el más feliz seguiría siendo desdichado sin la expectativa de «alguna nueva posesión, de algún disfrute todavía por venir».[45] Sin embargo, las esperanzas excesivas o desatinadas conducen a la decepción, de modo que pocos regresan satisfechos tras emprender el camino hacia la morada de la «Esperanza, hija del Deseo».[46] Así pues, la esperanza terrenal resulta una bendición ambigua, dado que la única esperanza que podemos abrigar con confianza es la de una vida futura. «La esperanza es la principal bendición del hombre, y únicamente es racional aquella de la que estamos seguros que no puede engañarnos.»[47] De modo semejante, Jean-Jacques Rousseau desestimaba la «esperanza incierta y vaga» que le ofrecían los escritos de Voltaire, pálida frente al resplandor ultraterreno de la esperanza en Dios y en la providencia: «tú gozas, pero yo espero, y la esperanza lo embellece todo».[48]

Por supuesto, hubo también quien no quedó convencido. «La esperanza confunde el deseo de que ocurra un hecho con su probabilidad», escribió Arthur Schopenhauer un siglo más tarde.[49] Para el filósofo —influido tanto por pensadores paganos como por tradiciones orientales— la esperanza es problemática porque «distorsiona la valoración correcta de la probabilidad que realiza el intelecto», y nos tienta a sobreestimar las posibilidades de que se realice aquello que anhelamos. Como Cicerón y otros, Schopenhauer consideraba que la esperanza está estrechamente ligada al miedo: ambas se vinculan a expectativas sobre el futuro, una capacidad que solo recibimos por nuestra condición humana. En contraste con «la envidiable despreocupación y calma mental de los animales», que supuestamente viven solo en el presente, los seres humanos estamos condenados a pensar en el futuro, y a sufrir con mayor profundidad por ello.[50] Nos resulta más natural esperar que temer: «instintivamente nos inclinamos más a la esperanza que a la preocupación, del mismo modo que nuestros ojos se vuelven por sí solos hacia la luz y no hacia la oscuridad»; «es natural que el ser humano crea lo que desea, y que lo crea porque lo desea». Sin embargo, esto no mejora nuestra condición: cuando nuestras esperanzas se frustran, el dolor es muy intenso, especialmente si el proceso es gradual: «una desgracia sin esperanza se parece a un golpe mortal rápido, mientras que una esperanza constantemente frustrada y una y otra vez reavivada se parece a una lenta muerte bajo tortura».[51]

En un pasaje célebre, Friedrich Nietzsche subrayó igualmente el reverso sombrío de la esperanza. Si bien los seres humanos atesoramos la esperanza creyendo que es «la mayor de las fortunas», no advertimos que, en realidad, fue el último mal que quedó en la vasija de Pandora, abandonado allí no como bendición sino como castigo. «Pues lo que Zeus deseaba era que el hombre, por mucho que lo atormentaran los demás males, no arrojara su vida por la borda, sino que continuara dejándose atormentar», escribió Nietzsche. «Para ello les da a los hombres la esperanza: es, en verdad, el peor de todos los males, porque prolonga el tormento de los hombres».[52] El joven Camus coincidía con la lectura nietzscheana de la esperanza como «el más terrible» de los males contenidos en el recipiente de Pandora. «No conozco símbolo más conmovedor», añadió. «Pues la esperanza, contra lo que se cree, equivale a la resignación. Y vivir no es resignarse».[53] La esperanza rechazada aquí, como también en *El mito de Sísifo* (donde la esperanza es el «acto típico de evasión» de lo absurdo), es ante todo la esperanza ultraterrena y el «consuelo sobrenatural» prometidos por la religión; pero el autor se opone igualmente a la esperanza en «alguna gran idea» que ha de dar sentido a la vida y que, con ello, la «traiciona». La mente absurda se distingue por un «rechazo de la esperanza» y por no esperar nada del futuro: recordemos que Sísifo es el héroe absurdo por excelencia precisamente porque se niega a esperar.[54]

El Camus posterior, sin embargo, sostuvo una visión más positiva de la esperanza; en la década de los cincuenta incluso fundó una colección de libros, *Collection Espoir*, con la que esperaba contribuir a «denunciar la tragedia y mostrar que no es una solución, ni la desesperación una razón».[55] «Se ha dicho que las grandes ideas vienen al mundo en patas de paloma», le dijo Camus a su auditorio en una conferencia en Uppsala en 1957. Si es así, y si aguzamos el oído, tal vez podamos oír, entre el fragor de imperios y naciones, un débil rumor de alas, el suave bullicio de la vida y de la esperanza».[56] Si bien nunca fue un optimista, hacia el final de su vida Camus se había reconciliado, en cierto sentido, con la esperanza.

En nuestra conciencia contemporánea apenas queda rastro de los reversos sombríos de la esperanza. Aunque hay excepciones, la esperanza se suele considerar algo intrínsecamente positivo, asociado tanto al optimismo y al pensamiento positivo como a la virtud y al coraje. Si llamamos esperanzado a alguien (o a nosotros mismos), es para elogiarlo: ser una persona esperanzada supone poseer un rasgo positivo. Las preocupaciones de Aquino —que solo podemos tener por virtud a la esperanza si está debidamente orientada hacia lo divino— no parecen inquietarnos; como tampoco las antiguas advertencias de que la esperanza, como emoción, es, como mínimo, un arma de doble filo. Pero, como nos recuerda la historia vacilante de la esperanza, no es un bien sin tacha. Hemos visto varias razones por las que la esperanza debería entenderse como algo que, además de plumas, tiene sombras; de esas sombras, hay dos que destacan.

La primera: si alguien espera que suceda algo perjudicial para otros (o injusto), entonces se trata de una esperanza mal orientada. En efecto, un tirano puede esperar someter a su pueblo; o el director ejecutivo de una empresa de combustibles fósiles puede esperar que la crisis climática se desate, con el objetivo de lucrarse aún más con ella. En casos así, no elogiaríamos a esos «esperanzados»; y tampoco los respetaríamos si publicaran una tribuna ensalzando el valor de la «esperanza». Como escribió Terry Eagleton en su libro *Esperanza sin optimismo*, «si reduces la esperanza a solo una fuerza positiva, cuesta dar cuenta de aspiraciones que son nocivas de cabo a rabo»; entre otras, por ejemplo, esperar el exterminio de una parte de la población.[57] No son ejemplos triviales: sirven para recordarnos que la buena esperanza siempre está anclada en un buen contexto, y que la esperanza de una persona bien puede suponer la desesperación de otra. En casos así, cuando el objeto de una esperanza proyecta una sombra sobre las esperanzas de otros, quizá sea mejor seguir a T. S. Eliot y «esperar sin esperanza», porque «esperar sería esperar lo indebido».[58]

Segundo, si alguien espera algo y no hace nada por que esa expectativa se haga realidad, esa esperanza es defectuosa. Un cargo público puede contemplar los destrozos de algún desastre y declarar que «espera» que se salve a mucha gente, sin hacer absolutamente nada para ayudar a salvarla; un magnate en Davos puede expresar su «esperanza» de que se reduzcan las emisiones tras descender de su *jet* privado. En casos así, cuando la esperanza ocupa todo el espacio de la acción, se justifica que se les pida a estos autoproclamados «esperanzados» que esperen menos y actúen más.

Este tipo de esperanza puramente pasiva es la que critica Roxane Gay en su artículo de opinión de 2019, provocadoramente titulado «The Case against Hope» («El caso contra la esperanza»). «No trafico con la esperanza», le dice al lector. «La esperanza es demasiado inefable y esquiva. La esperanza nos permite dejar lo posible en manos de otros... Cuando esperamos, no tenemos control sobre lo que pueda llegar a ocurrir. Depositamos toda nuestra confianza y nuestra energía en los caprichos del destino. Abdicamos de la responsabilidad. Nos permitimos la autocomplacencia». En contraposición a todo esto, la autora nos invita a centrarnos en la acción y la posibilidad: «Lo que de verdad debemos desearnos los unos a los otros es el poder de todo lo que podría ser posible si hiciéramos algo más que esperar».[59]

El lector perspicaz advertirá que, en realidad, se trata de una postura demasiado esperanzada como para cerrar un ensayo contra la esperanza; y, en efecto, lo que Gay parece cuestionar es solamente esa forma de esperanza cercana al optimismo.[60] Cuando Gay escribe que «en lugar de pensar en la esperanza, quiero seguir pensando en la posibilidad», los defensores de la esperanza podrían objetar que eso es, precisamente, lo que es esta emoción. «La esperanza solo significa que otro mundo puede ser posible, sin promesas ni garantías», escribe

Rebecca Solnit. «La esperanza reclama acción; la acción es imposible sin esperanza».[61]

No obstante, el argumento de fondo de Gay continúa siendo válido: en la medida en que la esperanza sea un sustituto de la acción, sirve de bien poco; y esto es algo que subrayan la mayoría de activistas de la esperanza, como Jane Goodall, que insistió una y otra vez en que la esperanza debe ir unida a la acción. «A menudo se malinterpreta», escribe en *El libro de la esperanza*. «La gente tiende a pensar que es simplemente un pensamiento ilusorio y pasivo: espero que ocurra algo, pero no voy a hacer nada al respecto. Eso es, en efecto, lo contrario de la esperanza verdadera, que exige acción y compromiso».[62] Solnit coincide: «es importante insistir en que la esperanza es solo un comienzo; no es un sustituto de la acción, sino solo un punto de partida para ella… La esperanza te lleva hasta ese punto; el trabajo te permite continuar».[63] En la misma línea se expresa Greta Thunberg, que (como veremos) mantiene una relación profundamente ambivalente con la esperanza: «Para mí, la esperanza no es algo que se te concede; es algo que tienes que ganarte, que crear. No se obtiene pasivamente, quedándose al margen y esperando a que otra persona haga algo. La esperanza es acción. Es salir de tu zona de confort».[64] Así pues, parece que quienes argumentan a favor y en contra de la esperanza coinciden en esto: que, para que merezca la pena, la esperanza debe ir de la mano de la acción. O, dicho de otro modo: la mera esperanza no basta.

A estas dos sombras podemos añadir una tercera. Si esperamos algo que percibimos como imposible, o si nuestra esperanza se apoya en una creencia irracional, entonces se trata de una falsa esperanza. Alguien puede esperar que unos extraterrestres resuelvan la crisis climática, o que el problema desaparezca por arte de magia; aunque esto nadie se lo tomaría en serio, y haríamos lo correcto. Para que la esperanza sea buena no hace falta que se base en la certeza (al contrario: por lo común esperamos cosas menos que seguras), pero sí que debe estar de algún modo anclada en la racionalidad y en la posibilidad.

Los necios y los borrachos esperan de manera temeraria y desmesurada, como ya sabía Aquino en la Edad Media: «todos los necios, sin deliberación previa, lo intentan todo y son dados a la esperanza».[65] O, como lo lee hoy el estudioso de Aquino Robert Miner: «el borracho en una fiesta que espera saltar desde un octavo piso hasta el suelo sin sufrir daño tiene una falsa esperanza, y también su colega borracho que espera encandilar a la chica que siempre lo ha encontrado repulsivo. Ambos esperan alcanzar un objetivo difícil, pero su esperanza no está gobernada por la razón».[66] Para Aquino, las falsas esperanzas son siempre problemáticas y, en los casos en que nuestra esperanza natural se funda en creencias irracionales, la desesperación (*desperatio*) puede ser, de hecho, preferible.

Esto es importante, porque en ocasiones nuestra cultura tiende a sugerir que la esperanza siempre es buena o apropiada —justo aquello contra lo que los antiguos y Aquino advirtieron con tanta insistencia—, o incluso que «no existe la falsa esperanza. Solo existe la esperanza».[67] Sin embargo, cuando aquello que se espera es estrictamente imposible, o se apoya en una creencia irracional, está claro que la esperanza no es la respuesta adecuada. Y esto también lo reconocen los defensores contemporáneos de la esperanza, pues «defender la esperanza» suele ser una forma abreviada de afirmar que un objetivo determinado (por ejemplo, evitar la catástrofe climática) es posible o alcanzable, frente a quienes creen que no lo es. Al hacerlo, a veces exageran su postura y, en lugar de limitarse a argumentar a favor de la posibilidad, intentan defender una alta probabilidad; como si la esperanza solo pudiera apoyarse en una gran probabilidad de éxito. Sin embargo, eso es un error. Como argumentaba Aquino, evitar la falsa esperanza no significa que no podamos esperar cosas improbables;

lo decisivo es si es apropiado o racional esperar por ellas. De nuevo en palabras de Miner: «lo que convierte en racional una esperanza no es que la consecución del bien sea cierta o probable, sino lo racional de considerar prudente que esta persona busque este bien en este momento».[68] Para ilustrarlo, ofrece un ejemplo útil:

> Un soldado que intenta ganar una batalla en la que está en inferioridad numérica no alberga una falsa esperanza. Luchar contra todo pronóstico, a sabiendas que la vergüenza es un mal peor que la muerte, forma parte de la esencia de un soldado excelente. Pero un general que tiene la opción de mejorar su posición esperando la llegada de ejércitos adicionales y aun así envía a sus tropas al desastre es sencillamente irreflexivo. Y aunque alegue que, pese a las probabilidades en contra, lo movía la esperanza de la victoria, no podrá borrar la mancha de culpa. Solo demuestra que... no conoce la diferencia entre la esperanza verdadera y la falsa esperanza.[69]

Si aplicáramos esto al cambio climático, concluiríamos que activistas y responsables políticos no incurren en la falsa esperanza por seguir esforzándose en mitigar sus efectos, aun cuando las probabilidades de un éxito completo sean escasas: mientras la causa merezca ser defendida, la perseverancia frente a unas probabilidades incluso desesperadas puede seguir estando justificada. Si esto es correcto, los autores que escriben sobre el clima no necesitan exagerar la probabilidad de éxito para «defender la esperanza»; es más, no deberían hacerlo. Por un lado, como nos explicó Aquino, la esperanza verdadera no tiene por qué apoyarse en la probabilidad, sino únicamente en la racionalidad, que aquí podemos entender como posibilidad combinada con una causa justa.[70] Por otro, existe un peligro distinto que acompaña a cualquier sobreestimación del éxito: el riesgo de que, si se considera que la esperanza depende de la probabilidad, y esa probabilidad se exagera, cualquier información negativa en sentido contrario desinfle con facilidad la defensa de la esperanza.[71]

Lo que se obtiene en esos casos son las voces de quienes proclaman a gritos —y casi con orgullo— que «estamos condenados», porque las probabilidades son peores de lo que al principio se creía.[72] Aquino habría templado este tipo de desesperación explicando, con calma, que unas malas probabilidades no significan que una causa esté perdida, y que la esperanza no tiene por qué depender de la probabilidad: hay batallas que tiene sentido librar incluso cuando la victoria plena parece poco probable. A esto cabe añadir que, en el caso de la crisis climática, la cuestión es todavía más compleja, porque, aunque cierto grado de catástrofe no pueda evitarse, sí puede aplazarse y amortiguarse; y toda medida de amortiguación implica una disminución de la muerte y del sufrimiento, tanto a corto como a largo plazo.[73]

Si bien los críticos aciertan al advertir que el argumento en defensa de la esperanza puede exagerarse —y de hecho se ha exagerado—, se equivocan al extraer de ello la conclusión de que la «guerra» está «perdida»,[74] y, al despachar toda esperanza como falsa esperanza, no hacen sino mostrar que no conocen «la diferencia entre la esperanza verdadera y la falsa esperanza». Estos malentendidos son los que aparecen cuando no entendemos bien esta emoción: cuando no separamos la esperanza de la certeza y del optimismo, y la buena esperanza de la mala. Esto parece crucial: necesitamos una actitud adecuada ante la falsa esperanza y la esperanza deficiente para saber qué significa la verdadera esperanza.

## Repensar la esperanza

Estas «sombras» de la esperanza son, cada una a su manera, casos de mala esperanza. (Tenemos que añadir epítetos como «mala» o «falsa» a la esperanza porque damos por supuesto que es buena, del mismo modo que los autores antiguos tenían que añadir «buena» a la esperanza porque daban por supuesto que su valor era neutral o incluso negativo.) Esos casos de mala esperanza, presumiblemente, no son lo que pretenden los muchos libros y artículos que se publican en la actualidad en defensa de la esperanza. Lo que quienes defienden la esperanza están (o deberían estar) defendiendo es la buena esperanza; es decir: la esperanza de un bien genuino (1), estrechamente vinculada a la acción (2), y orientada a algo que es posible, aunque no seguro (3), disipando así cada una de las tres sombras mencionadas.

Si no siempre logran evitar esos peligros es en parte porque el concepto de esperanza está sometido a muchas confusiones. Pensemos, por ejemplo, en esta conversación entre Douglas Abrams y Jane Goodall en *El libro de la esperanza*:

—Entonces, ¿qué es exactamente la esperanza: una emoción?

—No, no es una emoción.

—Entonces, ¿qué es?

—Es algo propio de nuestra supervivencia.

—¿Es una habilidad de supervivencia?

—No es una habilidad. Es algo más innato, más profundo. Es casi un don. Vamos, piensa en otra palabra.

—¿Herramienta? ¿Recurso? ¿Poder?... ¿Un mecanismo de supervivencia?

—Mejor, pero menos mecánico. Un…

Jane hizo una pausa, intentando dar con la palabra adecuada.

—¿Impulso? ¿Instinto? –sugerí yo.

—En realidad, es un rasgo de supervivencia —concluyó por fin—. Eso es. Es un rasgo humano de supervivencia y, sin él, perecemos.[75]

Hay algo interesante en esta confusión: al fin y al cabo, no nos costaría tanto definir la ira o el miedo (o quizá incluso el amor). Y esta vacilación a la hora de definir la esperanza es, de algún modo, apropiada, porque «esperanza» es un concepto etéreo, que se usa de muchos modos y en muchos contextos, tanto culturales como históricos.[76]

Por ejemplo, pese a lo que dice Goodall, muy a menudo empleamos «esperanza» en un sentido subjetivo, para designar una emoción o afecto. En filosofía, el «planteamiento estándar» o la «definición ortodoxa» de la esperanza la entiende como algo que depende de manera crucial del deseo y de cierto grado de probabilidad: si esperamos algo, lo deseamos, y asumimos que aquello —la cosa o el acontecimiento— es posible, aunque no seguro. «Según esta definición, esperar es desear un resultado que no consideramos seguro ni tampoco imposible», en palabras de la estudiosa de la esperanza Béatrice Han-Pile.[77] (Si dijéramos que «esperamos» un ascenso del que ya estamos seguros, estaríamos pecando de falta de franqueza o aplicando mal la palabra «esperanza»).[78] Sin embargo, la esperanza también puede utilizarse en un sentido distinto, «objetivo», para designar un estado de cosas. A veces la expresión «hay esperanza» no es más que una abreviatura de «hay una posibilidad» (de éxito, de supervivencia, de mejora, etcétera). En esos casos, la pregunta «¿hay esperanza?» puede ser bastante neutral: es solo una pregunta sobre si creemos que aún existe una posibilidad objetiva de éxito, por tenue que sea.

El balanceo entre los usos subjetivo y objetivo de la esperanza conduce a confusiones serias, de modo que, cuando alguien dice que no se siente esperanzado, a menudo se considera que está diciendo que «no se puede hacer nada», que «estamos condenados», que «más vale rendirse». «¿Qué ocurre si no tenemos esperanza?», le dijo Goodall a *The Guardian*. «Nos rendimos. Si no crees que lo que haces vaya a marcar alguna diferencia, ¿para qué molestarse?»[79] Sin embargo, lo segundo no se sigue necesariamente de lo primero. Alguien puede sentirse subjetivamente sin esperanza (o carecer de la emoción positiva de la esperanza) y, aun así, creer que, en otro sentido, «todavía hay esperanza» (esto es: que todavía existe una posibilidad). Y a la inversa: alguien puede sentirse subjetivamente esperanzado y, sin embargo, creer que todo está perdido.

Así, cuando Goodall afirma: «No te activarás a menos que esperes que tu acción vaya a hacer algún bien. Así que necesitas esperanza para ponerte en marcha. Por otra parte, al actuar generas más esperanza», en realidad está usando «esperanza» en dos sentidos distintos.[80] Al esperar en el sentido 1 (subjetivamente), creamos una situación en la que hay más esperanza en el sentido 2 (objetivamente: es decir, hay una mayor posibilidad de éxito). Y constatar que hay más esperanza objetiva en el sentido 2, a su vez, reforzará la esperanza subjetiva en el sentido 1.

Con todo, no está claro que tenga que ser necesariamente así. A la luz de lo que hemos visto sobre la resistencia pesimista, puede haber motivos para actuar basados únicamente en el reconocimiento de que existe alguna posibilidad de éxito, o de que la causa merece ser defendida, sin experimentar ninguna de las emociones que solemos asociar a la esperanza. De ser así, este sentido de la esperanza podría ser plenamente compatible con una vivencia subjetiva de la desesperación.[81]

Para complicarlo aún más: la esperanza también se usa como inclinación o rasgo de carácter, o incluso como una «habilidad» (como en la «habilidad de supervivencia» del libro de Goodall). Hay quienes irían más lejos y la calificarían como una virtud, o al menos como un rasgo cercano a la virtud: esto, como hemos visto, forma parte inseparable de la tradición cristiana, pero no está claro que funcione fuera de esa tradición. ¿Puede la esperanza seguir considerándose una virtud en una época secular? Sabemos qué habrían respondido Schopenhauer y Nietzsche. Sin embargo, otros filósofos discrepan. Recientemente, Béatrice Han-Pile y Robert Stern han defendido que la esperanza (entendida no como una emoción, sino como una disposición que puede cultivarse y actualizarse en las circunstancias adecuadas) cumple, en efecto, todos los criterios de una virtud (secular). Por ejemplo: la esperanza es buena para quien espera; la esperanza ocupa un término medio entre dos vicios (la desesperación y el «optimismo injustificado»); y la esperanza puede ser cultivada por quien espera. Desde esta perspectiva, uno puede aprender a ser más esperanzado, o incluso entrenarse en la esperanza, aunque no sea como accionar un interruptor, y desde luego no como la moda del «pensamiento positivo» que pretende que aprendamos a mantener un sentimiento de esperanza subjetiva bajo cualquier circunstancia. Esto, según estos autores, sería «más parecido al optimismo que a la esperanza», e implicaría un grado de irracionalidad tal que «sería incapaz de ofrecer una estrategia a largo plazo para un sujeto virtuoso».[82]

Esta afirmación es importante, porque parte de la literatura sobre la esperanza parece sugerir que la esperanza subjetiva —que a menudo se usa como sinónimo de optimismo— es siempre algo bueno. No obstante, como ha argumentado Terry Eagleton, «si la esperanza fuera simplemente una emoción, no contaría como virtud... Es una cuestión de mérito precisamente porque la esperanza puede cultivarse mediante la práctica y la autodisciplina».[83] El mero optimismo o la «alegría temperamental» no bastarían: para que la esperanza tenga sentido, debe ser falible y debe cultivarse.[84] Por tanto, aunque puede defenderse (y creo que de manera convincente) la esperanza como virtud secular, esto solo puede hacerse *bajo unas estrictas condiciones*.

E incluso si se reconoce que la esperanza es una virtud, siguen existiendo circunstancias en las que sería erróneo o inapropiado esperar: en algunos casos puede ser preferible abstenerse de la esperanza por completo. Saber esperar también significa saber cuándo renunciar a esperar. Y esto es algo crucial. Como escriben Han-Pile y Stern, «no existe una respuesta única y con validez universal a la pregunta de si es correcto o no esperar en circunstancias concretas», y cultivar la virtud de la esperanza implica precisamente aprender a reconocer «cuándo dejar de esperar y adoptar otra actitud forma parte, precisamente, de la virtud de la esperanza».[85] Este trascendental aspecto se olvida con demasiada frecuencia en los relatos que presentan toda esperanza como fortaleza y toda pérdida o abandono de la esperanza como debilidad. Hay circunstancias en las que abandonar la esperanza es exactamente lo que exige la virtud: no es un defecto ni un fracaso, sino una habilidad compleja y relevante, que incluso puede requerir (como sostienen Han-Pile y Stern) valentía. Pensemos, por ejemplo, en alguien que sufre un amor no correspondido. Si sigue esperando perpetuamente contra toda esperanza, tal vez dará para una buena ficción romántica, pero será terrible para su vida. A veces necesitamos saber cuándo renunciar con dignidad a nuestras esperanzas y optar por otra estrategia, como la resignación.[86]

Se trata de una verdad que algunos en el debate climático intuyen vagamente, pero a la que se ha dado un mal uso y se ha ido cargando de malentendidos. No solo porque la resignación no es un camino que deba elegirse a la ligera; es que quizá ni siquiera estemos legitimados para tomar esa decisión, dado que sus consecuencias afectan a todos los seres humanos, así como a otras especies, en la actualidad y en los siglos venideros. Parte de la virtud de la esperanza consiste en saber cuándo renunciar a ella, pero el mayor vicio es renunciar a ella indebidamente.[87]

Como mínimo, la ambigüedad histórica de la esperanza debería recordarnos que declararnos esperanzados no es, por defecto, algo bueno. El valor de la esperanza depende al menos de tres cosas: de si aquello que se espera merece ser esperado; de si la esperanza está ligada de manera adecuada a la acción; y de si la esperanza verdadera se distingue correctamente de la falsa esperanza. Incluso si aceptamos, como han argumentado algunos autores, que la esperanza es una virtud, no podemos caer en la trampa de considerar que toda esperanza es virtuosa. En resumen, la esperanza es un concepto que hay que manejar con infinita cautela, porque la falsa esperanza tiene un enorme efecto devastador y la esperanza decepcionada suele conducir a la amargura. «¿Cuál es, a decir verdad, el precio de la falta de esperanza?», pregunta China Miéville. «Pero ¿cuál es el precio de la esperanza?».[88]

# Capítulo 5
## La esperanza radical

*«Pues para ti, quizá, si como espero y deseo vives mucho después de mí, vendrá una época mejor. Podrán, tal vez, pasadas las tinieblas, volver nuestros lejanos descendientes al puro resplandor del siglo antiguo».[1]*
Petrarca, *África* IX (en Hilary Mantel, *El trueno en el reino*)

En 1789, el alfarero inglés Josiah Wedgwood creó un medallón con una arcilla procedente de Sydney Cove (Australia) con el fin de conmemorar el establecimiento de una colonia en Nueva Gales del Sur (véase la figura 5 al inicio del libro). El medallón representa a la esperanza (con un ancla) «alentando al arte y al trabajo, bajo la influencia de la paz, a proseguir la labor necesaria para otorgar seguridad y felicidad a un asentamiento que nace».[2] Ahora bien, ¿esperanza *para quién*? Para los colonos, desde luego, pero no para los habitantes originarios, que bien podrían haber respondido, parafraseando a Kafka: «Hay esperanza, pero no para nosotros».[3] Como observa Brigid von Preussen: «El hecho de que otras personas tuvieran un derecho previo sobre la tierra, y sobre la arcilla del lugar, no tuvo cabida en la pieza».[4]

Esta historia del medallón nos recuerda que no debemos abrazar la esperanza a ciegas, sin saber qué esperamos exactamente. En palabras de Greta Thunberg: «Ahora mismo, muchos de nosotros necesitamos esperanza. Pero ¿qué es la esperanza? ¿Y esperanza para quién? ¿Esperanza para quienes hemos creado el problema, o para quienes ya están sufriendo sus consecuencias?».[5]

En el contexto de las invasiones coloniales, se hace evidente que la defensa de la esperanza no es tan diáfana como podríamos suponer. Desde la perspectiva de los invasores, que creían llevar al mundo civilizado hasta las tierras prometidas, la esperanza suponía culminar con éxito su empresa y que llegara la prosperidad. Sin embargo, ¿qué ocurriría si miráramos la otra cara de la moneda y viéramos la cuestión desde la perspectiva de los habitantes originarios de una tierra ancestral y sagrada? ¿De qué modo podrían *ellos* albergar esperanza? ¿Qué podría significar la esperanza ante el ocaso cultural?

Esta es la cuestión que plantea Jonathan Lear en su libro *Esperanza radical: ética frente a la devastación cultural* (2006). La obra se centra en el caso de los *crow*, una de las tribus indígenas de las Grandes Llanuras de Norteamérica que en la década de 1880 fueron presionadas por los colonizadores blancos para trasladarse a reservas; y, en particular, en su líder, Plenty Coups, «el último gran jefe de la nación *crow*».[6] Lear abre el volumen con una sobrecogedora cita de Plenty Coups, quien, al final de su vida, afirmó que, tras el paso de los *crow* a las reservas, ya no se dieron más acontecimientos: «cuando el búfalo desapareció, el corazón de mi pueblo cayó al suelo, y ya no pudieron alzarlo. *Después, ya no ocurrió nada más*». Algunas de las mujeres que vivieron aquella misma transición llevaron a cabo declaraciones similares: «Estoy intentando vivir *una vida que no entiendo*», dijo Pretty Shields; «Después de eso no sucedió nada más. *Simplemente vivíamos*», manifestó Two Leggings.[7]

Siguiendo la pista que nos brinda el caso histórico de los *crow*, que sobrevivieron al avance del hombre blanco a costa de su modo de vida tradicional, Lear se pregunta: «¿Qué tiene el final de una forma de vida que provoca que, para quienes la habitan, *las cosas dejen de ocurrir?*». La devastación cultural que vivieron los *crow*, sostiene Lear, era de una naturaleza distinta de lo que habría supuesto para ellos una derrota total a manos de sus enemigos tradicionales, los sioux o los cheyenne. Si hubieran caído frente a estas tribus, por catastrófico que hubiera sido, habrían dispuesto de «las herramientas conceptuales para entenderla». Sin embargo, el traslado a la reserva no fue simplemente un suceso funesto; supuso, argumenta Lear, «un colapso del ámbito en el que los sucesos tienen lugar», pues dejaron de tener sentido acciones decisivas para la cultura *crow* y para sus virtudes —como plantar el *coup-stick* ('vara de hazaña') en el transcurso del combate, marcando así una línea que el enemigo no debe cruzar—.[8]

La devastación cultural de la que habla Lear, por tanto, se adentra en los conceptos y las virtudes, además de en los modos concretos de vida: entre todo lo que los *crow* perdieron se hallaba también la capacidad de comprender el sentido de sus vidas, dado que actos que antes habían sido significativos dejaron de ser inteligibles en el nuevo contexto. Eso era lo que significaba que las cosas *dejaran de ocurrir*.

Desde luego, este razonamiento de los *crow* estaba arraigado en circunstancias históricas muy específicas; y, no obstante, Lear cree que lo que les ocurrió (o, más exactamente, esa ruptura con lo que les había ocurrido hasta entonces) también tiene sentido para todos nosotros: «Lo que me interesa es una *vulnerabilidad ontológica* que nos afecta a todos en la medida en que somos humanos». La pregunta que plantea no es únicamente qué significa que una cultura «afronte la perspectiva de una devastación absoluta», sino también qué significa hacerlo virtuosamente, con excelencia moral.[9] «Se trata de un problema de psicología moral», sugiere Lear. «Si, en términos generales, creemos que el *deber* implica *poder*: si pensamos que, en tiempos tan exigentes, la gente debe encontrar nuevas maneras —no solo de sobrevivir— sino de vivir bien, necesitamos dar cuenta desde la psicología de cómo podemos lograrlo».[10]

A partir de esta pregunta, se suceden otras. ¿Qué significa tener esperanza cuando no hay nada concebible que esperar? ¿Qué significa vivir virtuosamente cuando ya no están disponibles los viejos conceptos de virtud? Lear se centra en la virtud del coraje, crucial para la comprensión *crow* de una vida buena. Para los *crow* —como para los sioux y los cheyennes— el coraje «se entendía en los *densos* términos de la cultura crow»: en estas culturas guerreras, el coraje significaba valor en la batalla. Pero ¿cómo podían los hombres *crow*, y en particular el jefe *crow* Plenty Coups, seguir encarnando la virtud del coraje cuando la forma de vida que hacía posibles las acciones valerosas (como plantar los *coup-sticks* en combate) se había desmoronado por completo? «Cuando los *crow* quedaron confinados en la reserva, tuvieron que llevar a cabo una elección radical: o bien abandonaban la idea de que todavía existía un modo valiente de vivir, o bien modificaban su concepción de lo que era el coraje». Un cambio conceptual así tendría que «comenzar con la comprensión de las diversas capas del denso concepto de coraje propias de su cultura» y con «encontrar la manera de *laminar* ese concepto». Según Lear, «Plenty Coups realizó esta clase de transformación».[11]

El gran desafío para los *crow*, sostiene Lear, no fue solamente que la tribu tuviera que afrontar la amenaza externa de las fuerzas hostiles, algo endémico del modo de vida de su tribu, sino que tuvo que «bregar con la posibilidad misma de comprender acontecimientos que se situaban en el horizonte de su capacidad de comprensión». Esto generó una «sensación comunitaria de ansiedad», pues a los *crow* les faltaban las herramientas conceptuales para entender lo que estaba ocurriendo: «Una forma de vida se angustiaba ante su capacidad de avanzar hacia un futuro inescrutable».[12]

Los *crow* no estaban preparados para orientarse en esa incertidumbre radical. Ninguna cultura lo está, por la sencilla razón de que, como escribe Lear, «una cultura no suele formar a los jóvenes para soportar su propio ocaso».[13] Sin embargo, pudieron recurrir a ciertos recursos imaginativos que su tradición les brindaba: buscar la guía de las fuerzas cósmicas a través de visiones oníricas. De hecho, el propio Plenty Coups fue enviado de niño a la naturaleza en busca de una de esas visiones, y el sueño que trajo de vuelta y compartió con los ancianos le ayudaría un día a orientar a su pueblo hacia un futuro desconocido.[14]

Guiado por las visiones que le fueron reveladas en su juventud, un Plenty Coups ya adulto decidió esperar de manera radical, esto es: esperar algo de lo que era incapaz de formarse idea alguna, pues se hallaba más allá de los límites de lo conocido. Esta es una forma peculiar de esperanza: «un compromiso con una bondad que desborda la comprensión», una esperanza de que «algo bueno surgirá», dejando abierto de qué se tratará esa bondad: «La esperanza se sostiene frente al reconocimiento de que, ante el abismo, no puede saberse exactamente qué significa sobrevivir».[15] Lo que convierte esta esperanza en radical es «que está dirigida hacia una bondad futura que trasciende la capacidad actual de comprender en qué consiste. La esperanza radical anticipa un bien para el cual quienes la albergan carecen todavía de las categorías adecuadas con que comprenderlo». Y fue entonces cuando Lear se preguntó: «¿Qué podría justificar una esperanza así?».[16]

Una manera de justificar la esperanza radical sería apelar a su vindicación histórica: Lear podría haber sostenido que la esperanza radical de Plenty Coups estaba justificada porque la historia le dio la razón. Es más, hay momentos en que el autor está cerca de afirmar exactamente eso. Alentado por la esperanza radical y por las visiones cósmicas de su juventud, Plenty Coups (según el relato de Lear) realizó, en efecto, esa clase de transformación imaginativa que le permitió ejercer el coraje de modos antes inimaginables. Ser valiente, en aquel tiempo catastrófico y para ese líder en particular, consistiría ahora en mostrarse dispuesto a colaborar con los temidos ocupantes, incluso en ligar su causa a la de ellos, y así preservar cuanto pudiera de las tierras ancestrales de su pueblo; un empeño en el que Plenty Coups cosechó, de alguna manera, éxito.[17] Aunque el ocaso cultural fue devastador —hasta el punto de que el propio Plenty Coups afirmó que, después de aquello, las cosas dejaron de ocurrir—, al colaborar con las fuerzas colonizadoras, los *crow* pudieron conservar sus tierras y preservar algo en medio de aquella gran pérdida. La esperanza radical, entonces, no supone tanto una apuesta por la victoria completa como por una «resurgimiento»: por un volver a la vida en una forma que todavía no resulta inteligible.[18]

Desde luego, sustentar el argumento del libro únicamente con este caso histórico (que, de algún modo, admite interpretaciones múltiples) lo hace vulnerable a varias objeciones: por ejemplo, que los *crow* quizá perdieron más de lo que ganaron; o que otras respuestas estaban igual de justificadas, como una resistencia valiente frente a la brutal injusticia colonial. Consciente de ello, Lear puntualiza que la cuestión no es «establecer la afirmación histórica de que, en efecto, Plenty Coups manifestó tal esperanza radical», ni «defender a Plenty Coups»; más bien, «el propósito es esclarecer qué podemos esperar legítimamente en un tiempo en que se ha derrumbado el sentido de finalidad y de significado que nuestra cultura nos ha legado».[19]

Esta justificación más profunda de la esperanza radical —tal como se manifiesta en Plenty Coups y extrapolable a otros casos— plantea una dificultad, porque Lear no se limita a afirmar (como hacen tantos otros relatos sobre la esperanza) que *siempre hay esperanza* o que *debemos seguir esperando la salvación incluso contra todo pronóstico*. Tales afirmaciones pueden resultar emocionalmente atractivas, pero no se fundamentan en la realidad; y, de hecho, Lear se esfuerza por diferenciar la esperanza del «mero optimismo» (tal como se aprecia en quienes siguieron resistiendo a las fuerzas ocupantes con la convicción de que podrían contener esa marea).[20] En lugar de eso, Lear intenta cimentar la esperanza radical vinculándola con el coraje, esa clase de virtud cuya densidad puede «laminarse» en tiempos de cambio radical, cuando ya no están disponibles los conceptos «densos» previos de coraje (plantar *coup-sticks* en combate). Una concepción «reducida» o «laminada» del coraje, sostiene Lear, lo reformularía de manera más amplia como «la capacidad de vivir bien con los riesgos que inevitablemente acompañan la existencia humana». En tiempos de devastación cultural, esos riesgos «incluyen no solo la desnutrición, el hambre, la enfermedad, la derrota en la lucha y el confinamiento, sino también la *pérdida de conceptos*»; de modo que «el coraje tendría que incluir la capacidad de vivir bien con el riesgo de la pérdida conceptual».[21]

Este es el tipo de coraje que Plenty Coups encarnó. Un coraje decisivamente moldeado por la esperanza radical que extrajo de sus visiones oníricas pasadas: sueños que lo enfrentaron con una visión sombría del futuro y, al mismo tiempo, escenificaron una confianza en la que podría encontrarse una salida incluso en ese contexto de incertidumbre radical; en la que los *crow* podrían sobrevivir. «Así, el mensaje de la visión, aunque pesimista, también mantuvo abierta la esperanza».[22] En tal situación, «la esperanza radical podría no solo ser *compatible* con el coraje», sino incluso funcionar como «un componente *necesario* para el mismo».[23] Si bien es posible vivir una vida virtuosa en tiempos de devastación cultural —por ejemplo, seguir ejerciendo el coraje cuando los viejos conceptos que lo definían se están desintegrando—, entonces quizá exista alguna forma de esperanza que sea parte necesaria de una virtud semejante. Sin embargo, esa esperanza no puede apoyarse en una visión determinada del bien —porque eso es, precisamente, lo que se está erosionando—. Tiene que ser una esperanza más allá de nuestros modos habituales de esperar: una esperanza verdaderamente *radical.* Y así, en la medida en que podamos mostrar que «la esperanza radical es un ingrediente relevante de ese coraje, habremos legitimado esa esperanza».[24]

## Esperanza radical y cambio climático

Publicado por primera vez en 2006, *Esperanza radical* es anterior a la irrupción del cambio climático en nuestra conciencia colectiva.[25] Sin embargo, hoy resulta imposible leer la obra sin esta crisis en mente. Cuando Lear afirma que los *crow* experimentaron «una sensación comunitaria de ansiedad»; que «una forma de vida se angustiaba ante su capacidad de avanzar hacia un futuro inescrutable»; que «una cultura no suele formar a los jóvenes para soportar su propio ocaso»; y que esa «incapacidad para concebir su propia devastación tenderá a ser el punto ciego de cualquier cultura»[26], parece estar describiendo, palabra por palabra, la ansiedad y la sensación de pérdida de futuro que muchas personas experimentan como respuesta al cambio climático. De hecho, como hemos visto, los jóvenes, en particular, enmarcan el desafío existencial de nuestro tiempo exactamente en esos términos. *¿Qué podemos esperar en la era de la crisis climática? ¿Qué proyectos siguen teniendo sentido? ¿Cómo puedo vivir una vida buena y significativa cuando todo lo que constituía un significado se vuelve cada vez más incierto?*

De modo que, cuando Lear se propone esclarecer «qué podemos esperar legítimamente en un tiempo en que se ha derrumbado el sentido de finalidad y significado que nuestra cultura nos ha legado»,[27] y propone la esperanza radical no tanto como una solución, sino más bien como una respuesta valiente a tales circunstancias, esto parece interpelar directamente a quienes buscan una vía de avance en un tiempo en que el propio futuro se nos escapa de las manos. Consideremos un pasaje como el siguiente, sobre una de las visiones oníricas de Plenty Coups:

La visión era una manifestación de la esperanza radical en la medida en que les permitía avanzar esperanzadamente hacia un futuro que solo podrían comprender de manera retrospectiva, cuando pudieran resurgir con conceptos con los que entenderse a sí mismos junto con sus experiencias. Si alcanzamos a defender que esta actitud era una manifestación de coraje, podríamos llegar a ver que la esperanza radical no solo puede ser psicológicamente ventajosa, sino incluso una respuesta legítima ante una catástrofe mundial.[28]

Para ser un libro que no trata del cambio climático, pasajes como este captan el aprieto de nuestra época con más eficacia que muchos libros sobre el tema; casi como si, a semejanza de las visiones de los *crow*, el libro fuera en sí mismo un ejercicio imaginativo, en ocasiones onírico, que canaliza sin saberlo las esperanzas y las ansiedades de toda una cultura.

No sorprende, entonces, que poco después de la aparición del libro empezaran a circular artículos que defendían que actualmente necesitamos precisamente esto: que, como respuesta a las «advertencias cada vez más sombrías sobre la gravedad del cambio climático»,[29] deberíamos adoptar la esperanza radical. Por ejemplo, Allen Thompson la define como «una forma novedosa de coraje, adecuada para una cultura en crisis», y plantea que puede contribuir a reconfigurar las virtudes ambientales de nuestro tiempo, pues las «concepciones tradicionales de los bienes ambientales están amenazadas por la crisis climática emergente». Según Thompson: «La esperanza radical, en tanto que coraje que se manifiesta en virtudes ambientales de transición, va dirigida principalmente contra la desesperación y la falta de esperanza, sentimientos que el problema aparentemente intratable del cambio climático puede emanar a raudales». Esto podría significar, por ejemplo, albergar la *esperanza radical* de «que las vidas humanas buenas no requieren las condiciones materiales ni la cantidad de energía necesarias para sostener los estándares de vida contemporáneos».[30] Del mismo modo, Byron Williston sostiene que, si bien la esperanza es una respuesta justificada a las advertencias científicas sobre la catástrofe climática, esa esperanza debe adoptar la forma de esperanza radical si ha de evitar, por un lado, los extremos del pensamiento ilusorio y, por otro, la resignación desesperada. Puesto que, en efecto, deberíamos entender el colapso climático como «una amenaza para el florecimiento humano», Williston propone que «nuestra esperanza fundamental hoy debería ser que la humanidad pueda atravesar la crisis climática de un modo que nos permita florecer como los seres que, constitutivamente, somos».[31]

En ambos casos, la esperanza radical se propone como una respuesta o una alternativa a la desesperación y la resignación. Según el filósofo Simon Hope, esto es un error, porque pasa por alto «la naturaleza *conceptual* de la pérdida que preocupa a Lear». Ambos autores parecen suponer que la «desorientación normativa» que experimentaron los *crow* «es algo, en último término, desmoralizador»; sin embargo, dice Hope, con eso «se invierte el orden de las cosas: para Lear, la desesperación no es la causa de la pérdida de fines; la pérdida de fines es la causa de la desesperación».[32] La solución que tanto Williston como Thompson ofrecen a esa desorientación normativa consiste en «proponer una nueva virtud, una reinterpretación del coraje ante la catástrofe climática». No obstante, sostiene Hope, una vez que hemos llegado al punto en que la desorientación normativa se instala y hemos perdido el agarre «de los conceptos de virtud como conceptos por los que vivir», nos hallamos muy por detrás del estadio en que una virtud específica pueda colmar el vacío, precisamente porque no hay un vacío bien definido que colmar, y por eso «la solución a nuestra situación no puede consistir en añadir otra virtud a la lista».[33]

Además, Hope señala otro problema, relacionado con el papel crucial del coraje en el planteamiento de Lear, un papel que se malinterpreta con facilidad. Y es que Lear no define la esperanza radical como una *clase* de coraje, sino que explora su posible condición de «ingrediente» o «componente necesario» del coraje (esto es: de un coraje *laminado*) en tiempos de ocaso cultural.[34] (En la medida en que ese coraje laminado o reducido quede justificado, también lo queda la esperanza radical.) Y para anclar su tesis de que el coraje puede salvarse incluso cuando nuestras antiguas concepciones de coraje dejan de tener sentido, Lear recurre a una concepción firmemente aristotélica de la virtud como término medio entre dos extremos (la cobardía, por un lado; la «audacia temeraria», por el otro).[35] Según Hope, Lear invoca esta concepción aristotélica del coraje «porque quiere aprovechar un rasgo inusual del planteamiento de Aristóteles», que para el filósofo clásico «el coraje es una virtud inusualmente "ejecutiva"».[36]

A diferencia de una virtud como la justicia, que tiene un fin propio y distintivo (la «persona justa se abstiene de apropiarse injustamente de más *porque eso es injusto*»), el coraje no se orienta hacia un fin propio, sino hacia el bien. «¿Qué hace la persona valerosa? ¿Enfrentarse al peligro por el mero hecho de constituir un peligro? Eso solo lo haría un idiota. La persona valerosa se enfrenta al peligro con el bien en mente». Esto es importante, porque el argumento de Lear no habría funcionado si se hubiera centrado en otro tipo de virtud: «precisamente porque el coraje no tiene un fin distintivo propio, es posible sustituir un *"por causa del bien"* por un *"por causa de alguna posibilidad futura del bien"* y conservar así la estructura de la virtud». Con todo, Hope también advierte que la versión de coraje a la que esto nos conduce está ya a cierta distancia de aquella de la que partíamos: «como insiste Lear, esto solo puede ser una comprensión "laminada" del coraje: no ha sobrevivido indemne».[37]

Creo que estas críticas son acertadas y subrayan una tensión que aflora cuando la esperanza radical se presenta como solución a un problema concreto, como una virtud útil para orientarnos en tiempos difíciles. Cuando se recomienda la esperanza radical como la gran respuesta a una crisis de primer nivel (el cambio climático, pero también una guerra internacional o una pandemia), lo que a menudo se está describiendo es, en realidad, una *esperanza indefinida*, de algún modo vaga o inusual, y aun así muy alejada de la desorientación normativa que experimentaron los *crow*. Esperar una mayor responsabilidad ecológica o un mundo justo en el que se tengan en cuenta los intereses de las generaciones futuras es admirable, incluso necesario; aun así ¿es eso esperanza radical, o simplemente *esperanza*? Hay algo paradójico en intentar siquiera describir cómo podría ser la esperanza radical en nuestro tiempo e incluso en esbozar adónde podría conducir. Casi por definición, eso no es esperanza *radical*.

Es cierto que Lear sostiene que, si la esperanza radical es posible y está justificada en el contexto específico de Plenty Coups y los *crow*, quizá también lo sea en otras circunstancias de devastación cultural. Sin embargo, eso no significa que podamos arrancar la estrategia de Plenty Coups de ese contexto y trasladarla sin más a la crisis climática, como si de la historia se desprendiera una moraleja evidente.[38] No está nada claro que la esperanza radical sea algo que podamos —o debamos— recomendarnos valerosamente unos a otros: de hecho, en el relato de Lear a veces da la impresión de que esa esperanza guarda una relación estrecha con lo que, en términos corrientes, llamaríamos desesperación.

Es importante advertir, por ejemplo, que la esperanza radical que Lear atribuye a Plenty Coups llega tras una resignación devastadora, cuando el jefe alcanza a comprender y aceptar lo estéril de prolongar la resistencia a la colonización occidental: la esperanza radical es una respuesta a la convicción de que *esta es una lucha que no podemos ganar*. Y el motivo por el que lo sabía no solo con cierto grado de probabilidad, sino con una certeza honda y perturbadora, era precisamente que tenía acceso a una fuente de conocimiento en la que los *crow* confiaban más allá de los «meros» cálculos racionales: a través de sueños pro-féticos los *crow* no solo creían, sino que sabían, que se avecinaba un cambio terrible y que esa marea no podía contenerse. Insisto en este punto no solo porque ilumina la naturaleza particular del trance de la tribu, sino también porque es esa mezcla de certidumbre y resignación la que vuelve *realmente radical* a la esperanza: solo está justificada en la medida en que brota sobre las ruinas de las esperanzas ordinarias. No se trata, en absoluto, de un mensaje destinado a que durmamos más tran-quilos: en realidad, es una esperanza del abismo, y conviene pensárselo dos veces antes de recomendarla incluso en tiempos de crisis. Como escribió con acierto un crítico: «La esperanza radical es *aterradora*».[39]

Recuerda que el resultado práctico de esa esperanza radical supuso colaborar con un enemigo que despreciaba la cultura y las tradiciones *crow*, un destino que algunos habrían considerado peor que la muerte y que la derrota a manos de un enemigo tradicional como los sioux. Al reivindicar la estrategia *crow*, *Esperanza radical* asume una lectura con-creta de los hechos históricos, con consecuencias importantes para el modo en que comprendemos las resistencias y rebeliones de la época. Lear enmarca la esperanza radical de Plenty Coups como el justo me-dio entre dos extremos: por un lado, el defecto de «una capitulación servil ante la cultura dominante»; por otro, el exceso de «una rebe-lión temeraria e ineficaz».[40] Como ejemplo de lo segundo, Lear señala a Wraps His Tail, un joven *crow* que en 1887 condujo a un grupo de guerreros jóvenes a tomar caballos de la tribu rival de los pies negros, después de que estos les hubieran robado unas monturas; y que más tarde, en un gesto de provocación, hundió un arma en el vientre de un odioso agente antes de dispararla al aire. La situación se les escapó de las manos y los jóvenes guerreros fueron arrestados como ladro-nes de caballos, lo que llevó a Wraps His Tail a declarar, indignado: «Ellos, los rostros pálidos, que hacen tratados solo para quebrantarlos, que nos han robado los bisontes y la tierra, nos llaman ladrones». Una tentativa de alzamiento indígena fue sofocada con rapidez por las autoridades estadounidenses; los rebeldes *crow* se rindieron y Wraps His Tail fue abatido por un cargo de los Crow cuando intentaba escapar.[41] Lear interpreta esta rebelión como no solo «fútil», sino como «una evasión nostálgica». Si bien la acción de Wraps His Tail podría haberse considerado valerosa en otro tiempo, su provocación (que antes habría estado a la altura de clavar el *coup-stick*) no podía conducir a nada y, por tanto, «dejó de ser un acto inteligible». Wraps His Tail intentó ocupar la posición de guerrero *crow*, no obstante, el mundo en el que tal posición tenía sentido se estaba «derrumbando a su alrededor. Wraps His Tail trató de aferrarse a esa posición pese a que se había vuelto ininteligible».[42]

En la obra se le dedica una reprobación similar a Toro Sentado, el último gran jefe de los lakota sioux y principal antagonista de la respuesta de Plenty Coups a la invasión del hombre blanco. En marcado contraste con la decisión de Plenty Coups de colaborar con las autoridades estadounidenses (y combatir contra otras tribus), Toro Sentado unió a tribus rivales en una gran revuelta contra las fuerzas ocupantes, rebelión que culminó en la batalla de Little Bighorn, donde guerreros lakota y cheyenes derrotaron a las tropas estadounidenses al mando de Custer, antes de ser finalmente aplastados. Conviene recordar que, al igual que Plenty Coups, Toro Sentado se apoyaba en visiones para orientarse en la bruma y hallar el camino que seguir: tanto su rebelión como su cooperación con tribus rivales estuvieron inspiradas por una guía divina. Mientras acampaba con dirigentes de otras tribus y celebraba la tradicional Danza del Sol, Toro Sentado empezó a comprender qué se le pedía: «El Gran Espíritu nos ha entregado a nuestros enemigos. Debemos destruirlos. No sabemos quiénes son. Puede que sean soldados».[43]

Aunque Lear explicita que «ambos líderes merecen nuestro respeto, y nuestro objetivo no es sentarnos a juzgarlos», procede, sin embargo, como «un defensor sin ambages de la visión de Plenty Coups frente a la de Toro Sentado».[44] Lear interpreta la visión de Toro Sentado como una forma de pensamiento desiderativo, en particular porque el jefe lakota se sintió atraído por el movimiento mesiánico de la Danza de los Espíritus que se extendió por la reserva sioux a finales de la década de 1880, según el cual el búfalo sería restituido en un final apocalíptico de la dominación blanca en 1891. «Es característico de lo desiderativo que el mundo se transforme por arte de magia —para ajustarse a cómo a uno le gustaría que fuese— sin necesidad de pasos prácticos y realistas que nos conduzcan a ese fin». Y así, al menos «desde la perspectiva de Plenty Coups, Toro Sentado desplegó la imaginación religiosa del modo equivocado».[45] Aunque Lear se cuida de subrayar que ambos jefes «fueron hombres de extraordinaria dignidad y capacidad» y que «los dos merecen nuestro respeto», cabe preguntarse si la vindicación de Plenty Coups no se hace en exceso a costa de Toro Sentado.[46] Por ejemplo, conviene ser cautos a la hora de aplicar la sabiduría retrospectiva a una situación cuyo desenlace aún se ignoraba: hoy quizá compartamos con Plenty Coups que la victoria final de las fuerzas estadounidenses era inevitable, sin embargo no era algo evidente en su tiempo, salvo en la medida en que Plenty Coups podía fiarse de sus visiones (y, recordémoslo, Toro Sentado también tenía las suyas propias). Más importante aún: parece crucial para cualquier rebelión que no esté impulsada pura o principalmente por la confianza en una victoria triunfal, sino por otros motivos de resistencia, ligados más bien a la defensa de auténticos tesoros culturales. Esto parece haber sido así en el caso de Toro Sentado, como relata el historiador Frederick Hoxie en un pasaje citado por Lear:

> Toro Sentado insistía en que los auténticos dirigentes tribales jamás cooperarían con el Gobierno estadounidense. Eso sería como entregar la propia autoridad personal y sacrificar a los seguidores a los caprichos de unos funcionarios de poca monta.[47]

En ese caso caben lecturas alternativas tanto de la insurrección momentánea de Wraps His Tail como del gran levantamiento de Toro Sentado, no como gestos fútiles o carentes de sentido, sino como acciones hondamente significativas por motivos ajenos a los resultados prácticos. Como escribe Slavoj Žižek a propósito de la rebelión condenada al fracaso de Espartaco: «su propio acto de rebelión, sea cual sea el desenlace, ya cuenta como un éxito».[48] Decir esto equivale a afirmar que puede haber valor en resistir incluso contra toda probabilidad, porque es lo correcto. La resistencia de la década de 1880 puede leerse, desde luego, como gestos fútiles de pensamiento desiderativo; mas también puede leerse de otro modo: como un acto radical en nombre de aquello que se tiene por más preciado, con la conciencia de que cuanto uno hace en esta vida es observado por los espíritus y los antepasados, y prolonga una línea en la que uno estaría orgulloso de inscribirse.

Podríamos ir más lejos todavía y sostener que, según la propia concepción de Lear, la resistencia desesperada puede ser, en sí misma, una manifestación de esperanza radical. Para ver cómo podría funcionar, volvamos al libro *Revolutionary Yiddishland*, que citó Andreas Malm para defender una acción climática sostenida incluso cuando el éxito se considera improbable.[49] Según los autores (Brossat y Klingberg), «la combatividad de los resistentes judíos se basaba en una combinación paradójica y dramática de optimismo histórico y desesperación absoluta». Por un lado, su «optimismo histórico» (*esperanza* sería una palabra más adecuada) «descansaba en la convicción de que, al final, la barbarie sería vencida y el nazismo derrotado, de que el pueblo judío se alzaría de nuevo, de que *un mundo mejor nacería sobre las cenizas del imperio bárbaro*». Pero existía también otra cara, más desesperada, de esa resistencia:

Por el otro, en cambio, estaba la desesperación absoluta de quienes asistían a un crimen que todavía no tenía nombre, que la conciencia humana —y su conciencia judía— era incapaz de concebir, y que provocaba el ocaso de su mundo. En esa noche cerrada tenían a menudo la impresión de combatir contra fantasmas, en una desproporción absoluta de fuerzas; ¿qué podían hacer las balas frente a una barbarie que la razón más alta y la comprensión histórica ni siquiera podían nombrar, del mismo modo que no podían concebir el futuro más allá de esta catástrofe?[50]

Se cita también un pasaje de la novela *La bahía perdida. Como una lágrima en el océano* (1949-55), del autor y psicólogo judío Manès Sperber:

Se sentía libre de todo, con la gratificación de una libertad inútil. La libertad de cometer actos destructivos, de disparar a uno de aquellos mirones boquiabiertos, de prender fuego a un cine repleto hasta los topes, de matar a un oficial alemán en plena vía pública, de matarse de un tiro en el corazón. En cambio, *no había libertad para soñar un futuro, para imaginar un mañana distinto*. No era libre de escapar de su impotencia.[51]

Expresiones así empiezan a rozar la confusión conceptual que experimentaron los *crow*: no podían «concebir el futuro más allá de esta catástrofe»; «no había libertad para soñar un futuro, para imaginar un mañana distinto». Si existía la convicción de que «un mundo mejor nacería de las cenizas del imperio bárbaro», esa visión parecía estar movida menos por el optimismo que por una suerte de esperanza radical, tal como Lear la formula en un libro más reciente: «La esperanza reconoce que no podemos ser demasiado precisos respecto de lo que esperamos».[52] En concreto, durante el levantamiento del gueto de Varsovia la derrota era casi segura: los rebeldes lo sabían y, aun así, decidieron que merecía la pena rebelarse:

Nadie podría decir que los nazis lograron liquidar a toda la comunidad judía de Polonia en los crematorios de Treblinka sin resistencia... Esta afirmación de la vida mediante el sacrificio y el combate sin perspectiva de victoria es una paradoja trágica que solo puede entenderse como un acto de fe en la historia, en la capacidad de la humanidad para alzarse de nuevo más allá de la barbarie.[53]

Solo con violencia interpretativa puede leerse esa resistencia como una forma de optimismo. Mas bien se trata de una afirmación de que hay causas por las que merece la pena morir; de que ciertas rebeliones se justifican por su orientación hacia la bondad y la justicia más que por su «resultado tangible». Como afirman los propios autores:

> Hemos visto, en las revueltas de los guetos y de los campos de exterminio (en Sobibor, Treblinka, Auschwitz), rebeldes cuya motivación era ante todo el deseo de dar testimonio a las gentes del futuro, *siendo el sentido moral e histórico de la acción más importante que su resultado tangible*.[54]

Ese «sentido moral e histórico» puede dirigirse hacia el futuro, con la esperanza de que los descendientes de una cultura vean los hechos que los han constituido y miren atrás con gratitud y asombro, bajo el horizonte abierto de un día más diáfano.[55] Pero también puede volverse hacia el pasado. «No solo nuestras experiencias —escribió Viktor Frankl—, sino todo lo que hemos hecho, cualesquiera que hayan sido nuestros grandes pensamientos, y todo lo que hemos sufrido, nada de ello se pierde, aunque sea pasado; lo hemos hecho existir. Haber sido es también una forma de ser, y quizá la más certera».[56] O, en palabras de Terry Eagleton:

> No son los sueños de nietos liberados los que empujan a los hombres y las mujeres a la revuelta, sino los recuerdos de los antepasados oprimidos. Es el pasado el que nos proporciona los recursos de la esperanza, no solo la posibilidad especulativa de un futuro algo más gratificante... En cierto sentido oscuro, pues, somos responsables del pasado

tanto como del presente y del futuro. Los muertos no pueden resucitar; pero hay una forma trágica de esperanza mediante la cual puede otorgárseles un nuevo significado... sus luchas por la emancipación pueden incorporarse a las nuestras.[57]

Sea como fuere, esta ampliación de la perspectiva, que abarca tanto el pasado profundo como un porvenir desconocido, permite otra manera de entender la esperanza, una distinta de la que se rige por sus consecuencias: una forma en la que la resistencia desesperada de Wraps His Tail y Toro Sentado bien puede entenderse como actos de valentía, sin negar que también lo fuera el camino del compromiso, buscado con tanto ahínco, por Plenty Coups. Esto cobra todavía más relevancia en el marco del animismo cósmico de las tribus de las Llanuras, donde el mundo humano está tan estrechamente entrelazado con el mundo de los espíritus y el sentido de los actos no se ve comprometido por el aquí y el ahora. La derrota en la batalla no invalida la justificación de los actos de resistencia ni resta valor y verdad a sus visiones: obedecer el mensaje de un sueño, incluso de un sueño profético, no garantiza que uno vaya a salvarse de la catástrofe. El legado de Toro Sentado, como el de Plenty Coups, es recordado por sus descendientes; su presencia se siente aún sobre las tierras ancestrales.[58] Desde la perspectiva actual, sus acciones pueden parecer trágicas; pero desde el punto de vista de sus antepasados y de los descendientes que estaban por llegar, y aún más desde el mundo de los espíritus que él sentía tan cercano, ¿quién sabe cuál es su sentido? Y así, quizá haya un sentido en el que tanto las decisiones de Plenty Coups como las de Toro Sentado estaban justificadas.

## Esperanza climática

Me he detenido en estos rasgos de la esperanza radical, tal como se relatan a través del caso del pueblo *crow*, con el fin de perfilar con mayor nitidez no solo este tipo de esperanza, sino también la esperanza misma, y acercarnos así a la que deberíamos cultivar en el contexto de la crisis climática. Al regresar a Toro Sentado no pretendo impugnar el análisis de Lear sobre la esperanza radical, ni siquiera reivindicar a un jefe frente a otro, sino prevenir acerca de una posible aplicación indebida de la esperanza radical: por ejemplo, escoger a un agente histórico (sea Plenty Coups o Toro Sentado) y trasladar su actuación a nuestro presente. Conviene recordar que lo que se aplica a la crisis concreta a la que se enfrentaron los pueblos de las Grandes Llanuras de Norteamérica no debe trasladarse sin más a otras circunstancias. La actitud de Plenty Coups es un ejemplo de valentía y de «excelencia creativa», pero eso no convierte sus actos en un modelo de la esperanza radical, del mismo modo que los de Toro Sentado no constituyen un modelo de la resistencia sin concesiones.[59]

Como observó Charles Taylor en su reseña de *Esperanza radical*, nuestra situación, en una época secular y globalizada, es muy distinta de la de los *crow*, que padecieron lo que él denomina una «muerte cultural»: «Nos cuesta captar el impacto pleno y devastador de este tipo de devastación, debido al modo de vida diferenciado y poco trabado que nos parece normal hoy». De modo que «si eres programador informático o violinista y, de pronto, el sector de la programación informática o de la música clásica se va a pique y queda reducido a ruinas», ya no «podrías hacer aquello que de verdad te importa», pero ese golpe sería devastador en lo práctico, no en lo conceptual, pues «seguirían quedando muchas cosas que podrías realizar con sentido». Para los *crow* fue muy diferente: «no hay carreras alternativas aguardando a un exguerrero; probablemente tenga esposa e hijos, pero ¿qué significa ser padre si no puedes transmitir a tus hijos las destrezas de un guerrero? Si un abanico relativamente limitado de acciones significativas se vuelve imposible, ¿cómo puede una persona encontrar una vida con sentido?».[60]

El propio Lear es muy cauto a la hora de aplicar la esperanza radical de Plenty Coups a nuestra época: en su libro posterior *Imagining the End*, que aborda nuestras actitudes ante las crisis actuales, la expresión «esperanza radical» no aparece ni una sola vez, salvo en una nota a pie de página que remite al libro anterior.[61] Este silencio quizá delate cierta incomodidad con el concepto inicial, aun así también supone una ocasión perdida, porque deja sin resolver una cuestión decisiva: si la esperanza radical es solo «para» circunstancias excepcionales, o si está disponible de manera más general. En *Esperanza radical*, Lear parece tomar el primer camino; en *Imagining the End*, en cambio, a ratos da la impresión de tomar el segundo, sugiriendo que es posible, de forma más general, esperar sin saber exactamente qué es lo que esperamos.[62] En esta línea, Lear se detiene en el ensayo de Freud «La transitoriedad», que reflexiona sobre la situación del mundo y la ansiedad profunda que se vivía en tiempos de la Primera Guerra Mundial. En este texto Freud estaba «lidiando con cómo vivir con la incertidumbre radical del futuro inmediato».[63] Lo que Freud esperaba, según la interpretación de Lear, era la transitoriedad «de *lo malo y lo maligno*», unida al retorno de lo bueno:

> El retorno es en sí mismo una expresión de esperanza. Puede que no sepamos decir qué es lo que esperamos, pero, en el sentido más amplio e indeterminado, la esperanza espera el bien. Así pues, lo que tenemos aquí es *un retorno de la esperanza, que a su vez es una esperanza de retorno de lo bueno*.

En este contexto Lear afirma que «la esperanza reconoce que no podemos ser tan precisos respecto de aquello que esperamos» y, en una nota, remite sin mayor comentario a *Esperanza radical*.[64] En otro ensayo, al hablar del legado de Gettysburg, Lear menciona los ideales fundacionales de la Declaración de Independencia de los Estados Unidos —«libertad e igualdad»— y cierra con un pasaje evocador:

Está inscrito en los conceptos de libertad e igualdad que hay en ellos un carácter abierto que se extiende más allá del horizonte de nuestra imaginación. Si las cosas van bien, deberíamos esperar que las generaciones futuras comprendan la libertad y la igualdad mejor que nosotros precisamente porque viven de maneras que las encarnan mucho mejor. Así pues, al dedicarnos ahora a esta «tarea inacabada», debemos reconocer que parte de lo inacabado son los propios ideales a los que nos estamos consagrando. Esto impone una restricción a la estructura de nuestras esperanzas. Al dedicarnos así, podemos decir sinceramente que esperamos el despliegue de la libertad y la igualdad, si bien debemos reconocer que *no sabemos, ni podemos saber todavía, con claridad qué es exactamente lo que esperamos.*[65]

Estos términos recuerdan mucho a la descripción de la esperanza radical que hacía Lear en su obra anterior, pero el contexto no es el de una devastación cultural ni el de una desorientación normativa: el autor describe aquí una relación con el futuro que asume que nuestros proyectos e ideales se transformarán de maneras que todavía no podemos comprender. Si esto fuera, en efecto, una concreción de la esperanza radical, parecería entonces que se diluye su carácter «radical» y se vuelve más accesible. No obstante, quizá el rasgo más llamativo de pasajes como este es que Lear *no* califica esas esperanzas de «radicales»: se abstiene de aplicar (al menos de forma explícita) el concepto de esperanza radical a las circunstancias contemporáneas (como la crisis ecológica o la pandemia); se limita, en cambio, a decir que es posible —y a veces necesario— esperar sin saber con exactitud «qué es lo que esperamos». Esto, a mi juicio, no es equiparable a la esperanza radical, que el propio autor vinculó al caso extremo del ocaso cultural vivido por los *crow* y al «razonamiento en el abismo» que exigían esos tiempos. Se trata, más bien, de una esperanza basada en la apertura, más cercana a lo que otros filósofos han llamado «esperanza absoluta»

(Gabriel Marcel) o, sencillamente, «esperanza»; como ha señalado Terry Eagleton, «Ernst Bloch sostiene de igual forma que aquello que esperamos nos es, en última instancia, desconocido».[66] Se trata de una propuesta sensiblemente más modesta y, si mi lectura es correcta, el Lear tardío no está dispuesto, después de todo, a poner la esperanza radical a disposición de contextos que no se hallen verdaderamente «en el abismo»; a lo sumo, sugiere una diferencia más gradual entre esperanza y esperanza radical.

En mi opinión, considero que merece la pena mantener esa graduación entre la esperanza radical y otras formas de esperanza, y reservar la primera para situaciones que impliquen esa clase de desorientación normativa extrema y de ocaso cultural que vivieron los *crow*. De nuevo, como ha señalado Charles Taylor, no está nada claro que esta experiencia esté a nuestro alcance en el mundo moderno y globalizado que habitamos, donde la mayoría de la gente no dispone de una concepción del bien tan estrecha como la que estaba disponible en el marco de una cultura guerrera. Es cierto que, como han argumentado recientemente varios autores, el desarrollo en curso de la crisis climática puede conllevar un grado de desorientación y pérdida conceptual, precisamente porque esta crisis tiene el potencial de engendrar un futuro tan radicalmente distinto que la vida de nuestros descendientes nos resulte inabarcable, quizá hasta a ellos. Pero incluso si fuera posible prever tal desorientación, de ahí no se sigue que la esperanza radical sea la respuesta adecuada. De hecho, podríamos imaginar con facilidad que este tipo de esperanza fuera la respuesta equivocada. Hay quienes creen, con una gran convicción subjetiva, que la lucha contra la catástrofe climática ya está perdida y que, en lugar de proseguir el combate, deberíamos «aceptar que el desastre se acerca y empezar a replantearnos qué significa tener esperanza»; que «estamos condenados» y que debemos «aprender a morir en el Antropoceno».[67]

Si (con muchas reservas) pudiera afirmarse que esos gestos de resignación radical son también manifestaciones de esperanza radical —en la medida en que consideran la crisis insuperable y buscan otros cauces para una acción virtuosa—[68], también podría sostenerse que tales respuestas están profundamente equivocadas. Esto se debe, ante todo, a que malinterpretan la naturaleza del problema que plantea el cambio climático. A diferencia de las catástrofes puntuales, como el impacto de un meteorito en la Tierra —una metáfora increíblemente poco útil para la crisis climática, pero empleada de manera persistente—, esta no es una catástrofe inmediata ni total. Salvo extinción completa, la lucha contra el cambio climático «nunca se perderá», retomando las palabras de David Wallace-Wells, «porque, por más que se caliente el planeta, siempre será cierto que la década siguiente podría contener más o menos sufrimiento».[69]

Este es el gran riesgo, y sin embargo apenas apreciado, de los relatos del *ahora o nunca*, repetidos de manera generalizada incluso por los defensores más firmes de la acción climática, sin advertir que, si el «ahora» del lema está justificado, el «nunca» no lo está. Aunque es crucial subrayar la importancia de actuar *ahora* —porque las medidas adoptadas en esta década tienen mayor capacidad de evitar sufrimientos catastróficos que las adoptadas en décadas posteriores—, de ahí no se deduce que, si no actuamos ahora, podamos permitirnos el lujo de no actuar *jamás*. Incluso si las metas climáticas van y vienen, incluso si se incumplen plazos y se quebrantan promesas políticas, incluso después de que se hayan rebasado puntos de no retorno, seguiremos teniendo razones para hacer cuanto esté en nuestras manos, porque el desastre no es nunca completo y es nuestro deber evitar todo el sufrimiento que podamos. Optar por la resignación en este contexto equivale a optar por que otras personas sufran durante décadas, incluso siglos por venir; una decisión que no puede tomarse de manera antidemocrática, por no decir que no puede tomarse.[70]

«Por muy oscuras que se pongan las cosas, rendirse nunca será una opción», nos recuerda Thunberg. «Porque cada fracción de grado y cada tonelada de dióxido de carbono más seguirán importándonos. Nunca será demasiado tarde para salvar todo lo que podamos salvar».[71] Por eso, el lema del activismo climático no debería ser «ahora o nunca», sino «ahora *y siempre*».

Al hablar de la posibilidad de versiones «laminadas» del coraje, Lear se apresura a advertir que «podría haber simulacros falsos de ese coraje: casos en los que opera un "optimismo" insistente e impermeable, en vez de una manifestación adecuada de la esperanza». Esto es así, y nos exige que nos distanciemos tanto del optimismo superficial como de la desesperación engañosa. Como el propio Lear nos recuerda: «Para ser una manifestación de coraje, la esperanza radical debe desplegarse bien».[72]

Lo que nos lleva a considerar como remoto ese buen «despliegue» de la esperanza radical es que, a diferencia de los *crow*, no contamos con ningún garante objetivo de que nuestras esperanzas estén justificadas y correctamente orientadas hacia el bien. Recordemos que la esperanza de Plenty Coups se apoyaba en una fuente sobrenatural de conocimiento sobre el futuro: una previsión cósmica de una ruina inminente, *combinada* con la confianza en que, si seguían la «guía divina» ofrecida en las visiones oníricas, «sobrevivirían».[73] La confianza de toda la *comunidad* se enraizaba en esas visiones, interpretadas *colectivamente* como un mensaje del mundo espiritual.[74] No son fuentes de las que podamos valernos como comunidad en un contexto global pluralista, y por eso otra de las preguntas que *Esperanza radical* deja abierta es precisamente esta: ¿cómo sería una esperanza radical sin estar anclada en la confianza cósmica —es decir, en la *fe*? Charles Taylor duda incluso de que eso pueda darse:

¿Es realmente posible este tipo de esperanza radical? Sí, sin duda, si con ello se entiende una esperanza de que sobreviviremos, de que lograremos salir adelante, o de que «superaremos» la prueba, aunque no podamos explicar de antemano en qué consistirá exactamente eso. Toda esperanza religiosa —así como buena parte de nuestra confianza más básica en la vida— tiene esta forma. Con todo, ¿puede sostenerse sin algún tipo de fe formulada en algo, ya sea religioso o secular: fe en Dios, o en la Historia, o en nuestros propios recursos, o en la resiliencia humana? No estoy tan seguro.[75]

Al reconstruir las razones de Plenty Coups para una esperanza radical, Lear incluye de manera explícita la premisa de que «Dios —*Ahbadt-dadt-deah*— es bueno». Sobre la base de este compromiso con «la trascendencia y la bondad de Dios», Plenty Coups se entrega «a la idea de que algo bueno emergerá, aunque desborde mi capacidad presente, limitada, de comprender qué es ese bien». Por eso los *crow* confiaban en que «*recobraremos el bien*, aunque por el momento no dispongamos más que de un vislumbre de lo que eso podría significar».[76] Su esperanza radical, por tanto, estaba arraigada en una concepción robusta del bien y alimentada por una confianza divina, revelada directamente a través de las visiones oníricas. No está claro, en ausencia de una fe semejante —capaz de sostener y orientar la esperanza de forma compartida y con pretensión de objetividad—, qué forma podría cobrar esa esperanza. Y, desde luego, ese es precisamente el punto: no sabemos qué aspecto tendrá la esperanza radical; y mientras lo ignoremos, más vale que seamos prudentes antes de recomendarla como una actitud moral práctica.

Esto no significa que la esperanza radical no vaya a desempeñar ningún rol en los tiempos venideros. Si de verdad es cierto que el futuro será tan inimaginablemente distinto que nuestras concepciones de la buena vida dejan de tener sentido para nosotros —o para quienes vengan después—, bien podría ser que comprometernos con «la mera idea de que algo bueno emergerá» sea la única vía posible para conjurar quizá no todo tipo de desesperación, pero sí la desesperación equivocada: la que allana el camino a una resignación prematura y frustra la posibilidad de un «retorno a la vida».[77]

En cualquier caso, actualmente, la esperanza radical —o incluso la mera esperanza indefinida— no debería invocarse con ligereza para guiar nuestras respuestas morales y prácticas ante un desastre que se mantiene claramente vigente. Porque, en este momento, sabemos exactamente qué esperar. Y sabemos qué debemos llevar a cabo.

# Capítulo 6
## Esperanza *blues*

*«En los tiempos difíciles que vivimos, ¿qué más puedo desear
que no excluir nada y aprender a trenzar con hilo blanco
e hilo negro una sola cuerda estirada a punto de romperse?»*
Albert Camus, «Verano» (1953), en *Ensayos líricos y críticos*, 169.

En estos tiempos convulsos —décadas de agotamiento y devastación ecológica, una era de inundaciones, incendios y olas de calor que nadie habría imaginado—, la esperanza goza de una popularidad sin parangón. Está por todas partes: en lemas políticos y tráileres de cine, en portadas de libros y revistas. Terry Eagleton ha advertido:

Incluso en nuestros días desencantados, quienes redactan los textos de contraportada de un libro procuran a menudo entrever destellos de esperanza en las ficciones más sombrías, presumiblemente bajo el supuesto de que a los lectores un abatimiento excesivo les resultará demasiado desalentador.[1]

En el debate climático sucede lo mismo. Por mucho que se cargue contra el «catastrofismo», cuesta encontrar un artículo o un libro sobre el cambio climático que no arranque o no cierre con una mención a la esperanza o al optimismo, o que incluso los incorpore en el título (por ejemplo: *Hope Matters, Hope in Hell, El libro de la esperanza*, etcétera).[2] Mientras tanto, la frase «no debemos desesperar» se repite tanto que uno acaba preguntándose si no hay en ello algo de desesperación: como si, cuanto más fuerte clamamos «la voz de la esperanza», más dejáramos al descubierto nuestra propia angustia. La inquietud es doble. Entre quienes producen contenidos pesa el temor de que, si la información sobre el cambio climático es demasiado sombría o deprimente, los lectores dejarán de leer y los espectadores dejarán de mirar, a medida que se vaya imponiendo el cansancio. Entre escritores y activistas, en cambio, es habitual el miedo (y a veces la acusación) de que, si nos enfrentan a un exceso de «catastrofismo», nos desinflaremos, «acabaremos por rendirnos». «Por favor, creed que, contra todo pronóstico, podemos salir vencedores», escribió Jane Goodall, «porque, si no lo creéis, perderéis la esperanza, caeréis en la apatía y la desesperación y no haréis nada».[3] Esos temores no son del todo infundados: el espectro del fatalismo o de la apatía a veces adopta formas muy reales, y, cuando ocurre, tenemos motivos para preocuparnos. Con todo, son sombras que acechan tanto al optimismo como al pesimismo y a veces en formas especialmente perniciosas.

He afirmado que confundir el pesimismo con la rendición es, sencillamente, un error: no solo es compatible con el activismo; en ocasiones, ambos se refuerzan y forman una combinación especialmente poderosa. También he sugerido que, en el empeño por conjurar la amenaza —a menudo más percibida que real— del fatalismo, podemos escorarnos hacia el extremo opuesto: no solo desechando cualquier forma de pesimismo, sino respaldando una narración de la esperanza casi indistinguible del optimismo. Ese viraje no solo carece de base; puede rozar la irresponsabilidad. Si insistimos en exceso en la defensa de la esperanza, corremos el riesgo de cargar aún más a quienes se movilizan, sumando al arduo combate contra la crisis climática el peso añadido de tener que exhibir esperanza a toda costa.

Con todo, sostengo que orientarse hacia la esperanza no es, en sí, un error —una parte sustancial de este libro defiende una forma de esperanza frente a otra—; el peligro está en que muchos han terminado por usarla como parche, como barniz, para volver más aceptables sus posiciones ante el público. Baste pensar en cómo los políticos descubrieron el tirón de la esperanza. Esta instrumentalización de la esperanza como «un estimulante políticamente útil» cuenta con una genealogía larga: ya en la época de Augusto, los emperadores romanos no dudaron en movilizar la *spes* con fines ideológicos y políticos.[4] El uso reciente más célebre, sin embargo, llegó con la campaña presidencial de Obama: carteles que reducían el eslogan a una sola palabra —«Hope» (o, según la versión, «Progress» o «Change», esto es, «Progreso» o «Cambio»)— y, más tarde, el libro de Obama *La audacia de la esperanza*, una expresión tomada de Jeremiah Wright, quien a su vez se inspiró en el cuadro *Hope* de Watts.[5]

De ahí que la esperanza suela vincularse a la política liberal o progresista: el crítico literario Adam Potkay, por ejemplo, sitúa su uso político en la Revolución francesa y en las aspiraciones optimistas de rehacer el mundo.[6] Sin embargo, si la miramos de cerca, esa conexión es menos nítida, porque los conservadores también han apelado a la esperanza. Así lo expresó Ronald Reagan en su discurso de aceptación de la nominación republicana en 1980: «A quienes han abandonado la esperanza, se la devolveremos y los acogeremos en una gran cruzada nacional para hacer que Estados Unidos vuelva a ser grande».[7] En la misma línea, Eagleton ha subrayado que «el optimismo es un componente típico de las ideologías de las clases dominantes» y cita a un historiador estadounidense que apuntó que «los discursos de investidura presidencial son siempre optimistas, sea cual sea la época».[8]

Quienes viven en el Reino Unido quizá recuerden la intervención triunfal de Boris Johnson al llegar a Downing Street, cuando se presentó como un visionario heroico frente a los «pesimistas» que osaban cuestionar la sensatez del Brexit: «los que dudan, los agoreros, los catastrofistas… se van a equivocar otra vez».[9] Ese «virus de la esperanza» también alcanzó a sus sucesores.[10] Tras el asombroso tumulto de la política británica en el otoño de 2022 —que culminó con la dimisión de Liz Truss y la sucesión de Rishi Sunak—, los discursos que ambos leyeron el día del traspaso, el 25 de octubre, se cerraron con una nota esperanzada. Apenas unos instantes después de que la alocución de dimisión de Truss concluyera con un «sé que se avecinan días más luminosos»,[11] Sunak terminó su primera intervención con estas palabras: «Crearemos un futuro digno de los sacrificios que tantos han hecho y llenaremos el mañana, y cada día a partir de entonces, de esperanza».[12] Unas semanas más tarde, con la crisis del coste de la vida como telón de fondo y «los servicios de previsión del Gobierno pronosticando la mayor caída del nivel de vida desde que hay registros», el nuevo ministro de Hacienda, Jeremy Hunt, en una entrevista sobre el sombrío presupuesto, mencionó dos veces la necesidad de dar «esperanza» a las familias de todo el Reino Unido. «No pretendo fingir que no vendrán tiempos difíciles», reconoció ante Chris Mason, de la BBC, «pero hay un plan, hay esperanza. Y si seguimos este plan, si nos mantenemos firmes, podemos atravesar esto y alcanzar el otro lado».[13]

Son solo algunos ejemplos de la historia política reciente, pero bastan para confirmar lo que los romanos sabían desde hace siglos: en política la esperanza vende —a un lado y al otro de la brecha—, y conviene recelar de quienes la convierten en puro recurso retórico. O, si no recelar, al menos manejar esa esperanza con *cautela*. Tal vez sea sensato adoptar, ante la esperanza en política, la misma reserva con la que Cornel West —que apoyó la candidatura presidencial de Barack Obama en 2008— lo formuló, con elegancia, pero firme: «No está claro que vayamos a conseguirlo. Yo no soy optimista en absoluto. El hermano Barack Obama dice que tiene la audacia de la esperanza. Yo digo: "Bueno, ¿qué precio estás dispuesto a pagar?"».[14] La candidatura de Obama fue, en efecto, «una fuente de esperanza», escribió West. «Pero esta no garantiza nada. La esperanza auténtica se arraiga en una lucha particularmente enmarañada, y puede verse traicionada por proyecciones ingenuas de un futuro mejor que pasan por alto la necesidad de llevar a cabo el trabajo real».[15] En un gesto parecido a la vacilación de *Salvage* tras el éxito de Corbyn al frente del partido, West previno contra la tentación del optimismo, o de una esperanza sin freno: «Mi temor más hondo es que nosotros, el pueblo, ahora enfrentados al duro trabajo que exige tirar adelante una transformación social, podamos caer con facilidad en la desesperación cuando se hagan añicos nuestras elevadas expectativas puestas en la victoria de Obama».[16] La esperanza real, «cara», no es un sentimiento agradable ni un simple estado de ánimo: «manchada de sangre y empapada en lágrimas», solo se legitima por sus hechos.[17] *La esperanza debe pasar la prueba.*

Sin embargo, no todas la pasan. Mejor dicho: no todas llegan siquiera a ponerse a prueba, y las que lo hacen no siempre la superan. Esto es tan cierto en los debates políticos como en la discusión en curso sobre la psicología de la crisis climática. También aquí se ha vuelto habitual cerrar los discursos con un mensaje de esperanza u optimismo (conviene no olvidar que no son necesariamente lo mismo, aunque a menudo se usen como si lo fueran), y las entrevistas a escritores, científicos y activistas suelen terminar con alguna variante de la pregunta: *¿conservas la esperanza / sigues siendo optimista?*

«¿Te sientes esperanzada?», le preguntó a Naomi Klein un periodista de *The Guardian*.[18] «¿Cómo equilibráis el optimismo y el pesimismo?», preguntó *New Statesman* a Björk y a Greta Thunberg.[19] A veces, percibimos un punto de exasperación en la persona entrevistada. «La pregunta por la esperanza me provoca sentimientos encontrados», se adelantó Klein, antes de contestar. Y Thunberg: «Da la impresión de que hoy la gente está obsesionada con preguntar "¿hay esperanza?", porque sienten que, sin ella, no pueden actuar. En realidad, es justo lo contrario: cuando actúan, crean esperanza».[20] «Como científica del clima, a menudo me piden que hable de esperanza», escribe Kate Marvel. «En el contexto político actual, el público quiere que se le diga que al final todo irá bien. Y, por desgracia, tengo una necesidad muy arraigada de caer bien y una inclinación natural al optimismo que me lleva a aceptar más invitaciones para hablar de las que me convienen. El cambio climático es desolador, dicen siempre los organizadores. Cuéntanos una historia con final feliz. Danos esperanza. El problema es que no dispongo de ninguna».[21]

No les falta razón al mostrarse reticentes. Como recuerda Thunberg una y otra vez, con el recurso desmedido a la esperanza nos arriesgamos a trivializarla, precisamente porque le restamos valor. Exigirla o proclamarla sin tregua se parece a abusar de la palabra «amor» para nombrar cosas que, como mucho, nos dejan tibios. La inflación es inevitable. Si a todo le decimos «lo amo» o «me gusta», ¿se lo decimos, de veras, a algo?

Podría argüirse que nos hemos habituado a emplear, con demasiada facilidad, el comodín de la esperanza en nuestros debates sociales, políticos y ecológicos. No es extraño, pues, que algunos políticos hayan terminado por tratarla como un recurso que *conviene explotar*: es barato, envuelve bien el mensaje y lo deja presentable. El resultado es que la esperanza se degrada a mero artificio retórico, en lugar de ser el punto de partida de una acción sostenida en la que quienes la reivindican confían que pueda convertirse. Con su habitual lucidez, Thunberg advierte contra ese uso de la esperanza como pátina amable para barnizar políticas sin compromiso, en vez de actuar:

«Todavía podemos hacerlo», dicen las voces poderosas del Norte Global en su tremenda lucha por mantener un sistema que ha demostrado ser defectuoso, incapaz y condenado de más maneras de las que podemos siquiera imaginar. «Nos comprometemos a ser climáticamente neutros en 2050», afirman, volviendo a adormecer a la audiencia. Si fueran sinceros cuando dicen que necesitamos esperanza, reducirían de inmediato sus emisiones, por el bien de los miles de millones de personas a quienes esto ya está afectando, y por el de sus propios hijos. Mas no lo son. En su lugar, usan la esperanza como un arma poderosa para aplazar todos los cambios necesarios y prolongar lo de siempre.[22]

A esto podríamos llamarlo *hopewashing*: un proceso a través del cual se recurre a la esperanza para disfrazar políticas impopulares, disimular la inacción o, sencillamente, para que algunas personas se sientan mejor consigo mismas. Thunberg lo formula así: «la esperanza no consiste en fingir que todo irá bien. No consiste en esconder la cabeza bajo el ala ni en escuchar cuentos de hadas sobre soluciones tecnológicas inexistentes. No va de lagunas legales ni de contabilidad creativa»; no sea que «nuestro deseo de ofrecer esa esperanza se interponga en el camino de la acción y, por tanto, nos haga correr el riesgo de causar más daño que bien».[23]

Esto no significa que debamos prescindir de la esperanza por completo; significa, más bien, que conviene reservarla para cuando importa: cuando de verdad la necesitamos y cuando sabemos qué implica invocarla, a qué nos compromete. Recomendar cautela no es atacar la esperanza, sino protegerla. Es recordarnos que un mensaje profundo y genuinamente esperanzador no necesita ir proclamándose a cada paso; que la esperanza —como la humildad— se legitima con nuestras acciones, no por nuestras declaraciones sobre esas acciones. Sobre todo, se trata de distinguir la esperanza como sentimiento agradable o emoción (tan maleable a las prestidigitaciones de la retórica) de la esperanza como virtud ganada a pulso, cuidadosamente cultivada y vinculada de manera adecuada a la acción.[24] «La esperanza, para ser duradera y estar bien fundada, tiene que salir cara», sostiene Terry Eagleton al hablar de la obra monumental de Ernst Bloch sobre la esperanza; «mientras que uno de los problemas del universo de Bloch es que está inundado de ella».[25] Algo semejante cabe decir del discurso público actual, tan sobresaturado de llamamientos a la esperanza y a «estar esperanzados» que amenaza con ahogar la esperanza que realmente existe.

Si ha de servirnos a largo plazo, necesitamos salvarla de sí misma.

## Las dos esperanzas: *Amdir* y *Estel*

En *El libro de la esperanza*, cuando se pide a Jane Goodall que ponga un ejemplo de una historia verdaderamente esperanzadora, menciona la trilogía de J. R. R. Tolkien *El Señor de los Anillos*. «¿Qué la convierte en una historia tan adecuada para quien ha perdido la esperanza?», le pregunta Douglas Abrams. «El poder al que se enfrentaban los héroes parecía absolutamente invencible: el poder de Mordor, los orcos y los Jinetes Negros, primero a caballo y luego sobre esas enormes bestias voladoras», responde Goodall, y añade que esto podría ofrecernos «un modelo de cómo sobrevivimos y damos la vuelta al cambio climático y a la pérdida de biodiversidad, la pobreza, el racismo, la discriminación, la codicia y la corrupción».[26] No es la única que halla inspiración en estas novelas. En nuestro imaginario cultural, *El Señor de los Anillos* es quizá el ejemplo por excelencia de un relato que encarna la esperanza incluso en las circunstancias más sombrías; hasta el punto de haberse convertido en paradigma de «un movimiento literario y artístico que celebra la persecución de fines positivos frente a la adversidad»: el *hopepunk*.[27]

El término lo acuñó en 2017 la autora de fantasía Alexandra Rowland, como respuesta al *grimdark* de, por ejemplo, la saga *Canción de hielo y fuego*, de George R. R. Martin, y la serie *Juego de tronos*. En Tumblr, Rowland lo resumía así: «Lo contrario de *grimdark* es *hopepunk*. Pásalo». En publicaciones posteriores añadió que, frente a la visión *grimdark* según la cual «el vaso está medio vacío», el *hopepunk* replica que «está medio lleno».[28] «El *hopepunk* dice que la amabilidad y la ternura no equivalen a debilidad y que, en este mundo de brutal cinismo y nihilismo, ser amable es un acto político. Un acto de *rebelión*».[29] Como ejemplo emblemático, remitía al célebre intercambio entre Sam y Frodo en la versión cinematográfica de *Las dos torres*, cuando Sam dice que «al final, esta sombra es solo algo pasajero. Incluso la oscuridad debe pasar. Llegará un nuevo día. Y cuando el sol brille, brillará con más claridad...». «Aún hay algo bueno en este mundo, señor Frodo; y merece la pena luchar por ello.»[30] Aunque más tarde Rowland matizó sus descripciones —quizá demasiado optimistas— del *hopepunk* (en especial la metáfora del «vaso medio lleno»), todavía hay quienes siguen asociando el movimiento con el «optimismo radical» o incluso —sin aludir a Lear— con la «esperanza radical», y aducen *El Señor de los Anillos* como ejemplo emblemático.[31]

Esa lectura, que tiende a identificar *El Señor de los Anillos* con un optimismo esperanzado, es comprensible: ¿qué podría ser más esperanzador que la historia de «dos pequeños *hobbits*, que viajan solos hasta el corazón del peligro»?[32] Lo que resulta más difícil de reconocer es que la esperanza, en la mitología que sostiene *El Señor de los Anillos*, tiene en sí misma dos alas, y comprender eso puede ser decisivo para interpretar el relato en su conjunto. Esa, al menos, es la tesis del clasicista y especialista en Tolkien Giuseppe Pezzini, quien sostiene que la trama de *El Señor de los Anillos* se articula en torno a «un choque de esperanzas distintas»: lo que los elfos llaman *Amdir* y *Estel*.[33]

*Amdir* (literalmente, «alzar la mirada») es lo que los hombres suelen denominar *esperanza*: «una expectativa de bien que, aunque incierta, tiene algún fundamento en lo que se sabe» (definición no muy alejada de la que filósofos como Cicerón y Tomás de Aquino daban de la esperanza).[34] Se trata de la esperanza que brota cuando aducimos motivos para aguardar, por ejemplo, a partir de experiencias previas u otros indicios. En *Amdir* hay un margen de incertidumbre (de lo contrario, no sería esperanza), no obstante también cierto grado de probabilidad, «algún fundamento en lo conocido». Pezzini entiende que esta es la esperanza que alberga la Compañía del Anillo al comienzo de la empresa, mientras Gandalf aún vive: el encargo es peligroso y arduo, sí, pero todavía parece haber una posibilidad razonable de éxito. Y cuando el Balrog de Moria arrastra a Gandalf a las profundidades, *es precisamente esa esperanza la que muere.*[35]

Justo en el momento en el que la Compañía deja atrás Moria tras la catástrofe, Tolkien escribe: «Así, al fin, estuvieron otra vez bajo el cielo, *más allá de toda esperanza,* y sintieron el viento en la cara».[36] Aragorn estalla entonces, desesperado: «¡Adiós, Gandalf! [...] ¿Qué esperanza nos queda sin ti?». Y, volviéndose hacia la Compañía, añade: «Tendremos que seguir sin esperanza».[37] Si la Compañía sigue adelante, no es porque conserve la misma esperanza de antes: en cierto sentido, a partir de aquí la empresa se vuelve, ahora sí, desesperanzada de verdad. Por eso deben avanzar «sin esperanza» y perseverar por otros motivos: porque hay cosas que deben hacerse —o, al menos, intentarse— al margen de las consecuencias. Como responde Aragorn más adelante, al contestar a Gimli cuando este comenta que a Gandalf le «falló la previsión»: «El consejo de Gandalf no se fundaba en la presciencia de la seguridad, ni para él ni para los demás. [...] *Hay cosas que es mejor empezar que rehusar, aunque el final pueda ser oscuro.*»[38] Y así se lo confiesa Frodo a Sam en Mordor: «Estoy cansado, rendido; ya no me queda esperanza. Sin embargo, tengo que seguir intentando llegar a la Montaña, mientras pueda moverme.» Y, más tarde, al contemplar las tierras desamparadas que se extienden entre ellos y el Monte del Destino: «No es peor de lo que esperaba. Nunca esperé lograr cruzar. Ahora tampoco alcanzo a ver esperanza alguna. Y aun así *debo hacer cuanto pueda*.»[39] Exigirle esperanza a Frodo y a Sam —y ya no digamos optimismo— sería errar el tiro de pleno: a ellos, como a los demás, les toca *seguir adelante sin esperanza*.

Al menos, sin la esperanza al uso; es decir, sin lo que nosotros, los humanos, solemos llamar esperanza: *Amdir*. Quien lea la obra —o vea las películas— con atención recordará que, cuando la Compañía llega a Lothlórien, algo se reaviva de la mano de la dama élfica Galadriel, que les asegura que «todavía queda esperanza»; que «esta perdurará mientras la Compañía sea fiel».[40] La cuestión es si esa «esperanza» es la misma que murió en Moria. Porque los elfos hablan también de otra forma de esperanza: *Estel*. Esta esperanza, *Estel* (literalmente, «confianza»), tiene «un fundamento más profundo» que *Amdir* y se apoya en la fe en Eru, el Creador. «No la vencen los caminos del mundo, pues no procede de la experiencia, sino de nuestra naturaleza y de nuestro primer ser», explica el elfo Finrod a la sabia Andreth en su diálogo sobre la muerte.[41] En palabras del propio Tolkien, *Estel* es «la confianza en Eru, en que lo que Él dispuso más allá del Fin será reconocido por cada *fëa* [alma o espíritu] como plenamente satisfactorio (cuando menos)».[42] Se trata de una esperanza sostenida por la confianza espiritual: la confianza en que el Único «no permitirá que se le despoje de lo que es suyo, ni a ningún enemigo, ni siquiera a nosotros mismos», dice Finrod. «Este es el último fundamento de *Estel*, que conservamos aun cuando contemplamos el Fin: de todos sus designios, el desenlace ha de ser para el gozo de sus Hijos».[43]

*Estel* es, así, «esperanza más allá de la esperanza»: a diferencia de *Amdir*, no se apoya en la expectativa de un desenlace ni en pruebas racionales, sino en la confianza en una instancia superior. Aragorn —cuyo nombre élfico es *Estel*— parece tenerlo presente cuando acepta la decisión de Frodo de seguir por su cuenta: «No creo que nos corresponda forzarlo en una dirección u otra. Ni creo que lo lográsemos, aunque lo intentáramos. Actúan otras fuerzas, mucho más poderosas».[44] Y cuando Gandalf regresa, Aragorn exclama: «¡Más allá de toda esperanza vuelves a nosotros en nuestra necesidad!».[45] Según Pezzini, la distinción entre ambas esperanzas es decisiva en la trama de *El Señor de los Anillos*, que se organiza en torno a un «contraste de esperanzas»: la pérdida de la esperanza en el sentido habitual tras la caída de Gandalf (*Amdir*) y, después, el cumplimiento de la «esperanza más allá de la esperanza» a través de la muerte y el retorno de Gandalf (*Estel*).[46]

Si esto es así, sería un error leer *El Señor de los Anillos* como un relato «esperanzador» a secas —puesto que nuestra «esperanza» suele designar *Amdir*, no *Estel*—, y menos aún como una mera ilustración del tópico, ya manido, de que el vaso está «medio lleno». A lo largo de *El Señor de los Anillos* late la conciencia de que «la esperanza a menudo engaña», y también de que las esperanzas mundanas pueden quebrarse con rapidez («la esperanza murió en su corazón»).[47] Frodo, al final de la historia, no se hace ilusiones: «Así son las cosas en el mundo. Las esperanzas fallan. Llega un final. Ahora solo nos queda esperar un poco. Estamos perdidos entre ruina y caída, y no hay escapatoria».[48] Y si al final se salva en un sentido, en otro no: «Intenté salvar la Comarca, y se ha salvado, pero no para mí. A menudo tiene que ser así, Sam, cuando las cosas peligran: alguien ha de renunciar a ellas, perderlas, para que otros puedan conservarlas».[49] No es, ni mucho menos, un final feliz sin matices; la misión se cumple, pero la sombra permanece.[50]

¿Y qué decir del viaje valeroso de Sam y Frodo hacia Mordor? ¿No es una prueba de lo que puede la esperanza, incluso en la noche más oscura? Sí, pero —una vez más— todo depende de lo que entendamos por esperanza. Frodo, como hemos visto, sigue aferrado a su propósito incluso cuando sus esperanzas ya se han desmoronado: «Aún tengo que hacer cuanto pueda». Y, en cierto sentido, el propio Frodo está «condenado al fracaso», como reconoció Tolkien: de ningún modo habría podido culminar la tarea con sus solas fuerzas, y Frodo da muestras de saberlo.[51] Su razón para continuar, de nuevo, no es la esperanza en el sentido habitual. Tal vez ni siquiera sea *Estel*. Más bien parece un deber desnudo: la determinación de seguir avanzando, sin garantías. Tolkien lo explicó después en una carta a un lector: la misión de Frodo no consistía en triunfar, sino en llevar a cabo cuanto estuviera a su alcance. «Su verdadero compromiso era únicamente hacer lo que pudiera, intentar encontrar un camino y avanzar por la ruta hasta donde se lo permitieran la fuerza de su mente y de su cuerpo. Eso hizo».[52] No está claro que esto sea *Estel*; quizá sea, sencillamente, una ética de la obligación. Un sentido —como lo formula la versión cinematográfica— de que «hay cosas por las que merece la pena luchar». De ahí que, en el entierro de Théoden, Gandalf lo rebautice no como «esperanza», ni siquiera como «esperanza más allá de la esperanza», sino como *Bronwe athan Harthad*: «Resistencia *más allá* de la esperanza».[53] En cuanto a Sam, el panorama es aún más ambiguo. Gandalf lo rebautiza como *Harthad Uluithiad*, «esperanza inextinguible», pero Sam duda de que el nuevo nombre le haga justicia, pues hubo momentos en que su «esperanza [se] le [vino] abajo».[54] Según su propio testimonio, Sam, por temperamento, se inclina hacia *Amdir*,[55] sin embargo, en Mordor la ve ponerse a prueba —y, al ponerse a prueba, transformarse—. El célebre intercambio entre Frodo y Sam en la versión cinematográfica de *Las dos torres* (considerado paradigmático del *hopepunk*) se inspira libremente en varios pasajes de las novelas, como este, en la oscuridad de Mordor:

Allí, asomándose entre los jirones de nube sobre un *tor* oscuro, muy alto en las montañas, Sam vio durante un rato titilar una estrella blanca. La belleza de aquello le golpeó el corazón cuando alzó la vista desde la tierra desolada, y la esperanza volvió a él. Pues, como una saeta, clara y fría, le atravesó el pensamiento de que, al final, la Sombra no era más que algo pequeño y pasajero: *más allá de su alcance había luz y una elevada belleza eterna*. Su canto en la Torre había sido de desafío más que de esperanza; porque entonces estaba pensando en sí mismo. Ahora, por un momento, su propio destino —e incluso el de su señor— dejó de inquietarlo.[56]

Esto es esperanza, sí, pero no una cualquiera: a Sam lo arrebata la contemplación de una bondad elevada que las fuerzas de la oscuridad no pueden alcanzar, y eso eclipsa las preocupaciones por su destino y el de Frodo. Sin saber nada de los poderes superiores que se entrevén más allá de las sombras, en este punto Sam suelta *Amdir* y se entrega a *Estel*.

Estrictamente hablando, *El Señor de los Anillos* es una historia llena de *Estel*, pero no de *Amdir*: no es un relato de la simple esperanza venciendo al miedo y a la desesperación, sino de «cómo se cumplió una *esperanza más allá de toda esperanza*».[57] Esto está más cerca de la esperanza religiosa —o incluso de la esperanza radical de Lear— que de lo que, en condiciones normales, llamaríamos esperanza; y, como la esperanza radical, tiene algo inquietante. *Estel* es lo que Tolkien llamó una «esperanza sin garantías»:[58] confiar en ella no equivale a estar seguro de un buen desenlace, sino a poner la propia voluntad en manos de poderes superiores, a sabiendas de que lo que estos decidan puede estar a años luz de lo que desean las almas mortales. Y ahí surge la pregunta de si esta es la clase de esperanza a la que deberíamos aspirar en esta crisis, en esta época secular.

O quizá convenga adoptar un enfoque distinto. En lugar de escoger entre *Amdir* y *Estel* (tal vez en una versión secularizada) como modelo de la esperanza, podríamos considerar cómo sería que nuestras esperanzas tuvieran esa doble condición. ¿Sería posible aferrarse a Amdir y, a la vez, complementarla con algo más, algo en la línea de *Estel* aunque no (o no necesariamente) motivado religiosamente: una esperanza capaz de sostenernos incluso cuando nuestras esperanzas mundanas han fracasado? ¿Podríamos hablar, no de *Amdir* y *Estel*, sino de esperanza verde y esperanza azul?

## Esperanza verde

«El azul es el color de la esperanza», escribió uno de los primeros críticos que comentaron el cuadro *Hope* de Watts; sin embargo, podría haber dicho lo mismo del verde.[59] Ambos colores se han vinculado históricamente a esta emoción, aunque en la tradición cristiana el verde llevó la delantera. Cuando la virtud teologal de la Esperanza danza con sus hermanas Fe y Caridad en el *Purgatorio* de Dante, se la distingue por su atuendo verde. Si al cruzar las puertas del Infierno hay que abandonar toda esperanza, en el *Purgatorio* no sucede lo mismo, donde nadie está por completo perdido para la salvación «mientras la esperanza mantenga un hilo de verde».[60] A partir del siglo XII, el azul se vinculó de modo parecido con la esperanza, el valor y el consuelo, pero también con el duelo y el luto, especialmente por su asociación con la Virgen María.[61] Desde luego, no conviene extraer conclusiones de estas implicaciones históricas; al fin y al cabo, el verde también se ha asociado con la envidia, y el azul con una tristeza profunda (piénsese en el *blues*). Aun así, quizá pueda decirse que, cuando Watts pintó *Hope* por segunda vez, desplazando la paleta del predominio del verde al del azul, cambió también el sentido del cuadro. Al ofrecernos dos perspectivas de la misma escena, es casi como si nos mostrara dos rostros, dos modos de esperanza (que el lector haga el ejercicio de comparar las dos versiones de *Hope* de Watts, la verde y la azul).

Esos dos modos pueden percibirse también en la manera en que hoy se invoca la esperanza. A estas alturas ya habrá quedado claro que la mayoría de los llamamientos se formulan en un registro bastante específico. El guion suele ser este: se nos pide que nos concentremos en relatos positivos (calificados de «esperanzadores», en el sentido de que *conceden esperanza*), en historias de éxito, pequeñas victorias, metas alcanzables y soluciones; y que mantengamos en todo momento un tono animado, mientras se rechaza el «catastrofismo» y la «negrura» de una información «excesivamente» negativa, que supuestamente allana el camino hacia la desesperación y el derrotismo.[62]

Llamemos a esto «esperanza verde». Esta esperanza se define por su atención a «fundamentos» racionales para aguardar —por ejemplo, en historias de éxito recientes y en motivos concretos para anticipar cambios—, y por la expectativa de desenlaces positivos. En ese sentido, se parece mucho a lo que Tolkien llamó *Amdir*: «una expectativa de bien que, aunque incierta, tiene algún fundamento en lo que se sabe». Se trata de una esperanza apoyada en evidencias; una esperanza entendida como expectativa. Aunque la esperanza verde suele marcar distancias con el optimismo (con algunas excepciones),[63] en realidad se sitúa como una continuación de este: ambos se expresan por lo general en el mismo registro de confianza desenfadada y tienden a compartir los mismos supuestos sobre la importancia del pensamiento positivo. La diferencia entre esperanza verde y optimismo es, en el fondo, de grado: no son lo mismo, pero tienden a operar en el mismo espectro.

Conviene dejar algo absolutamente claro: en principio no hay nada malo en expresar o defender este tipo de esperanza, siempre que no se interprete como un fallo moral que otras personas no sean capaces de expresarla del mismo modo. Sin embargo, muchos defensores de esta esperanza van aún más lejos. En lugar de limitarse a defender la esperanza verde, no dejan de repetir la advertencia de que exponerse a información negativa y al «catastrofismo» conducirá a la desesperación, la depresión y el desaliento. El discurso ha adquirido un tono *marcadamente moralista*, como si fuera un defecto no suscribir o no expresar la esperanza verde, incluso cuando alguien sienta que tiene pocas razones para ello. De nuevo, esta tendencia de la esperanza verde a exagerar su postura es comprensible hasta cierto punto, sobre todo si pensamos que entre nosotros hay quienes dicen que «ya es demasiado tarde» y que más vale abandonar la lucha, porque en cualquier caso «ya está perdida». No obstante, también es profundamente problemática, porque añade una carga emocional —la de la responsabilidad— a quienes ya acarrean la conciencia de una crisis sin precedentes. Además, existe un riesgo real en la narrativa de la esperanza verde. Al fin y al cabo, si esas esperanzas se ven derrotadas una y otra vez —si llega un día en que se agotan las historias positivas o si la información negativa, procedente no de cualquiera sino de *científicos del clima*, resulta imposible contrarrestarlo con buenas noticias—, ¿qué conclusión cabría sacar entonces?

Según la lógica de muchos (aunque no de todos) de los defensores de la esperanza verde, la consecuencia sería abandonar la lucha, pues una narrativa que lo apuesta todo a pronósticos positivos no deja otro fundamento para actuar que la confianza —sustentada en evidencias— en el éxito. Sin embargo, esa lógica no es más que una hipótesis: no es una ley de la naturaleza. Incluso puede estar invirtiendo el orden. Si la pérdida de la esperanza desemboca en la desesperación, ¿eso significa que debemos estar siempre esperanzados, o que hay un riesgo en elevar demasiado nuestras esperanzas?

A esta cuestión alude de pasada el psicoterapeuta judío austriaco Viktor Frankl (1905–97) en su asombroso libro *El hombre en busca de sentido*, una obra que a menudo se cita como si defendiera la necesidad de mantener la esperanza incluso en los momentos más oscuros. Frankl fue encarcelado en Auschwitz durante la Segunda Guerra Mundial; sobrevivió (aunque perdió a la mayor parte de su familia) y, más tarde, extrajo de esas experiencias la teoría de la logoterapia, que sitúa —no el placer ni el poder, sino el sentido— en el centro de la existencia humana y de la psicoterapia. En *El hombre en busca de sentido* relata su experiencia en los campos de concentración e intenta mostrar que incluso en esas condiciones tan terribles «era posible profundizar en la vida espiritual».[64]

Frankl también se detiene en el peligro de la desesperanza absoluta —la pérdida de la voluntad de vivir—, que terminó en suicidios y en otras muertes. «El prisionero que había perdido la fe en el futuro —su futuro— estaba condenado», escribe Frankl. «Con la pérdida de su creencia en el futuro, perdió también su asidero espiritual; se dejó caer y quedó sometido a un deterioro mental y físico».[65] Para ilustrarlo, describe a un compañero de cautiverio, «F», que tuvo un sueño en febrero de 1945: el campo sería liberado el 30 de marzo de 1945. Frankl cuenta que, cuando F le relató el sueño, aún estaba lleno de esperanza y convencido de que su sueño se haría realidad. Pero, a medida que la fecha prometida se acercaba, cada vez parecía menos probable que el sueño se cumpliera. El 29 de marzo, F enfermó y, para el día 31, había muerto, en apariencia de tifus, pero en realidad (dice Frankl) por «la repentina pérdida de esperanza y de ánimo», que minó la resistencia de su organismo. «La causa última de la muerte de mi amigo fue que la liberación esperada no llegó y quedó profundamente decepcionado». El autor cree que esto explica también las tasas más altas de mortalidad hacia final de año, pues «la mayoría de los prisioneros se había aferrado a la esperanza ingenua de que estarían de vuelta en casa para Navidad. A medida que la fecha se acercaba y no había noticias alentadoras, los prisioneros perdieron el ánimo y la decepción se apoderó de ellos».[66]

A primera vista, en pasajes como este, el mensaje resulta claro: hay que sostener la esperanza a toda costa, para no ceder a la desesperación y a la derrota. Pero, si la miramos de cerca, la cuestión es mucho más compleja. En el relato de Frankl, lo que empujó a sus compañeros de cautiverio a la desesperación no fue la ausencia de esperanza, sino la decepción repentina que vino después de haber elevado demasiado sus esperanzas. Frankl advierte del peligro de perder esta emoción, sí, pero también del de «abrigar falsas ilusiones y alimentar un optimismo artificial». En otro pasaje añade que hubo quienes «perdieron toda esperanza, aunque los compañeros más irritantes resultaron ser los optimistas incorregibles».[67] Según este enfoque, no está claro cuál es el mayor peligro: albergar una esperanza demasiado alta o no albergarla en absoluto. Una confusión parecida ronda entre los defensores de la esperanza verde. A menudo se oye hablar de los peligros del agotamiento y la *desilusión*, pero la pregunta que plantea Frankl queda sin discutir. ¿Son esos «*burnouts*» un efecto de tener demasiado poca esperanza, o de haber *elevado* las esperanzas excesivamente?[68]

De nuevo, en principio no hay nada malo en inspirarse en las victorias pasadas; aun así, los defensores de la esperanza verde no deberían insinuar que *esas son las únicas bases para aguardar*, o que sin ellas resulte imposible una acción sostenida. Además, deberían ser conscientes del riesgo que entraña exagerar la defensa de la esperanza y hacer que dependa exclusivamente del éxito empírico. Al fin y al cabo, si se va desgastando —si el lado más oscuro de las cosas resulta imposible de ignorar—, ¿cómo deberíamos responder entonces? Una respuesta habitual es: debemos encontrar más evidencias para la esperanza, porque la única alternativa es rendirse. Por eso algunos periodistas sostienen ahora que los medios deberían informar de noticias más positivas, no para ofrecer «las dos caras» de la historia ni porque sea objetivamente relevante, sino para «ofrecer esperanza a la gente»; no como un modo de informar con fidelidad, sino como «una forma desafiante de estar en el mundo».[69] Con todo, cabe otra respuesta: no se trata de esperar de ese modo —o, al menos, no solo—; tenemos razones para continuar la lucha no porque haya esperanza de éxito, sino *porque es lo correcto*.

¿Cómo sería una esperanza así?

## Esperanza azul

En 1985, apenas cuatro años antes de convertirse en el último presidente de Checoslovaquia y, más tarde, en el primero de la recién nacida República Checa, preguntaron al dramaturgo y activista checo Václav

Havel si alcanzaba a ver «un atisbo de esperanza en algún lugar de la década de los ochenta». La pregunta lo desconcertó. Checoslovaquia seguía entonces atrapada en un régimen represivo, y el propio Havel acababa de salir de la cárcel, donde había pasado cuatro años castigado por su activismo político (1979-83). Sin embargo, su duda no nacía de considerar la situación desesperada; más bien, quería precisar qué significaba realmente eso que llamamos «esperanza». Así que, antes de responder al entrevistador —ausente por fuerza mayor: Karel Hvížďala vivía en Alemania Occidental, Havel en Praga, y no podían verse—,[70] el político checo trazó una distinción entre dos acepciones: la esperanza como «un estado del mundo», orientada a las consecuencias; y la esperanza como «un estado de ánimo», arraigada en una experiencia interior profunda y más cercana a «la certeza de que algo tiene sentido, con independencia de cómo acabe». Esta última es la que, a su juicio, merece el nombre de tal. «La esperanza no es hacer pronósticos. Es una orientación del espíritu, una orientación del corazón; trasciende el mundo que se experimenta de inmediato y está anclada en algún lugar más allá de sus horizontes». No debería depender en absoluto de «algunas señales favorables en el mundo», sino que hunde «sus raíces más profundas» en otra parte, en lo que Havel llama «lo trascendental». Continúa:

> La esperanza, en este sentido profundo y poderoso, no es lo mismo que la alegría de que las cosas vayan bien, ni la disposición a invertir en empresas que es evidente que se encaminan a un éxito temprano, sino, más bien, *la capacidad de trabajar por algo porque es bueno*, no solo porque tenga alguna posibilidad de salir bien. Cuanto más adversa sea la situación en la que damos muestra de esperanza, más profunda es esa esperanza. La esperanza, desde luego, no es lo mismo que el optimismo. No es la convicción de que algo va a acabar bien, sino *la certeza de que algo tiene sentido, con independencia de cómo acabe*.[71]

Tras exponer su concepción del término, Havel respondió a la pregunta de Hvížďala sobre el estado del mundo, pero lo hizo como una cuestión aparte, separada de aquello que él denominaba «esa esperanza profunda e interior que no depende de pronósticos».[72] Lo que Havel describió era, sin duda, una forma de esperanza. Pero difícilmente podría estar más lejos de la esperanza verde, que efectivamente se apoya en «pronósticos sobre posibles desenlace[s]».[73] Se trata de una disposición mucho más cercana a *Estel*, en Tolkien, que a *Amdir*; y, de hecho, en sus *Cartas a Olga*, escritas desde la cárcel, habla de «fe y esperanza» casi como si fueran lo mismo.[74]

Para Havel, tanto la fe como esa esperanza deben distinguirse con nitidez del optimismo, o de «la creencia de que "todo saldrá bien"», que considera «una ilusión peligrosa»: «No sé cómo saldrá "todo" y, por tanto, tengo que admitir la posibilidad de que todo —o al menos la mayoría de las cosas— salga mal». Pero esas expectativas importan poco, porque la fe (o esa esperanza) «no depende de pronósticos sobre posibles desenlace[s] ». A diferencia del optimismo, la fe genuina «no extrae su energía de alguna realidad o supuesto particular, de cuya existencia dependa por completo y con cuya pérdida se derrumbaría como un globo pinchado». Más bien es «un "estado del espíritu" intrínseco, una profunda "dimensión existencial", una dirección interior que se tiene o no se tiene y que —si se tiene— eleva toda la existencia a una especie de nivel superior del Ser».[75] Un lenguaje así —y esa asociación entre esperanza y fe— suena a orientación religiosa; y, sin embargo, Havel insiste en que no exige creencia: «El materialista y ateo más convencido puede tener más de esta esperanza interior genuina, enraizada trascendentalmente… que diez metafísicos juntos».[76] Lo que la define, frente a un enfoque estrecho en los «pronósticos» de resultados o de éxito, es el reconocimiento de la incertidumbre de cualquier futuro y el desplazamiento de la atención hacia el sentido y el valor. En ese punto, se emparenta estrechamente con la visión de

Viktor Frankl, que también rechaza el «optimismo artificial» y sostiene, en cambio, que la cuestión no reside en creer a toda costa que al final todo irá bien, sino en tener *una razón para vivir*:

> Lo que realmente se necesitaba era un cambio fundamental en nuestra actitud ante la vida. Teníamos que aprenderlo nosotros mismos y, además, teníamos que enseñar a los hombres desesperados que *en realidad no importaba lo que esperábamos de la vida, sino más bien lo que la vida esperaba de nosotros.* Teníamos que dejar de preguntar por el sentido de la vida y, en cambio, pensarnos como aquellos a quienes la vida interroga, día a día y hora a hora. Nuestra respuesta debe consistir no en hablar y meditar, sino *en la acción correcta y en la conducta correcta.* En última instancia, la vida significa asumir la responsabilidad de encontrar la respuesta adecuada a sus problemas y de cumplir las tareas que constantemente plantea a cada individuo.[77]

Y esto nos lleva a la formulación de Cornel West de la «esperanza *blues*», o esperanza tragicómica, que de nuevo se distingue de manera radical del optimismo, pero también de formas inadecuadas de esperanza; es decir, de aquellas que *no han superado la prueba.* «Cuando hablas de esperanza, tienes que ser corredor de fondo», nos dice West. «Y esto se ha vuelto muy difícil en nuestra cultura, porque el apaño rápido, la solución de un día para otro, van en contra de ser corredor de fondo en el sentido moral: el sentido de *luchar porque es lo correcto, porque es moral, porque es justo*». El activismo por la justicia global y racial debe orientarse a la justicia, y no a la victoria: «Haces lo correcto independientemente de las consecuencias, porque quieres ser una persona decente y compasiva antes de morir».[78]

Todos estos son ejemplos —procedentes de contextos muy distintos— de lo que he denominado «esperanza azul»: una disposición que, a diferencia de la verde, no se orienta a los resultados, sino que encuentra su valor en el compromiso, con independencia de sus efectos. Como sugieren ya estos casos, sus formulaciones pueden variar enormemente —igual que hay muchos matices y tonos de azul: unos más cálidos, otros más oscuros, otros más profundos— y, aun así, se parecen lo bastante como para que sepamos reconocerlas.

El primero de esos «aires de familia» tiene que ver con asumir la apertura, esto es, la incertidumbre. Mientras la verde busca infundir confianza en el porvenir apoyándose en «fundamentos» basados en evidencias, la azul extrae su fuerza, más bien, de la idea de que el futuro es incierto. Ahí apunta incluso ese «optimista» tan citado, Karl Popper, que en realidad insistía en que «no soy optimista respecto del futuro». Para Popper, el optimismo orientado al porvenir pasa por alto que «*el futuro está abierto*. No hay ninguna ley histórica del progreso. No sabemos cómo será mañana. Hay miles de millones de posibilidades, buenas y malas, que nadie puede prever». Por eso rechaza no solo ese optimismo, sino también *cualquier* pronóstico basado en experiencias pasadas: «No deberíamos intentar en absoluto extraer tendencias y direcciones del pasado para hacer predicciones sobre el futuro. Porque *el futuro está abierto. Puede pasar cualquier cosa*».[79] Y esa indeterminación debería liberarnos para concentrarnos no en lo que probablemente ocurra, sino en lo que es correcto llevar a cabo.

Así, mientras la esperanza verde (*Amdir*) se alimenta de lo que sabemos, la azul se nutre precisamente de *lo que ignoramos*: del mero hecho de que, como mencionó en su día George Perkins Marsh, «el futuro es más incierto que el pasado».[80] Esta disposición puede estar impregnada de fe religiosa o espiritual —como lo estaba *Estel*—, pero no tiene por qué apoyarse en nada de eso: basta la pura apertura. Como lo formula Rebecca Solnit, en uno de sus registros más «azules»: «No sabemos qué va a ocurrir, ni cómo, ni cuándo, y esa misma incertidumbre es el espacio de la esperanza».[81] Cita a Virginia Woolf, que escribió en 1915: «El futuro es oscuro, que en conjunto es, creo, lo mejor que el futuro puede ser».[82] A juicio de Solnit, esta perspectiva engendra «un tipo de esperanza completamente distinto: que posees el poder de cambiar el mundo en cierta medida, o simplemente que el mundo va a cambiar de nuevo, y así la incertidumbre y la inestabilidad se convierten en fundamentos de la esperanza».[83] En sentido análogo, Terry Eagleton apunta: «Hay esperanza mientras la historia carezca de clausura. Si el pasado fue distinto del presente, también puede serlo el futuro».[84]

Esa disposición —fundada en la apertura y la incertidumbre más que en la evidencia y la probabilidad— es también la que expresaban los pesimistas de antaño. Como escribió en el siglo XVIII Julien Offray de La Mettrie, «todo está siempre cambiando, todas las cosas están sujetas a vicisitudes; los más felices no siempre permanecen en su placer, ni los miserables siempre en la calamidad». Incluso en el día más hermoso, una nube puede robarnos el sol; incluso en la noche más oscura, una estrella puede reaparecer y reavivar la alegría en el corazón. Y ese cambio constante —*para bien y para mal*— es, en sí mismo, esperanza.[85] O, como escribió Schopenhauer, tras imaginar que un espíritu de la Tierra descendía y se establecía entre nosotros para mostrarnos todo el ascenso y la caída de la historia: «En este mundo del fenómeno, la pérdida verdadera es tan poco posible como la ganancia verdadera». Pues la realidad nunca agota sus posibilidades y «una infinitud no menguada sigue estando siempre abierta para el retorno de cualquier acontecimiento u obra que fue truncada antes de tiempo».[86] Si bien la idea de un progreso invencible es ridícula, también lo es la de una decadencia inevitable.

Esa incertidumbre puede suponer la desesperación del optimismo, pero materializa la esperanza del pesimismo. Y, sin embargo, esto tiene un doble filo. Aceptar la incertidumbre radical es a la vez motivo de temor y de confianza, y cualquier esperanza azul que merezca tal nombre lo admite sin ambages. Si, como apunta Schopenhauer, «la pérdida verdadera es tan poco posible como la ganancia verdadera», eso implica también lo inverso: la ganancia verdadera es tan poco posible como la pérdida verdadera. Todo puede cambiar para mejor, sí, pero en cualquier momento también puede torcerse. «La verdad que los guardianes de la jovialidad no pueden digerir es que, mientras haya contingencia, existe la posibilidad de un fracaso permanente», escribe Eagleton, y añade inmediatamente: «y, desde luego, también la posibilidad de avances que sacudan la mente».[87] Como reconocía incluso Popper, «las posibilidades que encierra el futuro, *tanto buenas como malas*, son ilimitadas».[88]

Así pues, aunque sea cierto que «el contexto de la esperanza es la incertidumbre radical»,[89] no se trata de un espacio en el que uno pueda estar nunca del todo en calma. De ahí que la esperanza azul posea un carácter inquieto: puede —y a menudo sucede— convivir con la desesperación. Como escribe Cornel West en el contexto de la lucha continua contra el racismo y la injusticia:

Quienes nunca han desesperado no han vivido ni amado. *La esperanza es inseparable de la desesperación.* Quienes de verdad esperamos convertimos la desesperación en una compañera constante, con la que forcejeamos cada día gracias a nuestro compromiso con la justicia, el amor y la esperanza. Es imposible mirar honestamente nuestras condiciones catastróficas y no sentir algo de desesperación: es una señal saludable de cuánto nos importa. También es una marca de madurez: un rechazo del optimismo barato estadounidense.[90]

Existe, pues, algo inquietante en esta forma de esperar, que se diferencia notablemente de la apariencia risueña y con mirada alzada tanto de la esperanza verde como del optimismo dorado. Lo que West llama «una esperanza costosa, una esperanza ganada, una esperanza teñida de *blues* que se enfrenta a la desesperación» es una disposición que sabe que siempre puede ser derrotada; pero, como no depende de los resultados, no se desmoronará por ello. Esto se aproxima a lo que el filósofo existencialista Gabriel Marcel llamó «esperanza absoluta», al insistir en que «esta emoción (nunca se repetirá lo suficiente) solo puede echar raíces allí donde la perdición es una posibilidad».[91] Como comentó Eagleton: «Esa esperanza reconoce las realidades del fracaso y la derrota, pero se niega a capitular ante ellas y preserva una apertura al futuro no especificada, sin finalidad».[92]

La esperanza azul, entonces, descansa ante todo no tanto en la probabilidad ni en la evidencia, como en la apertura y la incertidumbre: en el hecho de que —como Eagleton cita de Epicuro— «el futuro ni es enteramente nuestro ni enteramente no nuestro».[93] Puede que no parezca especialmente útil ante una situación concreta como la crisis climática, donde contamos con abundante información y pronósticos, muchos de ellos sombríos; y donde, por tanto, la pregunta que nos planteamos inmediatamente es cómo responder a ese caudal de malas noticias. Sin embargo, la clave es esta: aunque sea crucial tomarse en serio las expectativas y previsiones que nos presentan los científicos, nuestra respuesta no tiene por qué formularse en los mismos términos. No tenemos por qué contrapesar escenarios oscuros con historias positivas o «razones para tener esperanza», como si algunas cosas solo merecieran llevarse a cabo cuando tenemos garantizado el éxito. No: hay tareas que merecen emprenderse porque reconocemos un deber hacia nuestros semejantes, hacia las demás criaturas, hacia las generaciones futuras y hacia nosotros mismos. Lo único que debemos rechazar es el fatalismo; lo único que necesitamos es esa «incertidumbre radical» que constituye el espacio de la esperanza.[94]

### «Había que hacerlo»

Esto nos lleva a una segunda característica de la esperanza azul: no se pregunta tanto por la probabilidad de éxito como por *si el empeño merece la pena*. Como afirmaba Havel, «no es la convicción de que algo acabará bien, sino la certeza de que algo tiene sentido, con independencia de cómo acabe».[95] Cuando Viktor Frankl infundió aliento a sus compañeros de cautiverio en Auschwitz, no lo hizo pidiéndoles que esperaran un rescate contra toda probabilidad, sino cambiando la perspectiva: «No deben perder la esperanza, sino mantener el ánimo con la certeza de que lo desesperanzado de nuestra lucha no le resta nada a su dignidad y a su sentido».[96] Cornel West, por su parte, trata de inspirar un activismo entregado no a base de arengas optimistas, sino mediante «un giro del alma», un desplazamiento de la atención «hacia la verdad, la justicia, la compasión y el servicio».[97]

Constituye una pauta que ya hemos visto varias veces, por ejemplo, en la resistencia desesperada de los insurgentes del gueto de Varsovia, que no se basaba en una expectativa concreta de éxito, sino en el valor incalculable de *la causa misma*. Si algo dejan claro relatos como estos es que, en asuntos de gran importancia, hay algo que impulsa a la voluntad: algo que se impone a cualquier precio sobre el desenlace o el efecto. Lo que sigue importando, incluso en el punto cero de la resistencia más desesperada, no es si «podemos» hacer esto, sino que *debemos hacerlo*. Así lo contarían Brossat y Klingberg a propósito de los combatientes de la Resistencia judía, que «se comprometieron con la Resistencia sin vacilar, en un movimiento completamente natural, "porque *había que hacerlo*"», y actuaron de forma anónima, casi nunca con *glamour*, poniendo la vida en peligro constante. Entre otros, reprodujeron las palabras de Janine Sochachewska, una de las dirigentes de la resistencia judía en Lyon durante la ocupación nazi en la Segunda Guerra Mundial: «Era joven, era fuerte, *tenía una fuerza moral desconocida en mí*». También recogieron el testimonio de un judío de Europa del Este, que dijo poco antes de su detención, en 1943: «*Solo hice lo que había que hacer*; si más gente en este país hubiera hecho tanto, la situación habría sido muy distinta».[98]

*Había que hacerlo. Tenía que hacerlo.* Son frases que reaparecen a lo largo de la historia y en contextos muy distintos, desde la resistencia política frente a la opresión hasta el activismo ambiental. Por ejemplo, cuando Jane Goodall describe su defensa de los chimpancés maltratados en los laboratorios, no presenta su decisión en términos de esperanza o confianza, sino como puro deber, pese a todo: «Probablemente, si me lo hubiera pensado bien, nunca lo habría intentado. No obstante, después de ver esos vídeos de los chimpancés en los laboratorios… bueno, estaba tan disgustada y enfadada que *supe que tenía que intentarlo*. Por los chimpancés». Vuelve a ello varias veces: «supe que tenía que intentarlo… supe que *tenía que hacer algo*. No sabía qué ni cómo; solo que no hacer nada no era una opción… *Sentí que tenía que ir*».[99] En esa misma línea, Vanessa Nakate escribió sobre su decisión de convertirse en activista climática casi como si no hubiera sido una elección en absoluto: «Empecé a sentir que tenía que convertirme en activista climática».[100]

A esto no lo podemos denominar esperanza verde —la que se alimenta de la confianza en que el éxito es posible—. En cambio, se trata de una esperanza azul, impulsada por un sentido de la justicia, por la certeza honda de que *había que hacerlo*. Cuando una convicción así, una fuerza moral así, empuja la voluntad, deja de importar cuán alcanzable sea el objetivo: lo único que es relevante es saber dónde está nuestro deber. Como dijo Frodo en Mordor: «Nunca esperé lograr cruzarlo. Ahora tampoco alcanzo a ver esperanza alguna. *Y aun así debo hacer cuanto pueda*». De ahí también la negativa de Greta Thunberg a ofrecernos relatos «esperanzadores» y su insistencia, en su lugar, en que veamos la «crisis climática y de sostenibilidad» como «la prueba moral definitiva»; «si suspendemos esa prueba moral, entonces fracasaremos en todo lo demás». Lo decisivo para afrontar este desafío no es sentirnos (más o menos) esperanzados u optimistas respecto de nuestras posibilidades, sino mantenernos fieles a los valores de la «honestidad, la solidaridad, la integridad y la justicia climática».[101] Bajo esa misma premisa, el escritor Amitav Ghosh admite que «el panorama es sombrío», pero insiste en que «la acción no debería enmarcarse en torno a la esperanza y la desesperación, sino en torno al deber. *Es nuestro deber hacer lo que podamos por el futuro*».[102] Respuestas como estas sugieren que, para sostener la acción incluso ante derrotas continuadas, se necesita otra cosa: una esperanza distinta, inquieta, duramente labrada y ganada, menos centrada en resultados o pronósticos y más volcada en cuestiones de valor: en aquello por lo que es correcto —y bueno— esforzarse. Eso mismo expresa el escritor y activista John Jordan en un correo electrónico a Rebecca Solnit:

> Si todo es incierto, si lo único seguro es la incertidumbre, entonces los desarraigados, los frágiles; quienes anhelan algo que dé sentido a sus vidas, pueden acabar arrastrados por la riada y el vaivén de un universo inseguro. Para ellos, el amarre suele estar en la certeza. No necesariamente una seguridad anclada en un futuro predecible, sino *en la seguridad de estar haciendo lo correcto con sus vidas*.[103]

En la esperanza azul se asume esa incertidumbre de fondo, pero se la acompaña de otra certidumbre, más honda y de otra índole: la de haber obrado bien. Nada de esto significa que quienes actúan —y con ello me refiero a cualquiera que *quiera hacerlo por una causa determinada*— deban desentenderse de los efectos o de los resultados.[104] No solo sería insensible y absurdo; sería, además, incoherente: tomarse en serio una causa exige desear que los propios esfuerzos den fruto, y eso obliga a elegir las acciones con prudencia, precisamente porque la causa lo reclama. Pese a ello, la idea central es que el impulso de actuar no depende del éxito ni de las expectativas: nace de otra parte, de la justicia y el deber, de la rectitud de la causa.

De ahí que no se frustre con facilidad, porque una acción sostenida por el valor y el compromiso puede otorgar la resistencia necesaria para convertirse en «corredor de fondo en el sentido moral»: desde la convicción de que hay cosas por las que merece la pena luchar.[105] Y, de manera paradójica, precisamente porque no depende de los resultados a corto plazo, esta disposición puede conducir a mejores resultados a largo plazo. Como dijo el exarzobispo de Canterbury Rowan Williams a unos jóvenes activistas ecologistas:

Puede que no consigan evitar una catástrofe climática. Lo que sí pueden hacer es vivir hoy con mayor verdad y honestidad. Y la paradoja es que, si hoy viven con más verdad y honestidad, probablemente tendrán una contribución mejor que hacer para evitar la catástrofe climática. Dicho de otro modo: si lo ven simplemente como un ejercicio de resolución de problemas, es muy posible que acaben vencidos por la frustración, la desilusión, incluso la desesperación. Si lo entienden como algo que debería brotar de manera natural de su propio intento de vivir con más verdad, más a la luz de la realidad... entonces, ¿quién sabe lo que podría ser posible?[106]

## Esperanza sin expectativas

Ninguna forma de esperanza puede estar segura del futuro: si lo estuviera, dejaría de serlo. La verde, en cambio, es confiada y expectante: su mensaje es que *podemos lograrlo*.[107] La azul también lo es, solo que no respecto del futuro: su mensaje es que *tenemos que intentarlo*, al margen de nuestras probabilidades. Mientras la verde se orienta al porvenir, la azul se enfoca en el valor: destaca valores como la justicia y el deber, más que la expectativa de los resultados.[108] Eso no significa que sea, como la esperanza radical, indefinida: podemos saber con toda precisión qué es lo que esperamos, aunque nos guíe el valor y no el desenlace.[109] Y, bien fundadas, ambas tendrán como núcleo la disposición a actuar. En palabras de China Miéville: «Tenemos que aprender a esperar mostrando los dientes».[110] Una esperanza sin compromiso no merece la pena; sea azul o verde, tiene que pasar la prueba.

Las distinciones entre estas formas de esperar no son tajantes: son fluidas, graduales, igual que el verde se funde con el azul. De ahí que, a veces, no esté claro si estamos ante una u otra, y no pasa nada. Tu azul puede no ser el mío, pero casi siempre sabemos a qué nos referimos cuando hablamos de azul o verde. Hay grados de cada una, y también mezclas de ambas. La de Thunberg —como la de Havel y West, y la de muchos activistas del Sur Global— es de un azul profundísimo. La de Goodall es sobre todo verde, aunque a veces deja entrever el azul, por ejemplo, cuando escribe sobre el «espíritu humano indomable», que «nos hace afrontar lo que parece imposible y no rendirnos nunca. A pesar de las probabilidades, a pesar del desprecio o las burlas de otros, a pesar del posible fracaso».[111] El *hopepunk* se sonrojó de verde antes de ruborizarse de azul: «No va de gloria ni de hazañas nobles; no va de un resultado final, porque *no hay final*».[112]

Solnit se mueve entre ambas actitudes. Cuando funda su planteamiento en la incertidumbre, en «abrazar la imposibilidad esencial de conocer el mundo, las rupturas con el presente, las sorpresas», el tono es azul. En cambio, cuando la apoya en historias positivas o la enfrenta al «pesimismo» y al «osito de peluche de la desesperación», el tono es verde.[113] Conviene insistir en que abrir un espacio para la esperanza azul no significa que esta sea superior a la verde. No hay nada malo en expresarla o en inspirarse en relatos esperanzadores sobre éxitos pasados, siempre que luego la pongamos a trabajar: «la emoción debería empujarte a salir por la puerta».[114]

Sin embargo, cuando los tiempos se ensombrecen, cuando se agotan las bases empíricas —cuando los motivos de la esperanza verde dejan de sostenernos—, necesitamos poder apoyarnos en otra, más duradera: una esperanza guiada no por pronósticos alentadores, sino por la convicción moral de lo justo; una esperanza extrañamente cercana a la desesperanza. En *El Señor de los Anillos*, cuando Sam comprende que él y Frodo no regresarán con vida del Monte del Destino, pierde la esperanza y, en esa pérdida, se abre paso una fuerza distinta:

> Pero, aun cuando en Sam la esperanza murió —o pareció morir—, se transformó en una fuerza nueva. El relajado rostro *hobbit* se le endureció, casi sombrío, mientras su voluntad se templaba; sintió un estremecimiento por todo el cuerpo, como si se convirtiera en una criatura de piedra y acero a la que ni la desesperación, ni el cansancio, ni las interminables millas yermas pudieran doblegar.[115]

Esto no es *Amdir*, quizá ni siquiera *Estel*: es una especie de voluntad endurecida, una fuerza forjada en una férrea determinación que ya no guarda parecido alguno con la esperanza verde. Si todavía merece ese nombre, es de un azul oscurísimo.

¿Era ese el azul que Watts tenía en mente al repintar *Hope* en tonos más sombríos? «No creo que sea pesimista», contestó cuando le preguntaron por el sentido de *Hope*, que a algunos les parecía más cercana a la desesperación. «La esperanza no tiene por qué significar expectativa. Aquí sugiere más bien la música que puede surgir del acorde que queda».[116] La del cuadro, por tanto, es *una esperanza sin expectativa*. Un registro azul que permanece abierto incluso en la incertidumbre extrema y en la desolación final: compatible con el duelo, el dolor, el miedo y todas las tristezas de una época ensombrecida.

# PARTE III
# Nuestras Señoras del Dolor

# Capítulo 7
# Nuestra Señora de las Lágrimas

## Sobre el duelo

> *«Pero tu corazón era más profundo que el Danubio;*
> *y, como era tu amor, así era tu duelo».*[1]
> Thomas de Quincey

En su colección de ensayos *Suspiria de Profundis*, de 1845, el escritor inglés Thomas De Quincey vuelve la vista atrás hacia su vida y hacia las penas que ha conocido: desde el dolor infantil por la muerte de su hermana hasta sus pruebas posteriores de adicción y desesperación. Recuerda que, siendo estudiante en Oxford, a menudo veía en sueños a Levana, la diosa romana del parto. Esto lo entendía como que cualesquiera dioses que velaran por un niño al nacer seguirían velando por él mientras creciera y se viera asediado «por la pasión, por la discordia, por la tentación, por las energías de la resistencia»... y por el duelo. Porque, aunque algunos puedan pensar que los niños no son propensos a sentir un dolor profundo, De Quincey sabe que no es así: muchas tristezas de la vida pueden desvanecerse, pero no «las profundas, profundas tragedias de la infancia».[2] Por eso solía ver a Levana conversando con sus «ministros», que, como las Gracias y las Furias, son tres: las tres hermanas mitológicas que gobiernan el reino de la tristeza y la desesperación. «Estas son las Penas, a las tres las conozco». Juntas, las hermanas se alzan como guardianas y testigos de nuestras pruebas humanas, pero también como portadoras de dones inesperados y de consuelo.

Pero ¿cómo llamarlas? «Quiero un término que exprese las poderosas abstracciones que se encarnan en todos los sufrimientos individuales del corazón del hombre; y deseo que estas abstracciones se presenten como personificaciones, es decir, revestidas de atributos humanos de vida, y con funciones que apunten a la carne». Propone que las llamemos «Nuestras Señoras del Dolor»; «las conozco a fondo, y he caminado por todos sus reinos».[3] Bien familiarizado con las Tres, De Quincey sabe que ellas no hablan por sí mismas —«un silencio eterno reina en sus feudos»—, pero pueden hablar a través de los humanos y a través de las señales que dejan en la naturaleza. Tras leer sus símbolos, De Quincey las deja hablar por medio de él, con la esperanza de poner en palabras una experiencia que, de otro modo, es inefable.[4]

De Quincey no sabía lo que significaba llorar a nuestras especies compañeras; llorar el futuro; llorar el mundo. Pero sabía lo que era afligirse, sufrir, desesperarse. Habría entendido que vivir en la era del colapso climático es vivir en una era de dolor. Y que reconocerlo no es lo mismo que rendirse o aceptar la derrota: es reconocer que hay tanto por lo que afligirse, tanto, «que estamos perdiendo y hemos perdido».[5]

En esta última parte del libro, propongo que nos inspiremos en De Quincey y en las voces que nos trae —Nuestra Señora de las Lágrimas, Nuestra Señora de los Suspiros y Nuestra Señora de la Oscuridad— y que, con cautela, con ternura, imaginemos qué podría significar para nosotros acoger los sentimientos más oscuros nacidos de este tiempo como hermanas-sombra de la esperanza: como compañeras en el camino que tenemos por delante.[6]

## Duelo y luto

La mayor de las Tres es *Mater Lachrymarum*, 'Nuestra Señora de las Lágrimas'. Es la señora del duelo y la tristeza; «ella es la que noche y día delira y se lamenta, llamando a rostros desvanecidos». Está junto a los padres ante la pérdida de un hijo; estuvo en Belén «la noche en que la espada de Herodes barrió sus cunas de Inocentes».

Sus ojos son dulces y sutiles, salvajes y somnolientos por turnos; «a menudo alzándose hacia las nubes; a menudo desafiando a los cielos». Lleva llaves que «abren toda cabaña y todo palacio», pues nadie está a salvo del duelo y la pérdida. «Por el poder de sus llaves es por lo que Nuestra Señora de las Lágrimas se desliza, como un intruso fantasmal, en las estancias de hombres insomnes, mujeres insomnes, niños insomnes, desde el Ganges hasta el Nilo, desde el Nilo hasta el Misisipi».

No obstante, el duelo puede llevarle a arder de ira, y a menudo es «tempestuosa y frenética; se enfurece en lo más alto contra el cielo y reclama de vuelta a sus seres queridos». Su reino es universal, se extiende por todos los tiempos y todas las naciones; de entre las Tres, podríamos llamarla la «Madonna».[7]

Como nos recuerda De Quincey, toda era es una era de duelo; sin embargo, hay diferencias en cómo y por qué el duelo tiene lugar. Medio siglo después de que De Quincey llamara en susurros a la existencia a Nuestra Señora de las Lágrimas, Etta Lemon y Eliza Phillips (cofundadoras de la Real Sociedad para la Protección de las Aves) se acercaron a G. F. Watts para que realizara una obra de arte en apoyo de su campaña contra la matanza anual de millones de aves, «solo para guarniciones y adornos».[8] Watts volcó el duelo de muchos en una pintura de un ángel que llora sobre una tumba de plumas azules: las de aves que habían sido sacrificadas a la vanidad de las damas de la sociedad, que lucían su plumaje en sombreros y abrigos. Dedicó su *Ángel estremecido* «a todos aquellos que aman lo bello y lloran la destrucción insensata y cruel de la vida y la belleza de las aves» (véase la figura 6 al inicio del libro).[9]

El cuadro fue, así, una expresión de duelo, además de activismo, y nos recuerda no solo que algunas penas trascienden los límites de lo humano, sino que algunos actos de luto están destinados a algo más que el lamento. Del mismo modo que el célebre comentario de Aldo Leopold de «que una especie llore la muerte de otra es algo nuevo bajo el sol» no era solo una lamentación, sino una llamada a la acción, también el ángel estremecido de Watts interpelaba a la conciencia del espectador con un llamamiento moral directo.[10] ¡Mira esto!, parecía decir, ¡mira lo que estamos haciendo!

Quizá sea difícil para los espectadores modernos recuperar esa experiencia: la época de sacrificar aves por la moda quedó muy atrás, y al encontrarnos cara a cara con el ángel afligido de Watts no se nos pide renunciar a nada. Pero hay otras razones para participar en el duelo del ángel, razones que apelan a nuestro amor, pero sobre todo a nuestra conciencia, a nuestra disposición a actuar. ¿Y si esas plumas y esas alas rotas fueran las ruinas de todas las muertes y el sufrimiento causados por los combustibles fósiles y el calentamiento global, así como de la contaminación y la injusticia global enquistada por la que algunas partes del mundo sacrifican con tanta crudeza a sus vecinos? ¿Y si aquello sobre lo que el ángel se estremecía fuera el desastre de esta era climática?

La academia ha definido el duelo ecológico como «el duelo sentido en relación con pérdidas ecológicas experimentadas o anticipadas, incluida la pérdida de especies, ecosistemas y paisajes significativos debido a un cambio ambiental agudo o crónico».[11] Este es el duelo que expresaba Aldo Leopold cuando habló del luto entre especies, y cuando dijo que «una de las penalidades de una educación ecológica es que uno vive solo en un mundo de heridas».[12] Cuando se trata del cambio climático, el duelo es incluso algo diferente. Puede abarcar todos los aspectos del duelo ecológico, pero también puede extenderse a la experiencia de perder el futuro mismo. Como escribió Clive Hamilton en 2010, en el duelo climático, la «muerte» que se llora es la pérdida del futuro; es la pérdida de «la expectativa de que el mundo se desenvolverá de una determinada manera, como una versión mejorada del que tenemos ahora»; es la constatación de que «nuestra concepción del futuro y las esperanzas construidas sobre ella son ilusorias».[13] Escribiendo en una época en la que el negacionismo climático era generalizado, Hamilton observó que

> los primeros dolientes se sienten solos y aislados, a veces guardándose sus pensamientos por miedo a enajenar a quienes los rodean con sus ansiedades y pesimismo. Es como si los médicos hubieran declarado que no hay esperanza de recuperación para una niña enferma y, sin embargo, a su alrededor amigos y familia estuvieran diciendo: «No te preocupes, se pondrá bien».[14]

Esta sensación de duelo en soledad, de vivir «solo en un mundo de heridas», la siguen experimentando quienes, por haber mirado dentro de esta oscuridad, quedan separados de quienes no lo han hecho. Es la experiencia de activistas condenados por «histeria» y exageración en foros en línea; es lo que vimos en las lágrimas de Greta Thunberg en Davos, cuando, rodeada de los ricos y poderosos, mostró un duelo impregnado de ira, o una ira impregnada de duelo.

Pero, aunque el duelo sigue presente, quizá parte de la soledad se haya disipado: las protestas y las marchas permiten a activistas y manifestantes involucrarse en lo que Freud llamó «el trabajo del duelo» (*Trauerarbeit*). En una concentración del movimiento Extinction

Rebellion, una joven habla despacio mientras otros guardan silencio en la calle: «Hay días en que finjo que no pasa nada. Días también en que tengo miedo de que ya sea demasiado tarde. Días en que sé que eso no es seguro. Que el futuro está ante nosotros. Esperanzador». Mientras continúa, un joven rompe a llorar. «En todo el mundo la gente está perdiendo a su familia, su casa, su trabajo. Dan la voz de alarma: el clima no esperará. No hay Plan B. Lo que ocurre lejos nos afecta también».[15] Esto no es simplemente una protesta: es un acto público y colectivo de duelo. Esos actos, según Naomi Klein, se encuentran entre los principales logros de Extinction Rebellion: «Una cosa que han hecho muy bien es sacarnos de ese modelo clásico de campaña en el que llevamos tanto tiempo: le dices a alguien algo aterrador, le pides que haga clic para hacer algo al respecto, y te saltas por completo toda la fase en la que necesitamos llorar juntos, sentir juntos y procesar lo que acabamos de ver». El duelo climático no es solo un subproducto emocional ni algo que se interponga en la acción; es una parte crucial del proceso: «Tenemos que lidiar juntos con nuestro duelo climático y con nuestros miedos climáticos».[16]

Ese duelo no es exclusivo de los jóvenes, también lo experimentan las personas mayores que saben que dejarán el mundo peor de como lo encontraron y, de forma muy concreta, los ancianos de comunidades indígenas que afrontan la pérdida de su modo de vida. A los inuit de Labrador siempre se los ha conocido como «gente del hielo marino»; sin embargo, cada año el hielo llega más tarde y se derrite antes, aislando a las comunidades que dependen de él para el transporte, la caza y la recolección de leña. En la base de estas pérdidas está, asimismo, la pérdida de identidad cultural; como pregunta uno de los ancianos, «si no hay hielo marino, ¿cómo podemos ser *gente* del hielo marino?».[17] Estas expresiones evocan el concepto de solastalgia de Glenn Albrecht, que describe como «la experiencia vivida de un cambio ambiental negativo»; la «nostalgia de hogar que sientes cuando todavía estás en casa». Y, en efecto, Albrecht ha sugerido «que es probable que "la era de la solastalgia" emerja durante este periodo de cambio masivo».[18]

Pero hay diferencias importantes entre los distintos modos de duelo. A veces el duelo es impotente, responde a una pérdida que no pudimos evitar. Es, por ejemplo, el de quienes han perdido a alguien querido, como el escritor C. S. Lewis, que escribió con la perplejidad de quien mantiene los ojos bien abiertos: «Nadie me dijo nunca que el duelo se sintiera de una forma tan similar al miedo. No tengo miedo, pero la sensación es como la de estar asustado. El mismo aleteo en el estómago, la misma inquietud, el mismo vacío. No paro de tragar».[19]

Se trata también de un duelo ligado a la extinción. Cuando lo único que queda de la rana de niebla de montaña, el gibón de manos blancas y el delfín del Irrawaddy (todos declarados extinguidos en 2022)[20] es el eco de su recuerdo, no hay nada que hacer salvo quedarse y llorar, como Frodo se quedó en el círculo de árboles de Cerin Amroth, «oyendo a lo lejos grandes mares sobre playas que hacía mucho habían sido borradas por las olas, y aves marinas clamando, cuya raza había desaparecido de la tierra».[21] Este es el duelo que expresó Plenty Coups cuando, en un sueño, presenció cómo una tormenta terrible destruía un bosque: «La compasión ardía en mi corazón por los hermosos árboles. Sentí compasión por todos los seres que vivían en el bosque, pero era incapaz de ponerme junto a ellos frente a los Cuatro Vientos que les habían declarado la guerra. Me cubrí la cara con el brazo cuando embistieron».[22] Plenty Coups sabe que es impotente ante estas fuerzas destructivas, y esa impotencia puede ser una parte central del duelo. Cuando esto ocurre, la única respuesta posible, quizá la única respuesta correcta, es dar testimonio del sufrimiento y llorar lo que se ha perdido.

No obstante, no todo duelo es así. A veces este va unido al conocimiento de que aún hay más pérdidas por evitar, o a un compromiso con la acción que debe emprenderse incluso si hay pérdidas que no pueden deshacerse. Cuando, en 2014, la poeta marshaliana Kathy Jetñil-Kijiner se dirigió a la Cumbre del Clima de la ONU con un poema para su hija bebé, *Dear Matafele Peinem*, mezcló tristeza con desafío, ira justa con lamento. Reconoció que algunas pérdidas, algunas injusticias no pueden repararse: «*a los isleños de Carteret, en Papúa Nueva Guinea / y a los isleños de Taro, en las Islas Salomón*». Apeló a la conciencia de todos para continuar la lucha a toda costa, pues aún podemos evitar mucho sufrimiento: «*Aprovecho este momento / para pedirte perdón / trazamos la línea aquí*».[23]

Quizá sea posible pasar por un proceso de duelo sin saltar a la acción, pero tal vez no sea posible acceder a este tipo de compromiso apasionado sin un elemento de duelo. «Tarde o temprano debemos responder», escribió Clive Hamilton en 2010, «y eso significa permitirnos entrar en una fase de desolación y desesperanza; en resumen, dolernos».[24]

## Duelo y melancolía

Un autor que ha defendido la importancia del luto como parte de la vida ética es Jonathan Lear. Como he mencionado, *Esperanza radical* se escribió en una época en la que la crisis climática aún no estaba en el primer plano de nuestra conciencia colectiva, aunque en los años posteriores muchos lo han leído con esto en mente. Sin embargo, el libro más reciente de Lear, *Imagining the End* ('Imaginando el fin'), se sitúa sobre el telón de fondo de diversas crisis contemporáneas, entre ellas «el cambio climático y la catástrofe ecológica, las amenazas al orden político democrático [y] la amenaza de la pandemia».[25] En tiempos de crisis como este, Lear cree que es natural que «nuestras imaginaciones cobren vida», si bien pueden hacerlo de maneras diferentes:

Con buena salud, imaginamos posibilidades alternativas. Nuestras fantasías abren el futuro, recrean el pasado y vivifican el presente. Estas son virtudes, o excelencias, de la imaginación. Pero también sabemos que esta puede estorbarnos, distorsionar nuestra visión e insistir en que las falsedades son verdaderas. Cuando se trata de la imaginación, existe algo así como la mala salud. Así que lo que me preocupa son las amenazas reales a la imaginación mientras nos enfrentamos a amenazas reales que provienen del mundo.[26]

Jugando con el doble sentido que tiene en inglés la palabra *end* («fin» como catástrofe y «fin» como propósito), Lear sostiene «que nuestra preocupación por el fin del mundo en el sentido de catástrofe ha interferido con nuestra percepción del fin del mundo en el sentido de los ideales y valores que, en tiempos saludables, orientan la vida humana y nos dan una idea de qué va la vida».[27] Con ello quiere decir que existen formas más sanas y menos sanas de ejercer la imaginación cuando respondemos a la amenaza de una catástrofe: «aunque las amenazas de una catástrofe mundial sean reales, y aunque nuestra imaginación se vea estimulada por esas amenazas muy reales, eso por sí solo no convierte nuestras imaginaciones en saludables».[28]

No está del todo claro a qué apunta Lear aquí —¿al *catastrofismo* climático, a la ficción distópica?—. Lear ofrece solo un ejemplo concreto y anecdótico: el comentario de un joven académico al final de una conferencia sobre el cambio climático, «¡No se nos echará de menos!». El «chiste» se analiza entonces como el tipo equivocado de respuesta: como «una expresión de desesperación», pero también como «una negativa activa a guardar luto».[29] Esto, para Lear, es representativo de una tendencia cultural más amplia «a expresar el deseo de acabar con todo de una vez», una «negativa a guardar luto» que sostiene la desesperación y sugiere no solo que tenemos la culpa de la crisis actual, sino que ya es demasiado tarde para hacer nada al respecto; lo único que podemos hacer es «reconocer nuestra culpa y sufrir».[30] Para argumentar que una actitud así, por implícita que sea, es profundamente problemática, Lear recurre al concepto aristotélico de *kalon*. Un término griego que a veces se traduce como 'noble', 'bello' o 'bueno', pero que no queda del todo recogido por ninguna de estas opciones. El *kalon* apunta hacia la excelencia de la vida moral, por ejemplo, «una persona generosa viviendo generosamente».[31] La práctica del luto, sostiene Lear, es en sí misma *kalon*: algo de gran valor cuya pérdida, si llegara a ocurrir, también debería llorarse. «Parte de lo que es llorar el *kalon* —en el sentido de anticipar con duelo que este deje de existir— es reconocer que el universo se empobrecerá, en el sentido de que algo bueno habrá dejado de existir».[32] El luto, así, nos recuerda lo que valoramos y lo que nos arriesgamos a perder si el valor mismo llegara a perderse. Si el propio luto dejara de existir, nos recuerda Lear, esto no sería solo una pérdida entre otras: sería la «pérdida de la pérdida». Y por eso «no puede tener gracia que el *kalon*, reconocido como tal, deje de existir».[33]

El comentario del académico quizá no sea el ejemplo más ilustrativo de la idea que plantea Lear. El «chiste», si es que es un chiste, puede interpretarse de otra manera: no como misántropo, sino como una advertencia —¡Si seguimos así, mira lo que nos arriesgamos a perder!—, o como un recordatorio de que los seres humanos no son las únicas cosas que tienen valor en el universo. Al no haber estado en la sala, es difícil saber si el comentario pretendía ser realmente una broma o más bien una llamada a la acción, una expresión de desesperación justificada. Pero el argumento de Lear es claro: que ciertos modos de «imaginar el fin» son malsanos o, al menos, poco útiles a medida que atravesamos esta crisis. Y lo desarrolla más al releer dos ensayos de Freud: «Sobre la transitoriedad» y «Duelo y melancolía».

El primero de ellos, escrito con la Primera Guerra Mundial como telón de fondo, encuentra a Freud «lidiando con cómo vivir con la incertidumbre radical del futuro inmediato».[34] Leyendo a Freud a través de una lente kierkegaardiana, Lear cree que podemos ver «una concepción positiva de la repetición en los escritos de Freud». El mundo puede abrumarnos o destruirnos, «pero si no lo hace, entonces es característico de nosotros que respondamos a la pérdida con dolor y sufrimiento y, sin embargo, tendamos a esforzarnos por volver a la vida». Ese regreso ya es, en sí mismo, una «expresión de esperanza»: «Puede que no seamos capaces de decir qué es lo que esperamos, pero, en el sentido más amplio e indeterminado, la esperanza espera el bien. Así que lo que tenemos aquí es un regreso de la esperanza, que es en sí una esperanza de un regreso del bien».[35] El luto, entonces, es una manera de responder positivamente a la pérdida real o posible de las cosas que amamos: una respuesta que no nos aparta de la vida, sino que abre el camino para un retorno a la vida y un retorno del bien.

Ese «buen» luto se contrapone a la respuesta opuesta, negativa, que Lear, siguiendo a Freud, llama «melancolía». Tanto el luto como la melancolía son respuestas a la pérdida; son «dos modos de vivir en un mundo que no depende por completo de nosotros». Mas mientras el luto «tiende a intentar un retorno a la vida» y permite que nuestras imaginaciones «cobren vida», la melancolía «es un ataque airado contra la posibilidad de la repetición» —un cierre que bloquea el posible retorno a la vida.[36] Lear reconoce que no hay una elección sencilla entre ambas: «no se trata simplemente de decidir o de ejercer nuestra voluntad». Sin embargo, añade: «eso no significa que no podamos actuar con respecto a dar forma a nuestras propias vidas y maneras de ser, que no podamos trabajar ante la posibilidad de la repetición» y «tomarnos en serio el uso saludable de nuestras imaginaciones».[37]

De nuevo, no está del todo claro a qué apunta Lear aquí —o qué significa exactamente «trabajar ante la posibilidad de la repetición». Una lectura posible es que se trate del argumento moralista que tan a menudo esgrimen los defensores de la esperanza verde: que debemos rechazar el *catastrofismo* y, en su lugar, centrar la mente en lo positivo, como las historias de éxito que aportan «razones para la esperanza». Pero este argumento cojea de manera evidente, si tenemos en cuenta no solo la profunda conciencia que tenía Freud del sufrimiento de su época, sino también el propio rechazo de Lear del «mero optimismo» en su obra anterior.

Otra posibilidad es que el luto sea un ejercicio claramente delimitado que puede completarse con éxito, mientras que el uso «malsano» de nuestra imaginación obstruye esa culminación. Esto estaría más en la línea de Freud, que sugiere en «Duelo y melancolía» que «cuando se completa el trabajo del duelo, el yo vuelve a quedar libre y desinhibido».[38] Sin embargo, y como ha señalado Judith Butler, bien podríamos preguntarnos si «el trabajo del duelo» puede alguna vez «completarse» con éxito: «No estoy segura de saber cuándo el duelo ha tenido éxito, o cuándo uno ha llorado plenamente a otro ser humano».[39] La pregunta se vuelve más punzante cuando consideramos la ambigüedad de la palabra alemana *Trauer*, que puede significar, o bien 'duelo' (el «fenómeno psicológico» en respuesta a la pérdida), o bien 'luto' (el ejercicio del duelo «más público y a menudo ritualizado»).[40] Por ejemplo, es habitual hablar de un periodo de luto, mientras que el duelo puede durar toda una vida: quizá no queramos ni necesitemos que se acabe.[41]

Esto señala un problema más general al usar el término «duelo» o «luto» para designar no un duelo interpersonal concreto, sino el tipo de «pérdida ambigua» inherente a la devastación ecológica: una «pérdida que continúa sin respuestas ni cierre y conduce a sentimientos de quedarse congelado, detenido o atascado en el proceso de duelo, viviendo tanto con la presencia como con la ausencia de lo que se perdió».[42] Freud describe el luto como una reacción a una pérdida inequívoca y definitiva: «la pérdida de una persona amada» o, alternativamente, «la pérdida de alguna abstracción [...] como la patria, la libertad, un ideal, etcétera». Y señala que, una vez que ha comenzado el trabajo del duelo, «confiamos en que se supere tras un cierto lapso de tiempo».[43] Sin embargo, cuando se trata del duelo climático y del duelo ecológico en un sentido más amplio, quien lo sufre no se encuentra, sin más, en una relación de duelo. Salvo cuando lloramos pérdidas concretas, como una especie que se ha extinguido, un bosque que ha ardido o una comunidad que ha sido desplazada, el objeto del duelo climático a menudo es difuso, ambiguo, quizá oscuro: uno podría llorar no solo al delfín del Irawadi, sino a las muchas especies que se han extinguido incluso antes de ser descubiertas (un fenómeno conocido como «extinción oscura»); uno podría llorar la pérdida de un modo de vida, un conjunto de valores o incluso «la expectativa de que el mundo se desenvolverá de una determinada manera».[44] No solo el objeto es oscuro: la pérdida es, además, prolongada, se extiende hacia un futuro vago y distante y nos bloquea la visión de lo que realmente se ha perdido y de lo que todavía puede salvarse. Ese duelo no está bien delimitado, y no está nada claro qué significaría que el trabajo de luto asociado llegara a su «culminación».[45]

Lo que complica aún más las cosas es que el contexto del duelo climático o ecológico no es pura ni simplemente una situación de pérdida o de duelo en la medida en que hay muchas pérdidas que todavía pueden evitarse. Hay un riesgo en usar el lenguaje del luto en un caso así, porque el luto suele implicar un grado de aceptación, si no de resignación: implica asumir que los muertos están muertos, que lo perdido está perdido. El luto, dice Freud, «impulsa al yo a renunciar al objeto declarando que el objeto está muerto y ofreciéndole al yo el incentivo de seguir viviendo», lo que Lear llama el «retorno a la vida».[46] Desde luego esa no sería la respuesta adecuada si aquello cuya pérdida tememos y lamentamos aún no está muerto, si la pérdida sigue en curso. Consideremos de nuevo el cuento de Poe «La máscara de la Muerte Roja», donde los ricos y los poderosos se retiran a su castillo para bailar y darse un banquete, ahogando con vino y música los gritos de los que sufren. ¿Habría cambiado mucho la moraleja del relato si, en vez de retirarse a una celabración, se hubieran retirado a guardar luto? En cualquiera de los dos casos están dando la espalda a los vivos y a los que sufren fuera de sus puertas; en cualquiera de los dos casos, lo suyo es un fracaso de la acción. Lo mismo sucede con quienes sostienen que ha llegado el momento de «aprender a morir en el Antropoceno», de llorar lo que no está del todo muerto en lugar de salvar lo que todavía puede salvarse: en ese caso, también el luto aplaza el retorno a la vida.

Así, puede que al final el luto no sea el término adecuado para lo que hace falta expresar, al menos no por sí solo. Desde luego deberíamos llorar a las especies que se han extinguido, deberíamos llorar la naturaleza que hemos perdido, deberíamos llorar a los muertos y a los desplazados. Sin embargo, no deberíamos guardar luto por aquello que aún no está muerto. Donde la pérdida todavía no es definitiva, la tragedia sigue en marcha, quizá una respuesta mejor sea gritar nuestra desesperación a cualquiera que quiera oírla... lo cual es, quizá, precisamente, lo que estaba haciendo el joven académico cuando se levantó y dijo, en broma o desde el duelo, que no se nos echará de menos. Puede que esta actitud represente, efectivamente, lo que Freud llamó «la herida abierta» de la melancolía, pero, por otro lado, quizá a veces la herida tenga que permanecer abierta para que pueda haber curación.

Nada de esto quiere decir que no podamos hablar de duelo y de luto en esta era de las penas: rotundamente, podemos y debemos hacerlo. Pero tiene que ser el tipo de duelo que compromete su amor con los vivos y solo guarda luto por lo que está verdaderamente muerto; como dice Lear, el tipo que llama a un retorno a la vida. Hay una tercera manera de leer la recuperación que hace Lear de la distinción freudiana entre luto y melancolía, una que sitúa el contraste no en lo positivo frente a lo negativo, sino en lo activo frente a lo pasivo. Si el luto es el reconocimiento, impregnado de duelo, de aquello que amamos y que nos arriesgamos a perder, unido a un compromiso de evitar toda la pérdida y todo el sufrimiento que podamos, entonces puede ser en sí mismo una base para la acción climática, una manifestación de la esperanza azul. En el otro extremo, la melancolía estaría marcada por la inactividad y la resignación: un simulacro de luto que da la espalda a la vida y que, como Denethor en *El Señor de los Anillos*, levanta la pira funeraria para aquello que aún no está muerto.

Esta es, a mi juicio, la lectura más productiva de la obra de Lear en el contexto de la crisis climática: una lectura que reconoce que el duelo debe conservar un componente activo y orientarse hacia un «retorno a la vida», no olvidando ni sustituyendo lo perdido, sino reforzando nuestro compromiso de evitar más sufrimiento, más erosión de lo bueno. Pero no hay ninguna razón para que este tipo de duelo no pueda ir de la mano con la melancolía o la desesperación que expresan quienes están en primera línea del activismo climático y ambiental, o con el ejercicio de la imaginación en dirección al desastre. En palabras de Daniel Sherrell: «Ya no creo que el duelo y la resistencia sean mutuamente excluyentes: creo que el primero es necesario para la segunda, que una tristeza honesta quizá sea lo único que hace posible una lucha real».[47] Algunas actividades imaginativas duelen porque nos enfrentan a la posibilidad de la pérdida; pero, al despertar nuestro duelo, despiertan también nuestro amor y nuestra disposición a actuar, precisamente porque fijan nuestra atención en la herida abierta e inquietante de la melancolía.

Esto es lo que el cuadro de Watts provocó en quienes lo vieron, invitándolos a guardar luto mientras exigía que su conciencia cobrara vida. Mira esto, les susurraba el ángel; mira lo que estamos haciendo, lo que hemos hecho. Y así, solo me pregunto si la oscuridad fervorosa que hoy atenaza los corazones de los activistas es de verdad un uso malsano de la imaginación o si es el grito penetrante de la conciencia que atraviesa todo subterfugio y exige la obediencia de todos los que quieran escucharlo: una manifestación de duelo, desesperación y oscuridad, sí, pero también una manifestación de amor.

## El don del duelo climático

Hay otra razón por la que el lenguaje del duelo, del luto, es tan importante. Como señaló Freud, tendemos a ver la melancolía o la depresión como condiciones patológicas, no así el duelo o el luto, términos que sugieren una respuesta natural e incluso saludable ante una pérdida real, y que Lear incluso cuenta entre lo *kalon*.[48] Por lo general, no recomendaríamos a las personas que están de duelo que busquen ayuda médica salvo en casos excepcionales, y aun entonces solo sería para buscar una manera más manejable de manifestar el luto. No obstante, nuestro discurso común sobre las penas climáticas —empapado de términos como ecoansiedad, depresión climática, melancolía ambiental— a menudo sugiere precisamente lo patológico.

En un episodio de *Los Simpson*, a Lisa le diagnostican «desesperación relacionada con el medioambiente» después de hacer una presentación en el colegio sobre el calentamiento global y el sombrío futuro que les espera. Como le dice el director: «Lisa, tu arrebato es o bien una señal de profundo desequilibrio emocional o una respuesta apasionada a una verdad aleccionadora. Por suerte, el tratamiento para ambas cosas es terapia intensiva». Le recetan un nuevo fármaco, «Ignorital», una píldora de la felicidad que enmascara cualquier emoción negativa, pero también la disocia de la realidad, hasta que Marge le quita la medicación. Está claro que encuadrar la desesperación climática como una condición patológica y responder solo para aliviar los síntomas no es la respuesta adecuada, porque Lisa no vive engañada: percibe que hay algo en la realidad que nos llama a cambiarla: «Afrontad las cosas tal como son en realidad».[49]

El valor de hablar de *duelo climático* o de *luto*, en lugar de *depresión* o *melancolía*, es que el lenguaje del duelo reconoce que la actitud es verídica o está justificada: es una respuesta a una pérdida real que ha tenido lugar o que todavía está teniendo lugar.[50] El desafío para

cualquiera que escriba o hable sobre la psicología del cambio climático es, primero, ayudar a reconceptualizar la tristeza derivada de la
crisis como *duelo* (es decir, como una respuesta natural a una pérdida
real, más que como un problema patológico), y luego desbloquear el
potencial de ese duelo como base para la acción, transformando así
el lenguaje pasivo de la depresión y la ansiedad en el lenguaje activo
del duelo y el luto. No solo puede ser que el activismo sea la mejor respuesta psicológica a las penas profundas que brotan de afrontar
un mundo que se ensombrece, sino que usar el lenguaje del duelo es,
en sí mismo, desbloquear el potencial transformador de la pérdida.
Como sugiere Judith Butler, hay algo que ganar «al demorarse con el
duelo» que nos devuelve «a un sentido de vulnerabilidad humana, a
nuestra responsabilidad colectiva por las vidas físicas de los otros» —y
quizá, cabría añadir, por las vidas de los no humanos—. Frente a la
idea de que el duelo nos vuelve impotentes o pasivos, Butler escribe:
«Llorar, y convertir el duelo mismo en un recurso para la política, no
es resignarse a la inacción, sino que puede entenderse como el lento proceso por el cual desarrollamos un punto de identificación con
el sufrimiento mismo». El duelo puede detener nuestros pasos, pero
también puede impulsarlos, aunque no siempre sepamos de antemano
qué dirección pueden tomar. «Quizá el luto tenga que ver con aceptar que vamos a atravesar una transformación (quizá habría que decir
*someterse* a una transformación) cuyo resultado completo no puede co-
nocerse de antemano. Hay pérdida, como sabemos, pero también está
el efecto transformador de la pérdida, y este último no puede trazarse
ni planificarse».[51]

¿Y cómo no íbamos a sentirlo? ¿Cómo, sabiendo (como sabe
Thunberg, como sabe Kathy Jetñil-Kijiner) que hay gente que sufre no ya en un futuro lejano, ni siquiera solo en el futuro cercano,
sino ahora, que las especies desaparecen a cada momento, que las islas se hunden, que las tierras secas se resecan aún más, que las tierras

húmedas se vuelven más húmedas? Sabiendo que hay tanto que ya se ha perdido, tanto que aún nos arriesgamos a perder, la pregunta no debería ser por qué sentimos este duelo, sino cómo podemos no hacerlo. ¿Cómo, a menos que no nos sintamos parte de esta tierra, de esta gente?

Abrazar el lenguaje del duelo (si está bien fundamentado) no es evadir, ni desinflar, ni sedar: es dar confianza y consuelo a quienes se enfrentan cara a cara a la crisis climática y sufren por lo que se está perdiendo, incluso mientras luchan por preservarlo. Es tranquilizar a quienes experimentan ansiedad, duelo y tristeza, recordándoles que no es una experiencia de la que haya que avergonzarse o que deba evitarse: al contrario, puede ser una fuente moral, un manantial de actividad ética y motivación. Que el duelo, como la compasión por el Cuervo, es «una emoción apropiada para los dioses».[52]

Este es el don de Nuestra Señora de las Lágrimas.

# Capítulo 8
# Nuestra Señora de los Suspiros

## Sobre la desesperación

> *«Ni la esperanza ni la alegría son mis pilotos:*
> *la desesperación inquieta y el feroz deseo de cambio me guían».*
> Mary Shelley

La segunda hermana es *Mater Suspiriorum*, 'Nuestra Señora de los Suspiros'. De Quincey escribe de ella que «sus ojos, si alguna vez los vieran, no serían ni dulces ni sutiles; ningún hombre podría leer su historia; se encontrarían llenos de sueños que perecen y de restos de delirios olvidados». Pero sus ojos no se ven: su cabeza «se inclina para siempre; para siempre se fija en el polvo». Mientras la primera hermana se enfurece contra los cielos, «Nuestra Señora de los Suspiros nunca clama, nunca desafía, no sueña con aspiraciones rebeldes». Si murmura, es en sueños; si susurra, «es para sí misma en el crepúsculo». «No llora. No gime. Pero suspira inaudiblemente a intervalos». Es la compañera de los abatidos y los esclavizados, de los oprimidos y los deshonrados, de «todos los traicionados y todos los rechazados»: «todos estos caminan con "Nuestra Señora de los Suspiros"».[1] La «pena» que expresa esta dama parece ser la de la desesperanza absoluta, o la desesperación. Y, solo por eso, es poco probable que la miremos o que la escuchemos. De Quincey ofrece de ella un retrato poco halagador, entre pasiva y sumisa, como *derrotada*: «Es humilde hasta la abyección. Suya es la mansedumbre que pertenece a quien no tiene esperanza».[2] Y así, en efecto, es como a menudo pensamos la desesperación.

Por mucho que reimaginemos la esperanza y el pesimismo, puede parecer que queda en pie una dicotomía: la que enfrenta la *esperanza*, u *optimismo*, o incluso *el pesimismo esperanzado*, con la desesperación. He criticado a varios autores por equiparar el pesimismo con la *desesperación* y el derrotismo, pero ¿qué hay de esta otra ecuación? ¿Es de veras la desesperación lo mismo que «rendirse»?

La mayoría de quienes escriben sobre el tema parece pensar que sí. Jane Goodall teme que sea porque la gente se siente «abrumada por la magnitud de nuestra necedad» y se siente impotente y luego «cae en la apatía y la desesperación, pierde la esperanza y, así, no hace nada».[3] Rebecca Solnit contrapone la esperanza a «la desesperación, el derrotismo, el cinismo y el pesimismo», y llama a estos los «enemigos de la esperanza».[4] Teóricos y activistas que defienden la justicia climática han escrito artículos y capítulos «contra la desesperación», mientras que ambientalistas han sugerido que la resilvestración «podría ser nuestra mejor defensa contra la desesperación».[5] Incluso Greta Thunberg, tan crítica con el uso despreocupado de la esperanza, es tajante en este punto: «Pero no podemos desesperar», «no hay tiempo para la desesperación»[6]. Esto, al menos, parece algo en lo que todos coinciden: la desesperación es un camino que no conduce a ninguna parte.

Sin embargo, ¿estamos tan seguros de eso? Si alguien se acercara y nos dijera: *«estoy desesperado»*, ¿qué nos estaría diciendo? ¿Está diciendo *«no sirve de nada, me he rendido, no tiene sentido intentarlo»* o *«la situación es urgente, necesito desesperadamente tu ayuda*»? Lejos de ser una señal de rendición, ¿podría ser la desesperación un grito de auxilio?

Esta idea nos resulta contraintuitiva, porque la desesperación es un estado que cuesta imaginar desde fuera, pero quienes esperamos, deberíamos ser capaces de imaginar cómo sería sentir que esa esperanza está en peligro. Como escribió Viktor Frankl, parafraseando a Lessing: «Hay cosas que deben hacerte perder la razón. Si no es así, es que no tienes razón que perder».[7] Así, también podríamos decir: «hay cosas que deben hacernos perder la esperanza o no tenemos esperanza que perder». Y sugiero que también es posible imaginar situaciones en las que pudiéramos encontrarnos en un estado de desesperación, *pero no de rendición*. Esto puede ser una postura irracional, y al mismo tiempo racional, nacida del reconocimiento de que hay causas que no nos corresponde conceder; de que rendirse, sencillamente, no es una opción, por muy «desesperanzadas» que sean las posibilidades.

Si esto es así, entonces la desesperación no es *necesariamente* lo mismo que el derrotismo, que rendirse. Del mismo modo que hay diferentes concepciones de la esperanza, hay también diferentes concepciones de la desesperación, y si las seguimos de cerca quizá descubramos que ambas no son tan incompatibles como podríamos pensar: al contrario, pueden existir una junto a la otra como dos fuerzas primordiales que se aferran mutuamente como manos sobre un abismo, sabiendo que, si una de las dos se suelta, ambas caerán.

## El otro lado de la desesperación

Esto no es tan extraño como pueda parecer. En el «relato estándar» de la esperanza en filosofía, esperamos algo cuando deseamos cierto estado de cosas y creemos que es, *en alguna medida*, probable que llegue a suceder: el grado de probabilidad debe situarse en algún punto entre 0 (imposible) y 1 (seguro).[8] No obstante, y como han sostenido algunos filósofos, esto haría que la esperanza fuera casi indistinguible de la desesperación, ya que expectativas de probabilidad similares pueden dar lugar a actitudes drásticamente distintas.

El ejemplo paradigmático en este debate se toma de *Cadena perpetua*, la película de 1994 basada en una novela corta de Stephen King en la que dos reclusos de una prisión, Andy y Red, cumplen cadena perpetua por asesinato pero responden a esta situación de maneras fundamentalmente distintas. Como señala el filósofo Ariel Meirav, los dos hombres son «en muchos sentidos similares»: por un lado, ambos entienden el funcionamiento de la prisión y las «muy escasas posibilidades de escapar»; por otro, «ninguno de los dos ha perdido el deseo de volver a ser libre» y, sin embargo, «Andy vive con la esperanza de escapar, mientras que Red se desespera ante la imposibilidad». Meirav subraya que la diferencia no reside, o eso parece, en la probabilidad que asignan a la fuga; es muy posible que ambos hombres estuvieran de acuerdo en que «las probabilidades son de una entre mil». Aun así, sus respuestas divergen de forma tajante. «Red dirá: "Te concedo que es *posible*, ¡pero la probabilidad es de solo una entre mil!", mientras que Andy dirá: "Te concedo que la probabilidad es de solo una entre mil, ¡pero es *posible*!"».[9]

Ejemplos así suelen tomarse como ejemplo para redefinir la esperanza, de modo que se diferencie en mayor medida de la desesperación.[10] Pero, pensándolo mejor, quizá no sea una debilidad de cualquier concepción de la esperanza, en absoluto, que esta se mantenga en estrecha relación con la desesperación; incluso podría haber algo acertado en suponer esa cercanía. La esperanza y la desesperación no son tienen por qué ser diametralmente opuestas ni mutuamente excluyentes, al menos no del modo en que lo son otros conceptos (*caliente/frío, lleno/vacío*). Adaptando un célebre *dictum* de Paul Tillich, podríamos decir que lo contrario de la esperanza no es la desesperación, sino la *certeza*. No podemos esperar algo de lo que estamos seguros que ocurrirá (o que no ocurrirá), pero cuando lo que se espera se percibe como especialmente improbable, o difícil, o casi imposible, la esperanza puede sobrevivir precisamente como desesperación.[11] Es decir, *la desesperación es la forma que adopta la esperanza en situaciones límite*.

Al menos, puede serlo. Todo depende de cómo definamos la desesperación: como ausencia de esperanza, como resignación, o como un tipo de esperanza especialmente ansiosa. Hay distintas concepciones de la desesperación, del mismo modo que las hay de la esperanza, aunque no exista una simetría limpia entre ambas. Usamos «desesperación» para abarcar una gama de respuestas emocionales y cognitivas, algunas de las cuales son incompatibles con la esperanza, mientras que otras no lo son.[12] Esto es tan cierto en el debate sobre el cambio climático como en cualquier otro ámbito.

Por ejemplo, cuando los autores del debate climático militan «contra la desesperación», lo que tienen (o deberían tener) en mente es la desesperación de tipo «debilitante» o fatalista; es la creencia de que somos impotentes para marcar una diferencia y, por tanto, más vale rendirse. A esto es a lo que Michael E. Mann llama *«propagación de la desesperación»*: «si consiguen convencernos de que ya es demasiado tarde para actuar, eso puede llevarnos por el mismo camino de desconexión que el negacionismo abierto».[13] «No actuar es un lujo que quienes están en peligro inmediato no tienen, y la desesperación es algo que no pueden permitirse», escribe Rebecca Solnit. «Pero la desesperación se encuentra por todas partes, diciéndonos que los problemas son irresolubles, que no somos lo bastante fuertes, que nuestros esfuerzos son en vano, que a nadie le importa de verdad, y que la naturaleza humana es fundamentalmente corrupta».[14] Catriona McKinnon asevera: «¿Justifica la aterradora promesa de futuro que trae el cambio climático, y nuestras sombrías perspectivas de evitarla, la desesperación? Dado el estado lastimoso del cambio climático y de su lamentable política, ¿deberíamos desesperarnos *y rendirnos*?».[15]

A lo que estos autores se oponen (con razón) no es tanto a una respuesta afectiva como a una especie de lógica derrotista, que tiene muchas versiones distintas, pero puede resumirse así:

1. Ya es demasiado tarde para detener la catástrofe climática.
2. Si es demasiado tarde, no tiene sentido actuar.
3. *Por tanto*, deberíamos rendirnos.[16]

Este tipo de desesperación (entendida como la lógica del derrotismo) puede refutarse de manera directa con tres argumentos filosóficos. Contra el primer punto —«*Ya es demasiado tarde para detener la catástrofe climática*»—, lo crucial es advertir que hay una ambigüedad importante en la noción de «catástrofe» o «desastre», que no podemos abordar la situación como un todo o nada. Como los activistas no dejan de recordarnos,

> el problema no es binario, como la guerra nuclear; no es que o bien apretamos el botón o no. Incluso si está en marcha y es inevitable, sigue habiendo un mundo de diferencia entre dos grados Celsius y seis grados Celsius en términos de sufrimiento humano y caos general, y por eso cada pequeña mejora marginal que hagamos en el presente alivia parte de ese dolor en el futuro.[17]

A los defensores del derrotismo les gusta invocar la ciencia para apuntalar su afirmación de que «ya es demasiado tarde», pero en realidad los científicos del clima son perfectamente claros en que hay una enorme diferencia entre, por ejemplo, 2 y 3 °C de calentamiento global. «Con cada incremento del calentamiento global, los cambios en los extremos se hacen mayores», en palabras de un científico del clima, y el IPCC subraya igualmente que los riesgos se disparan con cada incremento del calentamiento, porque no está claro cuándo se alcanzan exactamente puntos de inflexión fatales.[18] Incluso una diferencia entre 2 y 2,2 °C implica una diferencia dramática en el porcentaje del territorio mundial que podría volverse inhabitable a causa del calor o las inundaciones; incluso cambios menores pueden tener enormes efectos en la intensidad del sufrimiento infligido a cientos de millones de personas en zonas vulnerables, ya sea por muerte, sequía, desplazamiento o los muchos otros males climáticos.[19] Dada la extrema inestabilidad de la atmósfera y la incertidumbre sobre los puntos de inflexión, algunos afirman que no deberíamos tomarnos a la ligera las emisiones individuales debidas a una vida de lujos, pues el efecto del derroche de carbono de un solo individuo podría provocar la muerte de un niño por cólera.[20] La idea es que, aunque cierto nivel de catástrofe sea inevitable, eso no es lo mismo que decir que estamos completamente *condenados*: siempre hay más sufrimiento por evitar y, por tanto, siempre hay una razón para seguir con la lucha.[21]

Contra el segundo punto —«*Si es demasiado tarde, no tiene sentido actuar*»— basta con señalar, recurriendo a Popper, que «el futuro está abierto»; no hay fundamento empírico para el fatalismo. Esto no es optimismo: como he dicho antes, fueron precisamente los pesimistas quienes se mostraron más firmes en subrayar la incertidumbre intrínseca de la existencia.[22]

Conviene advertir, además, que incluso el errático autor del libro *We're Doomed. Now What?*, Roy Scranton, matiza ese fatalismo con un margen de incertidumbre: «*probablemente* ya es demasiado tarde para detenerlo»; las próximas décadas «*probablemente* serán sombrías, brutales y sangrientas»; «*casi con toda seguridad* ya hemos superado el borde del precipicio».[23] Como sus críticos han señalado con razón, esa incertidumbre es todo lo que hace falta para derrotar al derrotismo en sí: «No se requiere más para sostener un mínimo de esperanza: el éxito no es ni *seguro* ni *probable*, pero es *posible*»; pues «el contexto de la esperanza es la incertidumbre radical».[24]

Por último, contra el tercer punto —«*Por tanto, deberíamos rendirnos*»—, lo que hay que señalar es, sencillamente, algo democrático: no nos corresponde a nosotros (a ninguno de nosotros) decidir unilateralmente que no merece la pena seguir luchando. El cambio climático es un problema global, cuyos daños recaen de manera desproporcionada sobre los más desposeídos: millones ya están sufriendo sus efectos, y muchos más se juegan perder sus hogares y sus vidas en los años venideros. Cuanto más y más rápido actuemos, mayor será el daño futuro que pueda evitarse; cuanto antes nos rindamos, más devastadoras serán la muerte y el duelo que están por venir. Nadie, y menos que nadie quienes están más lejos de las primeras líneas del desastre, tiene derecho a decidir en nombre de los más vulnerables que no merece la pena luchar para paliar su sufrimiento.

Es precisamente este tipo de desesperación —la lógica del derrotismo, o la «pérdida de la creencia de que la lucha vale la pena»[25]— lo que debe refutarse para que la acción climática conserve su urgencia y su legitimidad. Aun así, algunos autores que critican la desesperación no se quedan ahí. En vez de atacar únicamente la lógica derrotista (algo muy fácil), van más lejos y atacan también otros dos aspectos: la representación de la información negativa en general y la experiencia subjetiva de la desesperación.

En cuanto a lo primero, se ha vuelto un lugar común entre los comentaristas climáticos condenar la representación *pesimista y oscura* de la crisis, sobre la base de que demasiada información negativa conducirá necesariamente al derrotismo. De ahí el rechazo de las «narrativas alarmistas» y de los «portadores de malas noticias [que] parecen enamorados de la derrota».[26] Pero la suposición subyacente de que enfrentarse a información negativa conducirá necesariamente a la apatía y a la derrota es en sí misma una forma de fatalismo. Frente a ella, Greta Thunberg insiste en que la cobertura mediática, lejos de ser demasiado negativa, sigue siendo demasiado positiva como para hacer justicia a la escala y la urgencia que requiere el problema, y en que es mucho más probable que esa positividad frene la acción, porque minimiza los efectos de la inacción política: «dado que los medios anhelan noticias positivas como parte de su política de informar "las dos versiones"—¡No puede ser todo *pesimismo y oscuridad!*—, el mensaje general que se transmite, si es que se transmite alguno, es que se está actuando».[27] En respuesta a los psicólogos que le decían que su estrategia (centrarse en el miedo y la urgencia) era desacertada, señala que ella y *Fridays for Future* lograron movilizar a millones de personas no ofreciendo esperanza o inspiración, sino sirviendo los hechos crudos y aterradores, sin diluir. Lo compara con la pandemia de la Covid-19, cuando sugiere que fueron los medios los que desencadenaron el cambio en la manera de pensar de la sociedad y su disposición a actuar:

> Y lo hicieron simplemente contando objetivamente la realidad tal como era. Resulta que no tuvieron que ofrecer ninguna *inspiración* para que la gente cambiara su comportamiento, en contra de lo que todos los expertos en comunicación llevan años y años diciendo. Tampoco fueron historias esperanzadoras sobre personas de noventa y cinco años que sobrevivieron milagrosamente a la enfermedad las que nos pusieron en marcha. Los medios simplemente nos dieron los hechos, y reaccionamos a ellos. No nos paralizó. No caímos en la apatía. Simplemente reaccionamos a la información y cambiamos nuestras normas y nuestro comportamiento, como se hace en una crisis.[28]

Que esto, en referencia a la pandemia, sea rigurosamente cierto o no es un punto importante. Una y otra vez se les dice a activistas y científicos que, si pintan un panorama demasiado sombrío, eso desincentivará la acción. Sin embargo, aunque esa puede ser una consecuencia posible en casos individuales, no es una consecuencia inevitable y quizá ni siquiera una muy probable. Al fin y al cabo, pocos han hecho más por desencadenar una acción individual y colectiva generalizada que las voces desesperadas de Thunberg y de otros, que han sabido canalizar no solo la desesperación, sino también el miedo, la ira, el duelo y todas las penas de esta época.

Esto nos lleva al segundo punto que a menudo plantean los críticos de la desesperación, cuando atacan no solo la lógica del derrotismo, sino la experiencia subjetiva de esta como emoción. Con esto no quiero decir que la desesperación, considerada como respuesta emotiva, sea de algún modo irracional: igual que la esperanza, también puede estar racionalmente fundamentada, como cuando uno se siente desesperado ante una situación desesperada. No obstante, y esto es importarte, desesperarse en este sentido no es lo mismo que rendirse. Como señala con razón Rebecca Solnit, la desesperación puede entenderse como, bien una emoción, o bien un análisis:

> Los propios desesperados a veces están amargados y agotados, pero a menudo se encuentran obstinadamente esperanzados. Incluso si ellos mismos dijeran que no esperan, su perseverancia es, en sí misma, un tipo de esperanza, una negativa a rendirse. *La desesperación puede ser verdadera como emoción, pero falsa como análisis.*[29]

Esto es útil, porque contrarresta la suposición de que cualquiera que se sienta auténticamente desesperado se ubica de forma automática del lado de los resignados. Sin embargo, la ambigüedad de «desesperación» es tal que esta claridad resulta difícil de mantener, pues Solnit, en otros lugares, sí parece criticar también la emoción, por ejemplo, al despachar expresiones de «pesadumbre» y al hablar de la desesperación en términos muy emotivos: «una húmeda y pequeña trinchera de desesperación hecha un ovillo».[30] Tales afirmaciones pierden de vista lo que la desesperación subjetiva está tratando de expresar. Como he afirmado antes, cuando alguien dice: «*estoy desesperado*», eso no lo sitúa en un punto de rendición, sino ante un abismo. La respuesta a esto no tiene por qué ser la pasividad; puede ser, precisamente en el umbral de la desesperación, donde experimentemos esa epifanía oscura que nos impulsa a la acción o a pedir ayuda.[31]

Y así, me gustaría sugerir que incluso la última dicotomía (*esperanza frente a desesperación*) debería reconsiderarse. Encontrarse *sumido en la desesperación*, estar verdaderamente *desesperado*, es verse confrontado con una realidad terrible que está a punto de irrumpir sobre nosotros y dejar al descubierto nuestra vulnerabilidad; es enfrentarse cara a cara con la posibilidad aguda de perder algo que valoramos más que a nosotros mismos. Este tipo de desesperación (como emoción) puede, desde luego, ir de la mano con el tipo fatalista (como análisis) y conducirnos a la rendición, pero ambas también pueden separarse de manera tajante. Mientras que la resignación sugiere la renuncia a un apego (como una esperanza, una aspiración) y con ello restablece una sensación de calma, no hay nada calmado en la desesperación misma. Cuando uno se desespera, en el sentido subjetivo, se queda con el apego, con el deseo.[32] La realidad esperada se ve como *casi imposible*, pero la posibilidad permanece, y uno no puede abandonar el deseo por completo. En algunos casos, esto puede ser un vicio; en otros, una virtud, pues pueden existir razones para continuar con la lucha al margen de las expectativas: «Incluso cuando [la desesperación] es realista como análisis, muchos se levantan y resisten por principio».[33]

Lo que esto significa es que, en *algunos* casos (aunque no en todos), la desesperación puede ser una manifestación de la esperanza más urgente, más ansiosa y ardiente. Quizá a esto apuntaban los autores del pasado cuando decían que el miedo y la esperanza marchan juntos; que «no hay esperanza sin mezcla de miedo ni miedo sin mezcla de esperanza».[34] El pretendiente desesperado de *Persuasión*, de Jane Austen, acierta cuando le dice a la persona a la que ama: «Me atraviesas el alma.

Soy mitad agonía, mitad esperanza».[35] La esperanza puede expresarse como agonía y, cuando lo hace, no se distingue con tanta facilidad de la desesperación; de hecho, en esos casos, la oposición entre esperanza y desesperación parece menos clara que la oposición entre desesperación y resignación. Compárese la calma de la resignación de Roy Scranton y otros defensores del «estoicismo climático», que buscan alejarse del sufrimiento, con la agitada agonía de los activistas desesperados, que eligen permanecer con el sufrimiento, atravesarlo, incluso sacar fuerzas de él. La desesperación puede, desde luego, adoptar la forma de la resignación (y hay momentos en que debería hacerlo),[36] pero también puede adoptar la forma de una resistencia desesperada.

## Resistencia desesperada

He hablado antes de «resistencia desesperada» para describir el alzamiento angustiado del gueto de Varsovia y otros ejemplos históricos,[37] pero tomo este término de otra rebelión que sacudió las calles de Ámsterdam a finales de los años sesenta.

El nombre de este movimiento era Provo. Nacido en curiosos *acontecimientos* de aire dadaísta que tuvieron lugar en torno a una pequeña estatua en el centro de la ciudad, Provo pasó a articularse como un colectivo de *provocación* deliberada contra las estructuras autoritarias de la época. Entre 1965 y 1967, se rebeló contra la monarquía, contra la brutalidad policial, contra la intromisión del capitalismo orientado al beneficio en las estructuras sociales y contra el adormecimiento de la creatividad humana por el consumismo capitalista. Era anarquista, pero de un modo idiosincrático, pues logró presentarse con éxito a las elecciones municipales en Ámsterdam y otros lugares, y uno de sus miembros fundadores acabaría desarrollando una carrera de por vida en la política local. Se rebeló contra el «terror» del tráfico motorizado en las abarrotadas calles de Ámsterdam y puso en marcha un sistema de bicicletas gratuitas, al que más tarde añadió un plan de coches eléctricos compartidos en comunidad. Defendió los derechos de las mujeres y propuso planes de anticoncepción gratuita y educación sexual antes del matrimonio. También impulsó un movimiento antitabaco, poniendo en cuestión el poder de las industrias tabacaleras y la publicidad. Se opuso a los oleoductos y a las refinerías de petróleo, y defendió el derecho humano al aire limpio.[38]

Y lo hizo todo desde un punto de partida explícitamente pesimista. Como se afirma en el primer manifiesto de Provo, fechado el 12 de julio de 1965:

PROVO cree que se nos ofrece una elección: *resistencia desesperada o caída pasiva.*
PROVO llama a la resistencia allí donde sea posible.
PROVO reconoce que será el perdedor final, pero no quiere perder esta última oportunidad de provocar a la sociedad con toda el alma.[39]

A diferencia de la mayoría de los otros movimientos de la época, Provo se negó a apelar a la esperanza y al optimismo, y se aferró, en cambio, a lo que llamaban «el poder de la desesperación»:

No hay lugar para el heroísmo ni para expectativas esperanzadas [...]. ¿Por qué provocamos? Lo hacemos porque pensamos: yo soy el que soy y resistiré a todos los que intenten apartarme de mí mismo mediante la muerte o mediante el lavado de cerebro. Incluso si resisto sin otra arma que *el poder de la desesperación*, porque es en la resistencia donde soy yo mismo.[40]

Esto no quiere decir que a Provo no le importaran los resultados; sus estrategias creativas y sus «acciones lúdicas» estaban concebidas precisamente para tener el máximo impacto social, y a menudo lo lograron. En cualquier caso, el compromiso de Provo no dependía de esos resultados. Al contrario: «Somos profundamente conscientes de la eventual inutilidad de nuestros días; creemos gustosamente que ni Johnson ni Kosigyn nos escucharán, y *precisamente por eso somos libres para hacer lo que hacemos*».[41] Este movimiento encontró algo liberador en verse despojado de expectativas, y de esa postura nació un activismo radical y enérgico que sobrevivió al propio movimiento (que, por su estructura caótica, era inevitablemente efímero).

Hay algo muy poderoso en esta postura, tal como se manifiesta hoy en los muchos activistas *desesperados* que salen a la calle. «Estoy desesperanzado», escriben activistas climáticos en pancartas; «estoy desesperado». No dicen esto para anunciar que se han rendido, sino para suplicar un cambio. Esto es también lo que Greta Thunberg dijo célebremente a su público en Davos en 2019: «No quiero que tengáis esperanza. Quiero que entréis en pánico. Quiero que sintáis el miedo que yo siento cada día. Y luego quiero que actuéis».[42] Conviene repetirlo. Si los activistas nos dicen: «estoy desesperado», eso no significa que hayan abandonado la lucha; significa que su esperanza se ha condensado en otra cosa, algo más duro y más feroz, como un puño cerrado. Proclamar que uno está desesperado es algo más que una afirmación: es trazar el límite de *hasta aquí y no más*.

Esto no significa que la desesperación no sea terrible, que no «hunda el alma en un sentimiento de sufrimiento».[43] Lo es, y lo hace. No obstante, también puede ser que, como escribió Kierkegaard, sea «la enfermedad respecto de la cual la mayor desgracia es no haberla tenido nunca».[44] Como la ira, como el duelo, la desesperación viene a enseñarnos algo, algo que quizá se nos resista a la vista a plena luz del día.[45]

Por eso algunos han sugerido que la desesperación no debería evitarse por completo, sino reconocerse con cautela por lo que es, por lo que puede ser: un heraldo del peligro, pero también un custodio de la verdad. Como nos recuerda Cornel West, «quienes de verdad tenemos esperanza hacemos de la desesperación *una compañera constante* a la que vencemos en nuestra lucha cada día, debido a nuestro compromiso con la justicia, el amor y la esperanza».[46] Del mismo modo, China Miéville ha sugerido que, para que la esperanza «sea real, y con púas, y templada hasta convertirse en un arma, no podemos limitarnos a recurrir a ella por defecto. Tenemos que ponerla a prueba, someterla a la tensión de *una casi desesperación apropiada*». A la pregunta: «¿Es mejor esperar o desesperar?», podríamos responder, sencillamente: «Sí».[47] Esto no es solo un juego de palabras. Activistas y científicos dan testimonio con frecuencia de cómo oscilan entre la esperanza y la motivación, por un lado, y «pánico puro, terror en bruto, la convicción completa de que estamos condenados», por otro.[48] No obstante, lejos de ser una disonancia que deba resolverse, quizá sea una tensión con la que estamos obligados a convivir, y caminar con la desesperación como compañera al menos tanto como caminamos con la esperanza. «Si no sientes desesperación en tiempos como estos no estás plenamente vivo», ha escrito Paul Kingsnorth. «Pero también tiene que haber algo más allá de la desesperación; o, más bien, algo que la acompañe, como una compañera en el camino».[49] La afirmación puede invertirse para advertir a quienes subrayan únicamente la necesidad de «esperanza» y optimismo y pensamiento positivo, olvidando todas las maneras en que también estos pueden extraviarnos.

Por eso la desesperación no debería considerarse la antítesis de la esperanza, sino una de las hermanas-sombra de esta, sin olvidar nunca la profundidad de sufrimiento que lleva en sus pliegues. Sigue habiendo algo profundamente problemático en el rechazo, demasiado común, de la experiencia de la desesperación, como si fuera una elección y como si fuera «fácil» o consoladora («el osito de peluche de la desesperación»).[50] Esto quizá sea cierto para ciertas posturas posmodernas, que priorizan el alivio personal de la resignación por encima de la justicia y la compasión, mas no para quienes están verdaderamente desesperados, cuyo único «delito», quizá, sea haber captado algo que el resto de nosotros estamos luchando por comprender. Como ha señalado Terry Eagleton, «el optimismo no se toma la desesperación lo bastante en serio».[51] Lo que sigue olvidando es que denunciar la experiencia *genuina* de la desesperación es cargar aún más a quienes ya llevan un peso considerable; y que la desesperación, también, puede ser una fuente moral.

Y así, incluso su intérprete malinterpreta a Nuestra Señora de los Suspiros. Si a veces inclina la cabeza, eso no significa que esté derrotada. Si pudiéramos ver sus ojos, los veríamos llenos no solo «de sueños que perecen y de restos de delirios olvidados», sino también de la lúcida conciencia de lo que hay que hacer. Si parece silenciosa, solo significa que no la estamos escuchando. Si la escucháramos, por fin, nos recordaría que la desesperación, lejos de ser una debilidad de la voluntad, puede ser simplemente una respuesta apropiada ante una situación desesperada. Que la desesperación, como la ansiedad, «significa que estás prestando atención».[52] Que la desesperación, como la esperanza, puede servir para «empujarte a salir por la puerta».[53]

Este es el don de Nuestra Señora de los Suspiros.

# Capítulo 9
# Nuestra Señora de la Oscuridad

*«Porque aquí no hay lugar que no te vea. Debes cambiar tu vida».*
Rainer Maria Rilke

Por fin, De Quincey nos conduce hasta «la tercera hermana, que además es la más joven», y se lleva un dedo a los labios: «¡Chist! Susurra, cuando percibe que hablamos de *ella*». Mientras la primera camina con «pasos inciertos, rápidos o lentos, aunque siempre con trágica gracia», y la segunda «se desliza tímida y furtivamente», la tercera «se mueve con impulsos incalculables, a saltos, con brincos de tigre». A diferencia de las otras, no tiene llave, «pues, aunque rara vez se presenta entre los hombres, arremete contra todas las puertas a las que se le permite acceder». Lleva la cabeza muy alta —tan alta que «se alza casi más allá del alcance de la vista»—. Y, sin embargo, sus ojos «no pueden ocultarse; a través del triple velo de crespón que luce, puede leerse desde el mismo suelo la luz feroz de una miseria abrasadora, que no reposa ni en maitines ni en vísperas, ni al mediodía ni a medianoche; ni en bajamar ni en pleamar».[1]

Se llama «*Mater Tenebrarum*, Nuestra Señora de la Oscuridad». ¿Cuál podría ser su don? De Quincey cree que no es solo «la que desafía a Dios», sino también «la madre de las locuras y la instigadora de suicidios»; mas ahí se equivoca, lo mismo que erraba al hablar del silencio de la desesperación. Nuestra Señora de la Oscuridad no viene a alimentar ilusiones, sino a obligarnos a mirar lo que preferiríamos no ver; no viene a tentarnos para apartarnos de este mundo, sino a atarnos a él. Lo hace en todas las épocas, pero sobre todo en tiempos de prueba, cuando necesitamos que se nos recuerde lo que corremos el riesgo de perder y lo que ya hemos perdido. Por eso es la más joven de las hermanas: viene a traer algo *a nuestra época*.

Ahora bien, la verdad que trae solo puede verse en la oscuridad. «Profundas yacen las raíces de su poder; pero estrecha es la nación que gobierna», nos dice De Quincey. «Pues solo puede acercarse a aquellos en quienes una naturaleza profunda ha sido sacudida por convulsiones nucleares; en quienes el corazón tiembla y el cerebro se bambolea bajo conspiraciones de tormentas externas e internas». Solo de manos de la oscuridad podrán «ver las cosas que no deberían verse: visiones abominables y secretos indecibles»; solo por medio de la oscuridad podrán «leer verdades antiguas, verdades tristes, verdades grandiosas, verdades terribles».[2] Solo a través de la oscuridad llega la visión.

La hora es tardía. Nuestra Señora de la Oscuridad llega al crepúsculo, porque es entonces cuando más la necesitamos. Nos invita no a encogernos ni a apartar la mirada de las sombras que se acumulan, sino a mirar dentro de la oscuridad, puesto que ahí se encuentran virtudes nuevas.

## Epifanías oscuras

En los últimos años, algunos filósofos han sugerido que pensar en términos de virtud puede ser una manera especialmente útil y significativa de orientar nuestras acciones y actitudes ante el cambio climático.[3] El lenguaje de las virtudes y los vicios parece captar una parte importante de nuestra experiencia moral: es habitual describir a quienes contaminan o emiten gases de manera insensible como, por ejemplo, «egoístas, desconsiderados, irrespetuosos», y elogiar como «cuidadosa, considerada, concienzuda» a la persona que hace lo posible por reducir sus (lujosas) emisiones.[4] Además, se ha sugerido que la ética de la virtud ofrece una respuesta mejor que la mayoría de las demás teorías morales al problema del *inconsecuencialismo*: el problema de que nuestras acciones individuales parecen tener poco o ningún efecto significativo y, por tanto, no está claro por qué deberíamos culpar o alabar a los individuos en función de sus contribuciones negativas o positivas.[5] Dado que el cambio climático es un problema colectivo agravado por injusticias sistémicas arraigadas, algunos muerden la bala y sostienen que la acción climática no debería enmarcarse en absoluto en términos de responsabilidad individual, mientras que otros argumentan que incluso pequeñas adiciones o reducciones de gases de efecto invernadero son eficaces (o incluso que uno puede «ayudar, sin marcar la diferencia»).[6]

Un enfoque orientado a la virtud elude estas cuestiones al proponer que nos centremos, no en las consecuencias mensurables de nuestras acciones, sino en los vicios y las virtudes que estas manifiestan.[7] Según esta perspectiva, no importa que podamos estar seguros de la eficacia exacta de lo que hacemos, siempre que sepamos «que determinadas formas de vida pueden producir daños climáticos».[8] Así, puede decirse que quien se suma a una protesta climática o renuncia a unas vacaciones lejanas y costosas en carbono ejercita las virtudes de la justicia y la solidaridad, mientras que un emisor sistemático de lujo que no hace nada por cambiar sus hábitos manifiesta el vicio de la insensibilidad. Desde este punto de vista, la acción no debería apoyarse en consecuencias ni en «resultados tangibles», sino en lo que significa vivir una vida virtuosa en una época que se ensombrece.[9]

El problema es que cultivar virtudes suele llevar mucho tiempo —incluso *toda una vida*—, de modo que una ética orientada a la virtud parece mal equipada para afrontar una crisis aguda como el cambio climático. Como ha señalado la filósofa Sophie Grace Chappell, «la ética de la virtud no trata principalmente de preguntas del tipo "¿qué deberíamos hacer ahora mismo?", sino, sobre todo, de las disposiciones que nos convertirán en *el tipo de personas que darán las respuestas correctas a las preguntas "¿qué deberíamos hacer ahora?"*». Cuando Platón y Aristóteles escribieron los textos fundacionales de la ética de la virtud, no intentaban establecer una «ética de emergencia», sino una «educación moral» a escala social que se extendiera durante varias generaciones. Y así parece que «la ética de la virtud, en cierto sentido, *siempre llega demasiado tarde* para una ética de emergencia», ya que, para responder del modo correcto a una emergencia, «es necesario haber desarrollado *ya* las disposiciones adecuadas». Aunque las virtudes puedan ayudarnos a largo plazo, no parece que puedan ayudarnos *ahora*.[10]

Chappell opina que este dilema está exagerado: «en la vida real, nadie es completamente virtuoso ni carece por completo de virtud»; no se trata de exprimir la virtud de la nada.

> De ahí que exhortar a la gente a optar por la virtud no sea como dirigirse a ellos en una lengua que ignoran. Se parece más a mejorar su dominio de una lengua que ya hablan un poco, practicándola entre ellos y trabajando la repetición e imitación de sonidos… Se parece más a una invitación a ver las cosas de cierta manera y a responder de cierta manera, una manera que está abierta y es posible para ellos ahora mismo: una manera que quizá no sea una *virtud plena*, pero que al menos es una aproximación a ella, y una mejora respecto de cualquier otra cosa que, en general, fueran a hacer en su lugar.[11]

Aunque siga siendo una tarea difícil, Chappell sugiere que quien se inicia en este camino podría empezar a ejercitar virtudes desconocidas precisamente imitando al *phronimos*, el modelo moral que ya las ha cultivado.[12] Y esta es una de las formas en que los activistas, en el sentido más amplio de la palabra, tienen un papel excepcional que desempeñar: no solo por sus acciones, sino por mostrar qué significa poner la propia vida al servicio de una causa mayor.

Otra vía es la de la *epifanía*: una «experiencia cumbre» que irrumpe en nosotros desde fuera y tiene el poder de transformar, de manera radical y perturbadora, nuestra comprensión del mundo, de los demás y de nosotros mismos.[13] «Por lo general, la gente no elige ni cambia su modo de vida, ni sus acciones individuales, en referencia a ningún sistema deductivo o cuasi deductivo de razonamiento sobre los valores», escribe Chappell en su libro sobre el tema. «Pero la gente *sí* elige sus modos de vida y sus acciones individuales —y también los cambia— como respuesta a determinadas epifanías».[14] En el caso de los derechos de los animales, por ejemplo, «parece no solo frecuente, sino habitual, que lo que lleva a alguien a cambiar de postura no sea el argumento filosófico, sino la experiencia o la percepción directa, o al menos una apreciación renovada, del sufrimiento de los animales. Experiencias así, por desgarradoras que a menudo parezcan, también pueden ser epifánicas».[15] Como ejemplo, menciona una publicación en Facebook del periodista de *The Guardian* Owen Jones:

> Alguien me habló de un vídeo en el que un camión transporta a unos cerdos en su último viaje hacia el matadero, y uno de ellos saca el hocico por un lado para disfrutar de la sensación del viento en la cara. No volveré a comer cerdo nunca más.[16]

Chappell llama a esto una «epifanía menor», y observa: «La intuición despierta empatía y preocupación moral, no porque encaje en algún criterio teórico, sino sencillamente por su viveza y su carácter directo».[17] Sin embargo, las epifanías también pueden alcanzar proporciones que son capaces de cambiar una vida. Pensemos en lo que Jane Goodall describe como su «momento de Damasco»:

Fue después de aquella conferencia de 1986, en la que vi las imágenes filmadas en secreto de chimpancés en laboratorios. No veía cómo podía ayudarlos, pero, como te dije, supe que debía intentarlo. Y en esa misma conferencia tuvimos una sesión sobre conservación, y fue estremecedora. Imágenes del continente africano con bosques arrasados, historias de horror de chimpancés abatidos para negociar con su carne y de crías arrebatadas a sus madres muertas para venderlas, y pruebas de un descenso drástico en el número de chimpancés allí donde se los estaba estudiando. De nuevo, supe que tenía que hacer algo. No sabía qué ni cómo; solo que no hacer nada no era una opción.[18]

Epifanías así —tanto a pequeña como a gran escala— abundan en la era de la crisis climática, pues cada nuevo informe del IPCC suscita experiencias renovadas de consternación, terror, ira y desesperación. No todo el mundo reacciona como la joven Goodall: a menudo la respuesta es el rechazo o la evasión (lo que Camus llamaba *l'esquive*), o el latigazo rápido de la negación. Con todo, hay muchos que escuchan la llamada y responden.

Vanessa Nakate estaba terminando su licenciatura en empresariales en Kampala en 2018 cuando empezaron a circular noticias sobre «inundaciones masivas que devastaban amplias zonas de África Oriental», mientras regiones áridas del noreste sufrían nuevos episodios de sequía extrema. Su propio país, Uganda, también padeció inundaciones y corrimientos de tierra, como ya había ocurrido antes. «Sin embargo había algo distinto en los fenómenos extremos que marcaron 2018», recuerda Nakate. «Parecían estar ocurriendo con una frecuencia más alta, en todo el país, durante más tiempo y con mayor ferocidad». A Nakate le habían hablado del calentamiento global en el instituto, pero solo le habían enseñado que era un problema que afectaría en el futuro y en otras partes del mundo. «¿Podría ser —me pregunté— que el cambio climático no fuera algo del futuro y de otras regiones, sino del aquí y el ahora: en África, en Uganda, en Kampala?» Empezó a buscar información sobre «la respuesta del mundo al cambio climático», se enteró del Acuerdo de París de 2015, y también de que las emisiones seguían aumentando a pesar de ese acuerdo, y de que «el planeta iba camino de un aumento potencial de la temperatura de 3 °C (5,4 °F) para 2050 y de 7 °C (12,6 °F) para 2100: un escenario que acabaría con la civilización». Recuerda su reacción: «Me quedé atónita. Preocupación. Tristeza. Miedo. Ira. Perplejidad. Frustración». Al ver el ejemplo de Greta Thunberg con su huelga por el clima, «noté el impulso de hacerlo yo también. Empecé a sentir que *tenía* que convertirme en activista climática… Si no lo hacía, ¿podría perdonármelo alguna vez?».[19]

En los relatos de activistas, científicos, periodistas y de cualquiera persona preocupada por estas cuestiones, suele haber un momento epifánico de este tipo: un instante en que un súbito «encuentro con el valor» nos pone cara a cara con algo que no sabíamos del mundo, o que solo conocíamos de manera parcial. En una epifanía no tiene por qué revelarse información nueva: en algunos casos todo ya está ahí, pero la epifanía lo enchufa, lo conecta, lo muestra. Daniel Sherrell disponía de toda la información pertinente sobre el cambio climático («el Problema») cuando se sentó a ver la película *Melancholia* con su madre (una cinta que, por cierto, no trata sobre el cambio climático):

Cuando terminó la película, vimos cómo los créditos se deslizaban por la pantalla, sin que ninguno de los dos hiciera el menor gesto de romper el hechizo. Sentía el calor que subía desde la base del portátil, el zumbido apurado de su pequeño ventilador. Entonces, de pronto, me eché a llorar, a llorar de verdad, como si los sollozos me agarraran los brazos y me sacudieran con fuerza suficiente para arrancarme las lágrimas. Fue tan repentino que al principio no supe qué me pasaba y, por tanto, no pude explicarle a mi madre que la película por fin había provocado en mí la clase de sentimiento que siempre supuse latente en mi comprensión del Problema: esa constatación insondable de que el mundo que yo conocía podía terminar, quizá terminara, quizá ya estuviera en proceso de terminar.[20]

Y las epifanías tampoco tienen por qué ser repentinas: como señala Chappell, algunas epifanías son «la culminación de una línea narrativa, "el momento de la verdad", la llegada, por fin, de algo largamente esperado».[21] Puede parecerse al encuentro con una realidad nueva, pero también a ver la misma realidad con ojos nuevos, «como despertarse de un sueño».[22]

La idea es que debe haber un espacio para experiencias así —podríamos llamarlas *epifanías oscuras*—, en las que no es la belleza, sino el terror, el duelo o la indignación lo que nos sacude y nos obliga a saber. Solemos reservar el término «epifanía» para momentos raros que cambian una vida, pero, si Chappell tiene razón, son mucho más comunes y diversas de lo que pensamos: impulsan nuestras decisiones personales y también, de manera crucial, nuestras decisiones morales. Según Chappell, son esas «experiencias fundamentales y decisivas de valor» las que, por lo general, constituyen «las raíces reales de nuestras convicciones éticas».[23]

Todo esto resulta aún más importante de subrayar porque, en los primeros años del periodismo climático, la nauseabunda campaña del negacionismo trató de mantener a raya este tipo de epifanías; y lo mismo hicieron quienes presionaron a periodistas y científicos para que rebajaran el tono del mensaje. El error fue trágico, quizá catastrófico. Además, es un error que persiste: todavía se aconseja a escritores y activistas que terminen con una nota «esperanzadora», para mantener a raya la «desesperación». Con ello se olvida que, como nos recuerda Chappell, «el sufrimiento horrible puede revelar tanto valor como la belleza —quizá incluso más—».[24] De ahí que no solo sea permisible, sino imperativo, que los hechos se presenten sin diluir, puesto que «es precisamente conocer los hechos lo que marca la diferencia motivacional decisiva. Y cuanto mayor es el detalle fáctico, más fuerte es el efecto motivacional».[25]

Esto no significa que el movimiento climático deba centrarse exclusivamente en fomentar la conciencia. Como ha argumentado Jacob Blumenfeld, la conciencia puede ser una estrategia de evasión tanto como el negacionismo, quizá incluso de un modo más perverso.[26] Este es el gran riesgo de la barbarie climática: que la conciencia no conduzca al desmantelamiento de las injusticias estructurales, sino a que los países privilegiados «se acomoden a un mundo injusto».[27] La conciencia, en otras palabras, puede ser simplemente otro método de apartar la mirada. Como ha señalado Chappell, también esto es una realidad que se adhiere a lo epifánico: la *traición de la visión*, la experiencia «de que no hemos respondido como deberíamos». Por eso no deberíamos depender solo de las epifanías, sino que necesitamos practicar la *constancia*: el trabajo duro, a pelo, que debe venir tras haber respondido a la llamada.[28] Y esta es otra razón por la que necesitamos a otras personas: no solo para aterrizar la visión en la realidad, sino para que nos interpelen cuando esa visión corre el riesgo de ser traicionada. Eso significa comprometerse con la acción y la implicación colectivas, aunque sea a pequeña escala. Por otra parte, también significa permanecer al lado de la oscuridad, en lugar de optar por el tipo de optimismo que nos dice que la solución es sencilla o que el asunto está zanjado.[29]

Esto, por encima de cualquier otra cosa, es lo que Nuestra Señora de la Oscuridad trae a nuestra memoria. Llega a esta hora tardía para recordarnos esa intuición rápida e inquietante de que en la visión negra puede recogerse algo; de que nuestros ojos pueden abrirse de maneras en que antes no lo estaban; de que podemos ver en esa oscuridad.[30] Por eso, el pesimismo con esperanza quizá no sea una contradicción, sino una manifestación de ese poder indómito que solo se aprovecha cuando las fuerzas más oscuras de la vida se reúnen en la extraña alquimia de la esperanza.

## La virtud del pesimismo

A lo largo de este libro he sugerido que conceptos como el optimismo y el pesimismo, la esperanza y la desesperación, suelen malinterpretarse; que el pesimismo no tiene por qué obstaculizar el activismo; al contrario, puede ser una fuente moral especialmente poderosa; mientras que el optimismo, e incluso la esperanza, entrañan peligros propios. Sobre todo, he sostenido que el pesimismo puede tener valor. Pero ¿podríamos ir más allá? ¿Podría ser, de hecho, una *virtud*?

A algunos, esta idea les puede parecer absurda. Así, podríamos suscribir la definición de Hume según la cual la marca de toda virtud es que resulta *útil y agradable*, ya sea para quien la posee o para los demás.[31] Sin embargo, el pesimismo no parece *útil ni agradable*. No se ve útil —sigue el argumento— porque nos vuelve pasivos, nos deprime no solo a nosotros, sino también a «nuestro sentido de lo posible», como ha dicho Marilynne Robinson a propósito del pesimismo cultural en particular.[32] Y no sería agradable, porque intensifica nuestro sufrimiento al hacer que nos fijemos en el lado malo de la vida en vez de en el bueno (o eso sostendrían archioptimistas como Leibniz y Rousseau). No sorprende, entonces, que ciertos estudios sobre supuestos «modelos morales» hayan identificado la positividad, el talante esperanzado y el optimismo entre los rasgos que esos modelos compartían.[33]

Y, sin embargo, pensemos en Greta Thunberg. Si existe algo así como una «virtud climática», esta mujer parece encarnarla. Si consideramos las duras decisiones personales que ha tomado, la firmeza de su visión y el coraje con el que pide cuentas a los líderes del mundo y los increpa por su tibieza, por su falta de voluntad para comprometerse plenamente con la causa, así es. Si esto no es un ejercicio de virtudes, entonces no sé qué lo es; y, sin embargo, en Thunberg no hay nada de positivo ni de optimista. Si hay esperanza, es una esperanza oscura, desolada, llena de rabia, de duelo y de dolor por lo que se está perdiendo, pero atravesada también por la insistencia, la perseverancia, la determinación. Está claro que esta activista seguirá esforzándose *incluso si* sus esfuerzos están condenados al fracaso. Esto no es optimismo: si acaso, es un pesimismo con esperanza, y creo que tiene todo el derecho a ser llamado una virtud en nuestra época.

Es, además, una virtud que muchos ya están cultivando. El ejemplo de Thunberg resulta contundente precisamente porque encarna la postura y la experiencia de muchos. Como ha escrito Andreas Malm sobre el auge del movimiento climático en 2019: «también había un trasfondo más oscuro en los acontecimientos: una ira a fuego lento. Greta Thunberg lo personificaba. Su silueta se cernía sobre millones de jóvenes, como signo de la injusticia intergeneracional en el corazón del colapso climático».[34] No es casualidad que su ejemplo haya ejercido un atractivo tan incisivo sobre la imaginación de una generación, aunque —como le dijo un experto—, en cierto sentido, los huelguistas escolares «lo hicieron todo mal».[35] Lo que muchos activistas demuestran con sus acciones y sus actitudes es que es posible ser profundamente pesimista respecto del estado de las cosas en el mundo sin ser fatalista; que es posible ser desesperada y obstinadamente activista sin ninguna certeza de éxito. En esto se alinean con activistas del pasado, entre ellos Albert Camus, que mostró que el pesimismo puede, en efecto, ser el motor de una acción y un compromiso sostenidos: que percibir una realidad desoladora puede ser el primer paso para transformarla. «Así que decidí hablar y actuar con claridad», como nos decía uno de los héroes de Camus, «ponerme en el buen camino».[36]

Esto sugiere también que lo que he llamado *pesimismo con esperanza* no es, al fin y al cabo, una virtud nueva: ha resurgido una y otra vez en tiempos de muerte y oscuridad. Como ha señalado la escritora Mary Annaïse Heglar en su carta abierta al movimiento climático, el cambio climático no es la primera amenaza existencial que irrumpe sobre una población, y los activistas harían bien en extraer una lección del movimiento por los derechos civiles y de su lucha desesperada e inflexible contra el racismo, la esclavitud y el genocidio:

> Uno no combate algo así porque crea que va a ganar. Lo combate porque tiene que hacerlo. Porque rendirse condena a mucho más que a uno mismo: condena todo lo que viene después. La aquiescencia, en este caso, es lo que James Baldwin llamó «la enfermedad mortal». ¿Puedes entender lo que quiso decir Fannie Lou Hamer cuando afirmó: «¿Qué sentido tenía asustarse? Lo único que podían hacer era matarme, y daba un poco la impresión de que llevaban tiempo intentándolo, poco a poco, desde que tengo memoria». ¿Qué puedes perder, ahora? ¿Qué otra cosa puedes ser, sino valiente?[37]

Dada la larga historia de la resistencia desesperada, no debería parecernos extraño imaginar el pesimismo (un pesimismo con esperanza, activista) como una virtud, y el optimismo (un optimismo tosco, pagado de sí mismo) como un vicio. Desafiando las sospechas de fatalismo y pasividad que siempre lo han rondado, el pesimismo podría incluso resultar ser una de las virtudes más antiguas que existen. Sencillamente no ha habido valor para presentarlos así. Es, además, una virtud especialmente bien adaptada a la emergencia, pues, a diferencia de otras virtudes, el pesimismo se compromete a afrontar peligros agudos y otros adormecidos, y por ello lleva en sí mismo un sentido de urgencia. De ahí que pueda aliarse con la esperanza, así como con ciertos tiempos de la desesperación.[38]

De modo que sostengo que el pesimismo esperanzado no es ni invención ni innovación: ya *hay muchos pesimistas esperanzados en el movimiento climático*.[39] El problema no está en los activistas ni en sus actitudes. Este solo aparece cuando se les exige ser audazmente optimistas y expresar una confianza esperanzada incluso cuando no la sienten; cuando su experiencia habita, más bien, con las sombras de nuestra época, con lo que De Quincey llamó las Penas. Por eso el pesimismo esperanzado, como concepto, puede ser útil: para dar confianza y consuelo a quienes se plantan de cara ante el cambio climático y lloran lo que se pierde, aun mientras luchan por preservarlo. Aunque los términos nuevos no son una solución, a veces pueden servir como herramientas para entendernos y entender nuestra experiencia, y para forzar la apertura de conceptos viejos que se han vuelto demasiado rígidos u oxidados: que nos han cerrado el acceso a lo extraño y a lo nuevo. El pesimismo con esperanza puede ser una herramienta de ese tipo, que se emplee para tranquilizar a quienes experimentan ira, duelo y tristeza: para hacerles ver que esa experiencia no es algo de lo que haya que avergonzarse o que haya que evitar. Al contrario, puede ser una fuente moral, un manantial de actividad ética y de motivación.[40]

El pesimismo esperanzado irrumpe y rompe la dicotomía oxidada de *optimismo frente a pesimismo*. Esta es la perspectiva que encarnan Thunberg y otras figuras que, con su ejemplo, responden afirmativamente a la pregunta que en su día formuló Paul Kingsnorth: «¿Es posible ver el futuro como oscuro —y cada vez más oscuro—; rechazar la falsa esperanza y el seudooptimismo desesperado sin caer derrumbado en la desesperación?».[41] Lo que hay que evitar no es tanto el pesimismo como el fatalismo o la resignación interesada. Ni siquiera la desesperación tiene por qué evitarse por completo, pues también puede darnos energía y animarnos a esforzarnos por el cambio. Lo que conviene esquivar es la clase de desesperación que nos hace venirnos abajo. Estas cosas no son lo mismo que el pesimismo, que no es más que la asunción de una visión sombría tanto del presente como del futuro y no implica perder el coraje ni la insistencia por mejorar: al contrario, a menudo esos son precisamente los dones que el pesimismo puede otorgar. Y estas verdades no se limitan al contexto del cambio climático. Como ha señalado Mariana Alessandri en su libro *Visión nocturna*, «los estados de ánimo oscuros luchan por obtener simpatía en un mundo que preferiría verlos corregidos, curados o convertidos».[42]

Concibo el pesimismo esperanzado como respuesta a una pregunta que apenas nos atrevemos a formularnos. Una manera de quebrar una falsa dicotomía que nos mantiene anclados a viejos hábitos de pensamiento y de estar en el mundo. Una forma de sostener ambas caras de la realidad en una sola mirada; de habitar esa tensión. Una manera de demostrarnos —a nosotros mismos y a los demás— que hemos madurado tanto en nuestra conciencia como en nuestras convicciones: en nuestra capacidad de mirar de frente esa oscuridad y, con los ojos claros, adentrarnos en un futuro incierto. Una forma de perseverar sin expectativa, sabiendo que cada esfuerzo por la causa merece ser hecho, como han sabido antes innumerables activistas. «Tienes que estar en apuros para transformarte», ha dicho Cornel West. «Si no tienes el valor de estar donde está la crisis, donde está la catástrofe, nunca cambiarás».[43]

En los años noventa, el teólogo Thomas Berry escribió que, en tiempos de gran crisis, la energía para el cambio procede de dos fuentes: «terror y atracción». Lo comparó con la adicción, de la que «rara vez nos recuperamos hasta que nos aterrorizamos un poco por lo que está sucediendo. Nos asustamos tanto que estamos dispuestos a emprender una reestructuración drástica de nuestras vidas, una reordenación de nuestra vida personal, de nuestro entorno, de nuestras relaciones: una especie de reconstrucción de la vida desde los cimientos». Este es *el terror*. Pero el terror por sí solo no basta. «Para hacerlo eficazmente, hace falta también un sueño. Jung expresó con frecuencia la idea de que "el sueño impulsa la acción". Necesitamos un sueño creativo, una visión».[44] Esta es la atracción, *la visión*.

*Terror* y *visión*: ¿podría ser que ambas cosas vayan juntas, que deban ir juntas, para que un cambio profundo sea posible? Como sabe cualquiera que haya luchado para superar una adicción —o haya acompañado a alguien que lo hacía—, a veces es necesario tocar fondo, verse enfrentado a la visión devastadora de en qué se ha convertido nuestra vida, para adquirir siquiera la capacidad de empezar a buscar el cambio. Del mismo modo, con frecuencia es precisamente la experiencia de los males y las injusticias del mundo —o la visión de un futuro cada vez más oscuro— lo que nos desubica, nos sacude fuera de la zona de confort y nos impele a «cambiarlo todo».

Este es el don de Nuestra Señora de la Oscuridad.

## La flecha de la esperanza

Ahora que hemos recuperado el pesimismo esperanzado como fuente moral, incluso como virtud para nuestro tiempo, quizá resulte claro que lo «esperanzado» puede ponerse entre paréntesis: su función es subrayar que el pesimismo no tiene por qué significar fatalismo, pero una vez cumplida esa función, no hay razón para que «pesimismo» no baste por sí solo. Recordemos que el *pesimismo con esperanza* es una invitación a reconsiderar cómo pensamos el pesimismo, pero también cómo pensamos la esperanza. Aquí, la «esperanza» puede verse como una escalera que necesitamos subir para llegar a destino: una vez la hemos subido con éxito, podemos soltarla y ser, sencillamente, pesimistas comprometidos con la causa.

O bien optimistas. Mientras nuestra visión sea clara, lo que importa es mantener los ojos fijos en la causa, en *lo que es correcto hacer*, recordando siempre que a quienes tenemos una visión más oscura o desesperada no se nos debería culpar por ello; no significa que hayamos tirado la toalla. Desesperar de un futuro mejor no significa haberlo abandonado: como han demostrado —y siguen demostrando cada día— los pesimistas del pasado, puede ser precisamente ahí donde la resistencia echa raíces.

La verdadera prueba no es cuán esperanzados o desesperados estemos, cuán optimistas o cuán pesimistas seamos. En cualquier caso, existe el riesgo de que todo se reduzca a palabras y sentimientos; de que no nos cueste nada. La prueba real está en cómo se sedimentan nuestras actitudes, en cómo toman suelo. Y por eso vuelvo, una vez más, a ese pesimista esperanzado que fue Albert Camus:

> En esta hora en que cada uno de nosotros debe tensar el arco para repetir sus pruebas, conquistar, en y contra la historia, lo que posee ya, la escasa cosecha de sus campos, el breve amor de esta tierra, en la hora en que nace por fin un hombre, hay que dejar la época y sus furores adolescentes. El arco se tuerce, la madera cruje. En la cima de más alta tensión surgirá el impulso de una recta flecha, del tiro más duro y más libre.[45]

La prueba no está en la naturaleza del arco, sino en la trayectoria de la flecha, en la verdad del blanco. La esperanza no significa nada si no se convierte en acción; el pesimismo no significa nada si nos encierra tras una puerta. La llamada está ahí. Pasaremos la prueba en función de cómo la respondemos. Sin esto, la esperanza es solo esperanza, el pesimismo es solo pesimismo, y con eso no llegamos a ninguna parte. Tal como la piedra le gritaba a Rilke: «*debes cambiar tu vida*».

Y así ha llegado el momento de pasar página al pesimismo con esperanza y ponerse manos a la obra. Por deber, por justicia, por verdad, por quienes ya están sufriendo y por quienes vendrán después de nosotros; por los seres humanos y por otras especies; por solidaridad; por las vidas frágiles a nuestro lado y por la tierra oscura bajo nuestros pies, sabiendo que tú, que yo, hemos respondido a la llamada.

# Agradecimientos

Como sabrán los lectores de *Dark Matters*, *Pesimismo con esperanza* nació como la continuación necesaria de sus últimas páginas; doy las gracias a Ben Tate y a sus colegas de Princeton University Press por ayudarme a darle vida. Pero este libro quizá no existiría de no ser por la invitación de la revista *Aeon* a escribir un ensayo sobre la esperanza, el pesimismo y el cambio climático; agradezco a Sam Dresser y a otras personas de *Aeon* ese impulso, y que me permitieran reproducir en este libro secciones de aquel ensayo. Mi agradecimiento es también para la Leverhulme Trust y la University of St Andrews por apoyar esta reflexión sobre el pesimismo con esperanza.

En la preparación de este libro, han sido varios los estudiosos magníficos que han compartido conmigo su trabajo: doy las gracias a Simon Hope, Quân Nguyen, Enrico Galvagni, Giuseppe Pezzini, Béatrice Han-Pile y Robert Stern por su generosidad al permitirme leer y citar trabajos inéditos o de inminente publicación. Por asesorarme sobre los términos checos de Václav Havel para «esperanza» y «fe», doy las gracias a Matyáš Moravec. Por su lectura atenta del manuscrito y sus comentarios, agradezco a tres revisores anónimos.

Por nuestras conversaciones sobre esperanza y desesperación, optimismo y pesimismo, pérdida conceptual y cambio climático, doy las gracias a Quân Nguyen, Simon Hope, Bridget Bradley, Andreas Malm, Miguel de la Cal Moreno, Alex Douglas y a la cálida comunidad de filósofos de la University of St Andrews. Por su amistad y apoyo, doy las gracias a Colm Ó Siochrú, Roxani Krystalli, Jack Bonnamy, Margaret Hampson, Jade Fletcher, King-Ho Leung, Joy Clarkson y Adam Etinson. Y, por supuesto, a mi amiga Anna Thomas por permitirme usar sus palabras sobre el duelo.

Por encima de todo, deseo dar las gracias a mi familia, especialmente a mi madre, Mañec, sin la cual este libro no existiría, y a mis tres hermanos, Manu, Remko y Pablo, que han inspirado muchas de sus ideas. Les dedico este libro a ellos, y también a los activistas de ayer, de hoy y de mañana, con gratitud y admiración.

# Notas

## Introducción

1   Watts, citado en Bateman, «Mr. G. F. Watts and His Art», 4.
2   Chomsky, *Optimismo contra el desaliento: Sobre el capitalismo, el imperio y el cambio social.*
3   Goodall, *El libro de la esperanza: Una guía de supervivencia para tiempos difíciles.*
4   Solnit, *Esperanza en la oscuridad*; Solnit, «Why Climate Despair Is a Luxury».
5   Dienstag, *Pessimism*, 40.
6   Peter Jackson (dir.), *El Señor de los Anillos: Las dos torres* (New Line Cinema, 2002).
7   Volveré a Tolkien y a las dos formas de esperanza en el capítulo 6.
8   Sobre la importancia de «vernos a nosotros mismos a través de estados de ánimo oscuros» en general, véase Alessandri, *Visión nocturna: Un viaje filosófico a través de las emociones oscuras.*
9   Para más sobre Lear, véase el capítulo 5.
10  Leonard Cohen, «Anthem», *The Future* (Columbia, 1992).

## Capítulo 1. Optimismo, pesimismo, fatalismo

1   Nota al epígrafe: Camus, en 1947/48, en la revista *Caliban*; citado en Todd, *Albert Camus: una vida*, 247 (ligeramente modificado).
2   Chesterton, *G. F. Watts*, 98.
3   Chesterton, *G. F. Watts*, 98-103.
4   Alexander Pope escribió «*Whatever is, is right*», que en francés se convirtió en «*Tout est bien*»; para más sobre este debate, véase mi *Dark Matters*, cap. 3.
5   Voltaire, *Cándido, o el optimismo.*
6   Véase mi *Dark Matters*, cap. 8.
7   Para más sobre esto, véase mi *Dark Matters*, especialmente el cap. 2.
8   Leibniz, *Teodicea: ensayos sobre la bondad de Dios, la libertad del hombre y el origen del mal.*
9   Cita tomada de una carta de Voltaire a Élie Bertrand, 18 de febrero de 1756 (incluida en *Cándido*).
10  Para estos pasajes de Bayle y Hume, véase mi *Dark Matters*, caps. 1 y 5.
11  Leibniz, *Teodicea: ensayos sobre la bondad de Dios, la libertad del hombre y el origen del mal.*

12 Nótese, sin embargo, que Popper explicó su expresión simplemente como un rechazo del fatalismo: «Hay que centrarse en las cosas que deben hacerse y de las que uno es responsable» (*All Life Is Problem Solving*, 125). De hecho, Popper insistía en que se consideraba optimista solo respecto del presente, no del futuro (véase más abajo, y el capítulo 6).

13 Van Lede y Luyendijk, *Pessimisme is voor losers*. Hay algunas excepciones a este patrón: a veces el optimismo se asocia (negativamente) con la ingenuidad, y el pesimismo (positivamente) con el realismo. Pero en la gran mayoría de los casos, el optimismo tiende a tener una carga positiva y el pesimismo, negativa. Véase Dienstag, prefacio de *Pessimism*.

14 Langworth, «Churchill on the Optimist and the Pessimist».

15 O «todo sucede por algún motivo» (véase el libro de Kate Bowler con este título); véase también Alessandri, *Visión nocturna*, y mi *Dark Matters*, cap. 9.

16 *Volkskrant*, «Een nieuwe kijk op crisis»; *Trouw*, «Zo maken we de toekomst weer leuk» y «Zin in morgen». La ilustración de Jip van den Toorn aparece en Sitalsing, «Achter elke crisis».

17 Como sugiere Takken, «Hoopvolle klimaat-tv, omdat de kijkers anders wegzappen».

18 Dienstag, *Pessimism*, 40.

19 Popper, *La responsabilidad de vivir: Escritos sobre política, historia y conocimiento*.

20 Popper, *La responsabilidad de vivir: Escritos sobre política, historia y conocimiento*.

21 Popper, *La responsabilidad de vivir: Escritos sobre política, historia y conocimiento*.

22 Véase, p. ej., Ord, *The Precipice*, 9: «este no es un libro pesimista. No presenta un arco inevitable de la historia que culmine en nuestra destrucción» (equiparando así el pesimismo con el fatalismo).

23 Y, de hecho, al rechazar ambos tipos de fatalismo, Popper muestra que era consciente de ello.

24 En realidad, no es exactamente esto lo que quería decir Leibniz, pero sí es lo que Voltaire creyó que quería decir. Véase mi *Dark Matters*, cap. 3.

25 Robinson, *The Givenness of Things*, 29.

26 Wallace-Wells, *El planeta inhóspito: La vida después del calentamiento* (énfasis mío). Citado en Malm, *Cómo dinamitar un oleoducto: Nuevas luchas para un mundo en llamas*.

27 Véase, por ejemplo, la insistencia de Stephen Gardiner en que las políticas climáticas no deberían basarse en esperanzas optimistas de que una «revolución verde» traiga crecimiento económico, sino en un sentido del deber: «esa esperanza no es y no debería ser nuestro fundamento principal para actuar. Después de todo, moralmente hablando, debemos actuar en cualquier caso. [...] La idea clave es que deberíamos actuar frente al cambio climático incluso si hacerlo no nos beneficia; de hecho, incluso si pudiera dejarnos significativamente peor» (*A Perfect Moral Storm*, 68; subrayado en el original).

28 Scranton, *Aprender a vivir y a morir en el Antropoceno*. El término «estoicismo climático» se aplica a Scranton en Stolze, «Against Climate Stoicism». Véase también la crítica de Malm a Scranton y otros en *Cómo dinamitar un oleoducto*.

29 Miéville, «The Limits of Utopia» (el subrayado es mío).

30 Jessica Schmidt, citada en Malm, *The Progress of This Storm*, 108–109.

## Capítulo 2. Pesimismo y activismo

1 «La única cobardía es ponerse de rodillas. [...] El deber es hacer lo que uno sabe que es justo y bueno.» Camus (febrero o marzo de 1943), citado en Todd, *Albert Camus: una vida*, 164.

2 Por ejemplo: «Necesitamos utopías. Eso es casi un supuesto en el activismo. Si fuera inconcebible una alternativa a este mundo, ¿cómo podríamos cambiarlo?» (Miéville, «The Limits of Utopia»).

3 Chomsky, *Optimismo contra el desaliento: Sobre el capitalismo, el imperio y el cambio social.*

4 Los dos primeros lemas aparecen en pancartas de XR en el documental neerlandés de 2Doc: *Klimaatrebellen: Tussen hoop en wanhoop* [Rebeldes del clima: entre la esperanza y la desesperación], dirigido por Ingeborg Jansen (2022). Para el tercero, véase la figura 2 al inicio del libro.

5 Véase Malm, *Cómo dinamitar un oleoducto*, donde analiza algunas afirmaciones desconcertantes de Roy Scranton y Timothy Morton sobre aprender a «sonreír» «habitando por completo el espacio de la catástrofe» (Scranton, *We're Doomed*, 46-47).

6 En el libro de Dienstag, «pesimismo» se usa sobre todo en el sentido orientado al futuro, pero el argumento que ofrece Dienstag sobre la eficacia política del pesimismo también vale para el sentido orientado a valores, especialmente en el caso de Camus.

7 Dienstag, *Pessimism*, 123.

8 Como escribió Jacqueline Rose en la *London Review of Books* en mayo de 2020: «A finales de marzo, las ventas mensuales de la edición británica de Penguin Classics habían pasado de unos pocos cientos a varios miles y seguían subiendo (ahora han aumentado un 1000%)» («Pointing the Finger»).

9 Tanto en el sentido orientado al futuro como en el orientado a valores.

10 Camus, *El mito de Sísifo.*

11 Camus, *El mito de Sísifo.*

12 Camus, *El mito de Sísifo.*

13 Dienstag, *Pessimism*, 148.

14 Dienstag, *Pessimism*, 144.

15 Camus, *El hombre rebelde.*

16 Camus, *Resistencia, rebelión y muerte*, 57–58. Camus dijo que era pesimista respecto del mundo y del destino humano, aunque «optimista en cuanto al hombre» (*Resistencia, rebelión y muerte*, 73), y añadió: «Esto significa que las palabras «pesimismo» y «optimismo» deben definirse con claridad y que, hasta que podamos hacerlo, debemos prestar atención a lo que nos une más que a lo que nos separa».

17 Dienstag, *Pessimism*, 155.

18 Camus, *Resistencia, rebelión y muerte*; *Moral y política*, edit. Losada, trad. Rafael Aragó.

19 Dienstag, *Pessimism*, 156.

20 Así, Jeffrey Isaac identifica una «mezcla única de pesimismo y coraje» en los escritos de Camus y Arendt (*Arendt, Camus, and Modern Rebellion*, 18) y subraya que ambos se alimentaron del ejemplo de la Resistencia francesa, apoyándose a su vez en Norman Jacobson, quien leyó en Camus, Arendt y George Orwell una «teoría política sin consuelo en el siglo xx» (*Pride and Solace*, 139).

21 Dienstag, *Pessimism*, 149. Véase Isaac, *Arendt, Camus, and Modern Rebellion*, en especial caps. 4 y 5.

22 Camus, carta a Roland Barthes sobre *La peste*, París, 11 de enero de 1955, en *Ensayos líricos y críticos.*

23 Dienstag, *Pessimism*, 156, 145.

24   Sobre este término, véase el capítulo 8.

25   Mordecai Anielewicz a Yitzhak Cukierman, 23 de abril de 1943, Jewish Virtual Library, https://www.jewishvirtuallibrary.org/the-last-letter-from-morde (los subrayados aparecen en esta versión en línea).

26   Véase Dienstag, *Pessimism*, 41 n.

27   Brossat y Klingberg, *Revolutionary Yiddishland*, 162; citado por Malm en *Cómo dinamitar un oleoducto* (subrayado de Malm).

28   Malm, *Cómo dinamitar un oleoducto*.

29   Camus, *El hombre rebelde*, 3.

30   Camus, «Are We Pessimists?», en *Speaking Out*, 37.

31   Camus, «Crisis of Man», en *Speaking Out*, 32.

32   Camus, *La peste*.

33   Camus, *La peste*.

34   Camus, *La peste*.

35   Camus, *La peste*.

36   Considérese el reciente «windfall» de Shell y la complicidad de las empresas de combustibles fósiles BP y ExxonMobil en alimentar la campaña negacionista, así como en popularizar la idea de una huella de carbono personal. Para una excelente panorámica visual de la historia de las campañas de negacionismo fósil, véase Supran y Oreskes, «The Forgotten Oil Ads». Para más sobre los «dos espectros gemelos de la corrupción moral y las soluciones de sombra» que acechan las negociaciones climáticas globales, véase Gardiner, *A Perfect Moral Storm* (p. ej., 140).

37   Camus, *La peste*.

38   Poe, «La máscara de la Muerte Roja», 485.

39   Robinson, *El Ministerio del Futuro*, 297.

40   Blumenfeld, «Climate Barbarism», 163.

41   Butler, «A Coal Mine for Every Wildfire».

42   Klein, *En llamas: Un (enardecido) argumento a favor del Green New Deal*.

43   Nótese, sin embargo, el reciente auge del negacionismo en la extrema derecha; véase Malm y el Colectivo Zetkin, *Piel blanca, combustible negro: Los peligros del fascismo fósil*.

44   Blumenfeld, «Climate Barbarism», 170.

45   Blumenfeld, «Climate Barbarism», 172.

46   Véase la sección «La flecha de la esperanza» en el capítulo 9.

47   Klein, *En llamas: Un (enardecido) argumento a favor del Green New Deal*, 50 (subrayado mío).

48   Esto no quiere decir que Camus fuera siempre fiel a estos principios, pues su política de silencio en respuesta a la cuestión de la liberación de Argelia sigue dividiendo opiniones. Véase más abajo, nota 74.

49   Camus, *La peste*.

50   Tooze, «Ecological Leninism».

51   Nguyen, «Pessimism for Climate Activists», 110-112.

52   Nguyen, «Pessimism for Climate Activists», 121.

53   Nairn, «Learning from Young People Engaged in Climate Activism», 442 (subrayado mío); citado también por Nguyen, «Pessimism for Climate Activists», 121–122.

54    Nótese que el argumento de Nguyen se aplica tanto al «optimismo climático orientado al futuro», comprometido con el progreso futuro, como al «optimismo climático orientado a un propósito», que apela a «un propósito mayor detrás de las dificultades y el sufrimiento» («Pessimism for Climate Activists», 121). Aquí me centro solo en el primero; es posible que mi argumento a favor de un «pesimismo esperanzado» comparta algunas afinidades con el segundo.

55    Nguyen, «Pessimism for Climate Activists» (subrayado en el original), 126.

56    Nguyen, «Pessimism for Climate Activists» (énfasis mío), 126; Harvey, «Greta Thunberg says school strikes have achieved nothing». Nótese, sin embargo, que Thunberg sí reconoció la eficacia del movimiento para desplazar la conciencia (véase el capítulo 9), aunque no para lograr resultados concretos.

57    Nguyen, «Pessimism for Climate Activists», 127.

58    Como en palabras de la directora de sostenibilidad de Xbox: «En un mundo lleno de desesperación y peligro, el juego es el remedio perfecto. Fomenta la imaginación, la esperanza y la cooperación. El juego nos ayuda a sentir que podemos salvar el mundo, y eso es lo que más le falta al público general ahora mismo» (Trista Patterson, citada en *Time*, 16 de noviembre de 2023).

59    Véase también Alessandri, *Visión nocturna: Un viaje filosófico a través de las emociones oscuras*.

60    Kleres y Wettergren, «Fear, Hope, Anger», 514 (subrayado suyo).

61    Citado en Kleres y Wettergren, «Fear, Hope, Anger», 512.

62    Sierra Club US, COY Lima, diciembre de 2014, citado en Kleres y Wettergren, «Fear, Hope, Anger», 514 (subrayado mío).

63    Kleres y Wettergren, «Fear, Hope, Anger», 508; véase de nuevo Nguyen, «Pessimism», 116.

64    Activista/Action Aid 1, COY París, noviembre de 2015, citado en Kleres y Wettergren, «Fear, Hope, Anger», 516.

65    Thunberg, «Our House Is on Fire».

66    Kleres y Wettergren, «Fear, Hope, Anger», 516 (subrayado mío).

67    Activista/Action Aid 2, COY París, noviembre de 2015, citado en Kleres y Wettergren, «Fear, Hope, Anger», 516.

68    Activista juvenil sueco, COY Lima, diciembre de 2014, citado en Kleres y Wettergren, «Fear, Hope, Anger», 513 (subrayado mío).

69    Kleres y Wettergren, «Fear, Hope, Anger», 516.

70    Kleres y Wettergren, «Fear, Hope, Anger», 508.

71    Miéville, «The Limits of Utopia».

72    Salvage Editorial Collective, «Pessimism after Corbyn» (subrayado suyo).

73    Camus, «Are We Pessimists?», en *Speaking Out*, 36.

74    Camus, *Resistencia, rebelión y muerte*, 246. Hay, declaradamente, una ironía en este pasaje, pues el propio Camus (aunque «impecablemente anticolonial» [Gopnik]), en el mismo momento de pronunciar estas palabras había guardado silencio sobre la cuestión argelina, mostrando quizá hasta qué punto es persistente esta tentación. Pero el asunto es complejo, y el propio Camus estaba dividido: véanse Hammer, «Why Is Albert Camus Still a Stranger in His Native Algeria?» y Gopnik, «Facing History».

**Capítulo 3. Perder el futuro**

1   Por ejemplo, el poema «Darkness» de Byron (1816) estuvo precedido por *Le Dernier Homme* de François Xavier Cousin de Grainville (1805) y fue seguido por el poema «The Last Man» de Thomas Campbell (1823–25). Véase Redford, «The "Last Man on Earth" in Romantic Literature».

2   Shelley, *El último hombre*.

3   Shelley, *El último hombre*.

4   Shelley, *El último hombre*.

5   Shelley, *El último hombre*. El relato termina con Verney zarpando con la esperanza desesperada de encontrar a otro ser humano en otro continente.

6   Aunque centrarse en 2100 es engañoso, pues sugiere un punto final para la crisis cuando, en realidad, es probable que las cosas simplemente empeoren una vez pasada esa fecha: véase Malm, *The Progress of This Storm*, 6–7.

7   La novela es muy distinta de la versión cinematográfica de 2006 dirigida por Alfonso Cuarón (ambientada en 2027); por diversas razones, la película es mejor, pero la novela aporta un trasfondo interesante para la situación existencial.

8   James, *Hijos de los hombres*.

9   James, *Hijos de los hombres*.

10  Las conferencias se impartieron originalmente en la UC Berkeley en 2012 como parte de las Tanner Lectures on Human Values, pero más tarde se ampliaron y se convirtieron en un libro, con réplicas de críticos.

11  Scheffler, *Death and the Afterlife*, 26.

12  Scheffler, *Death and the Afterlife*, 18.

13  Scheffler, *Death and the Afterlife*, 38.

14  Scheffler, *Death and the Afterlife*, 18.

15  Scheffler, *Death and the Afterlife*, 21.

16  Scheffler, *Death and the Afterlife*, 26.

17  Scheffler, *Death and the Afterlife*, 40.

18  Scheffler, *Death and the Afterlife*, 43.

19  Nótese que Scheffler deja entre paréntesis las cuestiones de la inmortalidad personal o el más allá religioso.

20  Scheffler, *Death and the Afterlife*, 29.

21  Scheffler, *Death and the Afterlife*, 30.

22  Scheffler, *Death and the Afterlife*, 34.

23  Scheffler, *Death and the Afterlife*, 40.

24  Scheffler, *Death and the Afterlife*, 45.

25  Véanse, por ejemplo, las réplicas de Susan Wolf y otros en Scheffler, *Death and the Afterlife*.

26  Sebastiaan (veintiún años en el momento de hablar), citado en el documental neerlandés *Klimaatrebellen*, en 10:26.

27  Thunberg, discurso en el Parlamento.

28  Jessica Agar, citada en Gayle, «Just Stop Oil Campaigners Glue Themselves to Da Vinci Copy in Royal Academy».

29 Sherrell, *Warmth*, 98.

30 Tomo prestado el concepto de «una brecha intensamente activa» de William James, quien empleó esta expresión para describir la experiencia de tener una palabra «en la punta de la lengua» (*Principios de psicología*, 1:251).

31 Yotam Marom, en Lakey y Marom, «Can Now Really Be the Best Time to Be Alive?».

32 Magnason, *Sobre el tiempo y el agua*.

33 Thunberg, discurso en la «Declaration of Rebellion».

34 Sin embargo, existe el riesgo de generalizar las preocupaciones climáticas de la gente joven, pues en esta generación también hay muchas personas que no son conscientes de la crisis o a quienes no les importa: la barbarie climática también campa entre los jóvenes. Igualmente, existe el riesgo de exagerar la dicotomía mayores/jóvenes, ya que hay muchas personas mayores activas en el movimiento climático.

35 Citado en Hilton, «Greenland Is Now a Country Fit for Broccoli Growers».

36 Así, Sherrell, en sus memorias *Warmth*, se refiere a la crisis climática solo como «el Problema». Véase, sin embargo, Heglar, «Climate Change Isn't the First Existential Threat», para una crítica importante de la excepcionalidad percibida del cambio climático como amenaza existencial (véase también el capítulo 9).

37 Albrecht, *Las emociones de la Tierra: Nuevas palabras para un nuevo mundo*.

38 Scheffler, *Death and the Afterlife*, 43.

39 Esta es también una cuestión para madres y padres. «Tengo cuatro hijos que están empezando a tomar sus propias decisiones vitales», dice Andri Snær Magnason. «¿Qué debería decirles, cómo debería explicar lo que está pasando? Me siento mal por arrebatarles su sentido de propósito, su fe en el futuro» (*Sobre el tiempo y el agua*, 115; énfasis mío).

40 McKinnon, «Climate Change: Against Despair», 40; este pasaje también lo cita Malm, *Cómo dinamitar un oleoducto*, 147, quien añade Solnit, *Esperanza en la oscuridad*, 4: «Podría ocurrir cualquier cosa, y que actuemos o no va a tener todo que ver con ello». Sobre esperanza/desesperación, véase también el capítulo 8.

41 Sobre justicia intergeneracional, véase, p. ej., Gardiner, *A Perfect Moral Storm*.

42 Nakate, citada en Klein y Stefoff, *Cómo cambiarlo todo*, 267.

43 Thunberg, invitada editorial.

44 Thunberg, *El libro del clima*.

45 «Transcript: Greta Thunberg's Speech at the UN Climate Action Summit», *NPR*, 23 de septiembre de 2019, https://www.npr.org/2019/09/23/763452863/transcript-greta-thunbergs-speech-at-the-u-n-climate-action-summit.

46 Camus, *El hombre rebelde*.

47 «Wo aber Gefahr ist, wächst / Das Rettende auch» (Hölderlin, «Patmos», en *Poems and Fragments*, 462–463)

48 Klein, *Esto lo cambia todo: El capitalismo contra el clima*.

## Capítulo 4. La ambigüedad de la esperanza

1 Eliot, T. S. *Cuatro cuartetos* (trad. José Emilio Pacheco; pról. Luis García Montero). Madrid: Alianza Editorial, 2021.

2 Citado en Tromans, *Hope*, 17.

3  Al menos a primera vista: recuérdese que Chesterton pensaba que cualquiera que permaneciera un rato ante *Hope* acabaría con algo más parecido a la fe, la vitalidad o la voluntad de vivir (véase el capítulo 1).

4  Citado en Tromans, *Hope*, 9.

5  Tromans, *Hope*, 15; para el uso de la imagen de la lira en Keats, véase Franklin, «Once More the Poet». Sobre la representación de la esperanza cristiana como ancla (*anchora spei*), véase también Potkay, *Hope*, 340 n.

6  Agradezco a un revisor anónimo haberme señalado este punto.

7  Potkay, *Hope*, 8.

8  Tromans, *Hope*, 11–12.

9  Tromans, *Hope*, 16.

10  Citado en Tromans, *Hope*, 70 n.

11  Publicado en *Academy*, 29 de mayo de 1886; citado en Tromans, *Hope*, 21. Tromans lo denomina «el primero de lo que serían muchas respuestas cristianas a la imagen».

12  Forsyth, *Religion in Recent Art*, 133; citado también en Tromans, *Hope*, 34.

13  Véase Tromans, *Hope*, 34, quien señala que Forsyth veía *Hope* como una obra compañera del cuadro *Mammon* de Watts, que muestra «al dios de la codicia aplastando a la humanidad»; en su momento, ambas imágenes se exhibían a menudo juntas.

14  James Burns, citado en Tromans, *Hope*, 72 n.

15  J. E. Pythian, en 1906, citado en Tromans, *Hope*, 72 n.

16  Tromans, *Hope*, 22. Tromans señala que la segunda versión encaja mejor en secuencia con *Mammon* y *The Dweller in the Innermost* (1884–86), que Watts también donó a la nación. Se conservan otras dos versiones: véase https://en.wikipedia.org/wiki/Hope_(Watts)

17  Véase Tromans, *Hope*, 21: Watts había ofrecido donar sus cuadros más importantes a la nación, pero como a finales de 1886 hubo ofertas de coleccionistas privados, Watts realizó una segunda versión (probablemente con el ayudante de estudio Cecil Schott) para donarla en lugar de la primera. Por otro lado, Mary Watts sostuvo que su marido pintó la nueva versión para mejorar el original (Tromans, *Hope*, 71 n.).

18  Tromans, *Hope*, 49, citando *Western Mail* (Perth, Australia Occidental), 1 de septiembre de 1888.

19  Chesterton, *G. F. Watts*, 102–103.

20  Wright, «The Audacity to Hope», 102. Barack Obama cuenta célebremente que quedó conmovido por el sermón de Wright en *Los sueños de mi padre* (291-295), y más tarde tomó prestado el título de Wright para su libro *La audacia de la esperanza*, aunque nunca menciona a Watts por su nombre (véase Tromans, *Hope*, 74 n.).

21  Kazantzidis y Spatharas, introducción a su volumen editado *Hope in Ancient Literature, History, and Art*, 2. Véase también Potkay, *Hope*, 61-62, sobre la influencia de tradiciones orientales en la filosofía helenística, como el estoicismo. Véanse ambos volúmenes para más sobre la historia vacilante de la esperanza.

22  Lateiner, «*Elpis* as Emotion and Reason», 131-132 (subrayado suyo).

23  *Elpis* suele traducirse como «esperanza», pero no es tan sencillo: véase de nuevo Kazantzidis y Spatharas, *Hope in Ancient Literature, History, and Art*.

24 Hesíodo, citado en Lateiner, «*Elpis* as Emotion and Reason», 133; véase también Potkay, *Hope*, 31 ss.

25 Potkay, *Hope*, 8, 32. Véase Bloch, *El principio esperanza*, 1:333-336.

26 Kazantzidis y Spatharas, introducción, 2. Véase Lateiner, «*Elpis* as Emotion and Reason», 132: «La futilidad y la necedad de la esperanza es un lugar común helénico»; también señala que la *elpis* griega, lo más cercano a nuestra «esperanza», a menudo se combina con epítetos negativos como esperanza vacía o esperanza ciega.

27 Fechado en 477 a. C.: véase Kazantzidis y Spatharas, introducción, 24-27.

28 Kazantzidis y Spatharas, introducción, 24.

29 Lateiner, «*Elpis* as Emotion and Reason», 132; Potkay, *Hope*, 29.

30 Potkay, *Hope*, 29: «El primer autor que trata la *elpis* como un bien sin reservas, dado un objeto de deseo muy específico (la vida eterna en Cristo), es san Pablo, el escritor más temprano del Nuevo Testamento».

31 Potkay, *Hope*, 29. En rigor, la esperanza debe orientarse a dos objetos: la vida eterna y la ayuda de Dios; véase Tomás de Aquino, «On Hope», art. 1, en *Disputed Questions on the Virtues*, 221.

32 Pieper, *Faith, Hope, Love*, 99 (en la línea de Tomás de Aquino).

33 Tomás de Aquino, «On Hope», art. 1, en *Disputed Questions on the Virtues*, 217.

34 Pieper, *Faith, Hope, Love*, 100.

35 Tomás de Aquino, «On the Virtues in General», art. 2, en *Disputed Questions on the Virtues*, 14; cf. Pieper, *Faith, Hope, Love*, 100.

36 Tomás de Aquino, «On Hope», art. 1, en *Disputed Questions on the Virtues*, 222. Nótese que Tomás de Aquino distingue la esperanza como virtud (religiosa) de la esperanza como emoción (secular): véase Miner, «Hope and Despair», en *Thomas Aquinas on the Passions*, 215-230.

37 Tomás de Aquino, «On Hope», art. 1, en *Disputed Questions on the Virtues*, 222; Pieper, *Faith, Hope, Love*, 98, 113 (sobre la *praesumptio*).

38 Pieper, *Faith, Hope, Love*, 101–103.

39 Tomás de Aquino, «On Hope», art. 1, en *Disputed Questions on the Virtues*, 222–223.

40 1 Corintios 13:13 (Nueva Versión Internacional).

41 Pieper, *Faith, Hope, Love*, 103.

42 Dante, *Purgatorio*, canto 29, vv. 127-129.

43 Tomo prestado el término «*countervailing*», 'compensatoria', de Potkay, *Hope*, 170.

44 Voltaire, *Cartas filosóficas* (también conocidas como *Cartas sobre Inglaterra*), 132.

45 Samuel Johnson, *The Rambler*, n.º 67, martes, 6 de noviembre de 1750, en *Works*, 3:353.

46 Johnson, *The Rambler*, n.º 67, martes, 6 de noviembre de 1750, en *Works*, 3:356. Véase la carta de Johnson a una corresponsal no identificada (8 de junio de 1762, en *Letters*, 1:203): «La esperanza es en sí misma una especie de felicidad, y quizá la principal felicidad que este mundo ofrece; pero, como todos los demás placeres disfrutados sin medida, los excesos de la esperanza deben expiarse con dolor, y las expectativas complacidas indebidamente deben acabar en decepción».

47 Johnson, *The Rambler*, n.º 203, martes, 25 de febrero de 1752, en *Works*, 5:295.

48 Rousseau, «Carta a Voltaire [sobre la Providencia]», 246 (subrayado mío).

49  Schopenhauer, *Parerga y paralipómena*, 2:525. Añade en una nota a pie de página: «La esperanza es un estado en el que concurre todo nuestro ser, esto es, voluntad e intelecto: la primera, en cuanto desea el objeto de la esperanza; el segundo, en cuanto calcula que es probable. Cuanto mayor sea la parte del segundo factor y menor la del primero, mejor le irá a la esperanza; en el caso contrario, peor».

50  Schopenhauer, *Parerga y paralipómena*, 2:265.

51  Schopenhauer, *Parerga y paralipómena*, 2:525. Para algunas ambigüedades de la esperanza en Schopenhauer, véase mi *Dark Matters*, 356–358.

52  Nietzsche, *Humano, demasiado humano*, § 71 (énfasis mío). Nótese que Nietzsche es más positivo respecto de la esperanza en otros pasajes, pero no de manera inequívoca.

53  Camus, «Bodas», en *Ensayos líricos y críticos* (escrito c. 1936–37), 91–92.

54  Camus, *El mito de Sísifo*, 7, 133, 58.

55  Citado en Todd, *Albert Camus: una vida*, 291.

56  Camus, «Crear peligrosamente» (conferencia, Upsala, diciembre de 1957), en *Resistencia, rebelión y muerte*, 272.

57  Eagleton, *Esperanza sin optimismo*, 103.

58  Citado al comienzo de este capítulo.

59  Gay, «El caso contra la esperanza».

60  Nótese que escribe: «El realismo es más mi ministerio que el optimismo desbocado», pareciendo así equiparar optimismo con esperanza.

61  Solnit, *Esperanza en la oscuridad*.

62  Goodall, *El libro de la esperanza*, xv; véase también p. 8: «La esperanza… es lo que nos permite seguir adelante frente a la adversidad. Es lo que deseamos que ocurra, pero debemos estar dispuestos a trabajar duro para lograrlo».

63  Solnit, *Esperanza en la oscuridad*, xvi.

64  Thunberg, *El libro del clima*.

65  Tomás de Aquino ofrece dos ejemplos de esperanza falsa: «la esperanza de los borrachos» y la esperanza de los necios (en realidad, Tomás de Aquino habla de los «jóvenes», pero, como sugiere Miner, esto no tiene por qué significar jóvenes en sentido cronológico, sino un tipo de inmadurez psicológica: es decir, necedad). Véase Miner, «Hope and Despair», 224.

66  Miner, «Hope and Despair», 223–224, citando a Tomás de Aquino: «todos los necios, sin usar deliberación, lo intentan todo y son de buena esperanza».

67  Matt Santos, candidato presidencial (ficticio) en *The West Wing*, temporada 6, episodio 10, «Faith Based Initiative», https://www.quotes.net/show-quote/91191; véanse también los ejemplos mencionados por Miner, «Hope and Despair», 223.

68  Miner, «Hope and Despair», 224.

69  Miner, «Hope and Despair», 224.

70  Aunque nótese que puede haber motivos para la resistencia incluso en ausencia de toda esperanza: es decir, una causa justa puede bastar. Véanse los capítulos 2 y 8.

71  Y así, irónicamente, resulta que fundamentar la defensa de la esperanza en la probabilidad la vuelve menos sólida, no más.

72  Scranton, *We're Doomed. Now What?*

73  Como subrayan acertadamente Figueres y Rivett-Carnac, *El futuro por decidir: Cómo sobrevivir a la crisis climática*, 51: «Cuando tu mente te diga que ya es demasiado tarde para marcar una diferencia, recuerda que cada fracción de grado adicional de calentamiento supone una gran diferencia y, por tanto, cualquier reducción de emisiones alivia la carga del futuro».

74  Franzen, «What If We Stopped Pretending?». Nótese que Franzen menciona que aun así deberíamos hacer lo que podamos, pero esa idea queda ahogada por la insistencia en que ya es demasiado tarde.

75  Goodall, *El libro de la esperanza*, 10–11.

76  «La esperanza es difícil de caracterizar por la diversidad excepcional de sus aplicaciones», como señala Béatrice Han-Pile, y añade que podemos expresar esperanza por nosotros mismos, pero también por las personas a las que amamos y por completos desconocidos; podemos esperar cosas futuras, pero también cosas pasadas o presentes (como «espero que haya llegado a casa sano y salvo»), etc. (Han-Pile, «Hope, Powerlessness, and Agency», 175). También señala diferencias de «intensidad y significatividad», de grados de probabilidad, etc. «Así, la esperanza puede vincularse a objetos cercanos o remotos respecto del yo; su modalidad temporal abarca las tres dimensiones del tiempo; puede ser leve, casi irrelevante para el yo, o definitoria de la identidad».

77  Han-Pile, «Hope, Powerlessness, and Agency», 176. Véase también más abajo el capítulo 8.

78  Véase Han-Pile, «Hope, Powerlessness, and Agency», 179: «si entendiéramos el resultado como teóricamente cierto, o a efectos prácticos como dentro de nuestro control, todavía podríamos desearlo, esperarlo o anhelarlo, pero no podríamos tener esperanza en ello» (énfasis mío).

79  Goodall, citada en Saner, «Jane Goodall on Fires, Floods, Frugality and the Good Fight».

80  Goodall, *El libro de la esperanza*, 10. Del mismo modo, Solnit, *Esperanza en la oscuridad*, 11: «La esperanza y la acción se alimentan mutuamente». Y Thunberg: «Parece que hoy la gente está obsesionada con preguntar "¿Hay esperanza?" porque sienten que sin ella no pueden actuar. En realidad, es exactamente al revés: cuando actúan, crean esperanza» (citada en Mossman, «I haven't met a politician ready to do what it takes»).

81  Véase el capítulo 8 (sobre la desesperación).

82  Han-Pile y Stern, «Is Hope a Secular Virtue?», 77, 105 n. 40. Nótese también que la esperanza no es, sin más, una cuestión de control: Han-Pile y Stern sostienen que esperar «no es ni activo ni pasivo: es lo que podría llamarse medio-pasivo» (98); véase Han-Pile, «Hope, Powerlessness, and Agency», 197, y Eagleton, *Esperanza sin optimismo*, 70.

83  Eagleton, *Esperanza sin optimismo*, 58.

84  Véase también Lear, *Esperanza radical*, 105, donde subraya que la disposición esperanzada no es necesariamente un rasgo positivo: también puede ser «una estrategia para apartar la mirada».

85  Han-Pile y Stern, «Is Hope a Secular Virtue?», 87–89.

86  O «expectativa»: véanse Han-Pile y Stern, «Is Hope a Secular Virtue?», 88, 93–95.

87  Véanse los capítulos 5 y 6.

88  Miéville, «The Limits of Utopia».

**Capítulo 5. La esperanza radical**

1    Rico, F.: *El sueño del humanismo* (trad. de Francisco Rico). Alianza, Madrid, 1997.

2    von Preussen, «Don't Tread on Me».

3    Atribuida a Kafka por Max Brod en una versión ligeramente distinta: «Oh, esperanza, sí; hay esperanza de sobra, esperanza infinita…, solo que no para nosotros». Véase https://quoteinvestigator.com/2021/10/05/hope/

4    von Preussen, «Don't Tread on Me».

5    Thunberg, *El libro del clima*, 3.

6    Lear, *Esperanza radical*, 1.

7    Citado en Lear, *Esperanza radical*.

8    Lear, *Esperanza radical*.

9    Lear, *Esperanza radical*.

10   Lear, *Esperanza radical*.

11   Lear, *Esperanza radical*.

12   Lear, *Esperanza radical*.

13   Lear, *Esperanza radical*.

14   Para más sobre estos sueños, véase Lear, *Esperanza radical*, cap. 2.

15   Para más sobre estos sueños, véase Lear, *Esperanza radical*, cap. 2.

16   Lear, *Esperanza radical*.

17   O eso sostiene Lear: «a diferencia de otras tribus, los *crow* no fueron desplazados de sus tierras, no fueron obligados a una marcha forzada, no tuvieron que recorrer un "camino de lágrimas"; y podían decir con razón de sí mismos que nunca fueron derrotados» (*Esperanza radical*).

18   Lear, *Esperanza radical*.

19   Lear, *Esperanza radical*.

20   Lear, *Esperanza radical*.

21   Lear, *Esperanza radical*.

22   Lear, *Esperanza radical*.

23   Lear, *Esperanza radical*.

24   Lear, *Esperanza radical*.

25   Recuérdese que, aunque la comunidad científica manifestó preocupación por el cambio climático al menos desde la década de 1980, y Bill McKibben publicó su libro *El fin de la naturaleza* en 1989, la campaña negacionista tuvo suficiente éxito como para mantener en suspenso durante varias décadas la conciencia pública generalizada.

26   Lear, *Esperanza radical*.

27   Lear, *Esperanza radical*.

28   Lear, *Esperanza radical*.

29   Williston, «Climate Change and Radical Hope», 165.

30   Thompson, «Radical Hope for Living Well in a Warmer World», 51, 52.

31   Williston, «Climate Change and Radical Hope», 167.

32   Hope, «Climate Change», n. 49.

33   Hope, «Climate Change», § 2.

34    Thompson define la esperanza radical como una forma de valentía; Williston apenas aborda la valentía.

35    Lear, *Esperanza radical*, 109.

36    Hope, «Climate Change».

37    Hope, «Climate Change».

38    Nótese que Lear no hace esto él mismo (al menos, no del todo; vuelvo sobre ello más abajo).

39    Oppenheimer, «Out of Unbearable Loss».

40    Lear, *Esperanza radical*.

41    Narrado en Lear, *Esperanza radical*, 26–29; Wraps His Tail citado en 28–29.

42    Lear, *Esperanza radical*.

43    Citado en Utley, *Sitting Bull*, 123.

44    Lear, *Esperanza radical*.

45    Lear, *Esperanza radical*.

46    Lear, *Esperanza radical*.

47    Hoxie, citado en Lear, *Esperanza radical*.

48    Žižek, *Viviendo en el final de los tiempos*, xiv.

49    Véase el capítulo 2.

50    Brossat y Klingberg, *Revolutionary Yiddishland*, 150–151.

51    Citado en Brossat y Klingberg, *Revolutionary Yiddishland*, 151.

52    Lear, *Imagining the End*, 39.

53    Brossat y Klingberg, *Revolutionary Yiddishland*, 162–163 (énfasis mío). Parte de este pasaje también se citó en el capítulo 2 (y en Malm).

54    Brossat y Klingberg, *Revolutionary Yiddishland*, 166.

55    Esta es la esperanza expresada por la difunta Hilary Mantel, que citó a Petrarca en la última página de su célebre trilogía de Cromwell, que fue también el último libro de su vida: véase la cita al inicio de este capítulo.

56    Frankl, *El hombre en busca de sentido*.

57    Eagleton, *Esperanza sin optimismo*, 32–33, donde aborda a Walter Benjamin.

58    Véase Blumberg, «Sitting Bull's Legacy».

59    Por un lado, ambos creían obedecer una guía divina, pero los sueños de Plenty Coups no trataban de la crisis climática, ni tampoco los de Toro Sentado.

60    Taylor, «A Different Kind of Courage».

61    Véase el capítulo 7.

62    Oppenheimer («Out of Unbearable Loss») lee a Lear en el segundo sentido; Taylor («A Different Kind of Courage»), en el primero.

63    Lear, *Imagining the End*, 24.

64    Lear, *Imagining the End*, 39-40.

65    Lear, *Imagining the End*, 103-104.

66    Eagleton, *Esperanza sin optimismo*, 65; sobre la «esperanza absoluta» (que Eagleton llama «esperanza fundamental»), véase Marcel, *Homo viator: Prolegómenos a una metafísica de la esperanza*, 26, 39–40. Para más sobre Bloch y Marcel, véase el cap. 2 del libro de Eagleton.

67   Franzen, «What If We Stopped Pretending?»; Scranton, *Aprender a vivir y a morir en el Antropoceno* y *We're Doomed. Now What?*

68   Esta es una interpretación caritativa que creo que no funciona en el caso de Scranton, aunque quizá sí en el de Franzen y, por ejemplo, Paul Kingsnorth (considérese su «Finnegas»: «Quizá, si tenemos suerte, podríamos preparar el terreno para lo que está por venir»).

69   Wallace-Wells, *El planeta inhóspito*, 35.

70   Por no hablar del sufrimiento de otras especies.

71   Thunberg, *El libro del clima*.

72   Lear, *Esperanza radical*.

73   Lear, *Esperanza radical*.

74   Han-Pile, «Hope, Powerlessness, and Agency», 187, señala también la naturaleza espiritual de la esperanza radical.

75   Taylor, «A Different Kind of Courage». Nótese que esto significa que incluso quienes pertenecen a comunidades religiosas no pueden extraer de sus fuentes espirituales un consenso para la acción moral o política: las sociedades modernas no se adhieren en modo colectivo a tales fuentes como lo hacían los *crow*.

76   Lear, *Esperanza radical*.

77   Lear, *Esperanza radical*, 94; sobre el retorno a la vida, véanse *Imagining the End* y el capítulo 7; sobre la desesperación, véase el capítulo 8.

## Capítulo 6. Esperanza *blues*

1   Eagleton, *Esperanza sin optimismo*.

2   ¡Y ahora, *Pesimismo esperanzado*! Pero véanse las páginas finales del capítulo 9. Nótese también el subtítulo de Figueres y Rivett-Carnac, *El futuro por decidir: Cómo sobrevivir a la crisis climática* (en inglés: *The Stubborn Optimist's Guide to the Climate Crisis*), y el de Rutger Bregman, *Dignos de ser humanos* (que en muchas lenguas se traduce, en cambio, como «una historia optimista»).

3   Goodall, *El libro de la esperanza*; véase también Kelsey, *Hope Matters*, cap. 2: «The Collateral Damage of Doom and Gloom».

4   La cita es de Eagleton, *Esperanza sin optimismo*; sobre la *spes* romana, véase el capítulo 4.

5   Potkay, *Hope*, 27; véase más abajo la vacilación de Cornel West respecto del uso de la esperanza en la campaña de Obama.

6   Potkay, *Hope*, cap. 1.

7   Ronald Reagan, «Acceptance Speech at the Republican National Convention», 17 de julio de 1980, https://www.youtube.com/watch?v=SBP2gvZTnwM, en 29:06.

8   Eagleton, *Esperanza sin optimismo* (el historiador no se identifica). Eagleton cita también a Henry James: «aunque un conservador no es necesariamente un optimista, creo que un optimista es muy probablemente un conservador» (James, *Literary Criticism*, citado en Eagleton, *Esperanza sin optimismo*), y señala que el optimismo es «casi una ideología de Estado» en Estados Unidos (y Corea del Norte), mientras que «el pesimismo se considera vagamente subversivo» (Eagleton, *Esperanza sin optimismo*).

9   «Boris Johnson's First Speech as Prime Minister», 24 de julio de 2019, https://www.gov.uk/government/speeches/boris-johnsons-first-speech-as-prime-minister-24-july-2019.

10  Clark, «Carlota Perez and the Economics of Hope».

11  «Liz Truss's Final Speech as Prime Minister», 25 de octubre de 2022, https://www.gov.uk/government/speeches/liz-trusss-final-speech-as-prime-minister-25-october-2022.

12  «Rishi Sunak's First Speech as Prime Minister», 25 de octubre de 2022, https://www.gov.uk/government/speeches/prime-minister-rishi-sunaks-statement-25-october-2022.

13  Jeremy Hunt, entrevista de Chris Mason, *BBC News*, 17 de noviembre de 2022, https://www.bbc.co.uk/news/uk-politics-63665271.

14  West, *Hope on a Tightrope*, 15.

15  West, *Hope on a Tightrope*, 6.

16  West, *Hope on a Tightrope*, 216.

17  West, *Hope on a Tightrope*, 217.

18  Hanman, «We Are Seeing the Beginnings».

19  Mossman, «I haven't met a politician ready to do what it takes».

20  En Mossman, «I haven't met a politician ready to do what it takes».

21  Marvel, «We Need Courage, Not Hope, to Face Climate Change». Véase también Kimmerer, «Mending Our Relationship with the Earth», 420: «A menudo me preguntan: ¿dónde encuentras esperanza en estos tiempos oscuros? No estoy segura de saber realmente qué queremos decir con esperanza. ¿Una fuente de optimismo? ¿Un pensamiento ilusorio? ¿Pruebas de un giro hacia la vida y lejos de la destrucción? No lo sé. No sé sobre la esperanza, pero sí sé sobre el amor. Creo que estamos en este momento peligroso porque no hemos amado lo suficiente a la Tierra, y será el amor lo que nos lleve a ponernos a salvo».

22  Thunberg, *El libro del clima* (subrayado mío).

23  Thunberg, *El libro del clima*.

24  Esta es la visión de la esperanza defendida por Thunberg y otras personas cuando subrayan que la esperanza debe arraigar en la acción (véase más arriba, capítulo 4).

25  Eagleton, *Esperanza sin optimismo*.

26  Goodall, *El libro de la esperanza*.

27  «Hopepunk» entró en el *Collins English Dictionary* en 2019: véase https://www.collinsdictionary.com/dictionary/english/hopepunk.

28  Aunque Rowland matizó esto más tarde: «Tanto si el vaso está medio lleno como medio vacío, lo que importa es que hay agua en ese vaso. Y eso es algo que merece la pena defender» («One Atom of Justice»).

29  Rowland, entrada en Tumblr: https://ariaste.tumblr.com/post/163500138919/ariaste-the-opposite-of-grimdark-is-hopepunk; véase también «One Atom of Justice».

30  Véase https://www.youtube.com/watch?v=k6C8SX0mWP0.

31  P. ej., Robson, «The Sci-fi Genre Offering Radical Hope for Living Better».

32  Goodall, *El libro de la esperanza*.

33  Pezzini, *Tolkien and the Mystery of Literary Creation*, cap. 5.

34  Tolkien, «Athrabeth Finrod ah Andreth»: diálogo escrito por J. R. R. Tolkien y publicado póstumamente por Christopher Tolkien en *El anillo de Morgoth*.

35  Pezzini, *Tolkien and the Mystery of Literary Creation*, cap. 5.

36  Tolkien, *El Señor de los Anillos* (en adelante, *ESdLA*), 1:331 (subrayado mío).

37    Tolkien, *ESdLA*, 1:333.

38    Tolkien, *ESdLA*, 2:441. Nótese que, justo después de la caída de Gandalf, Aragorn también menciona la venganza, quizá en el arrebato del momento: «Al menos podremos ser vengados. ¡Ciñámonos las espadas y no lloremos más! ¡Vamos! Tenemos un largo camino y mucho que hacer» (*ESdLA*, 1:333).

39    Tolkien, *ESdLA*, 3:918, 924 (subrayados míos).

40    Tolkien, *ESdLA*, 1:357.

41    Tolkien, *El anillo de Morgoth*, 320.

42    Tolkien, *El anillo de Morgoth*, 332.

43    Tolkien, *El anillo de Morgoth*, 320.

44    Tolkien, *ESdLA*, 1:404.

45    Tolkien, *ESdLA*, 2:495.

46    Pezzini, *Tolkien and the Mystery of Literary Creation*, cap. 5. Nótese la expresión que emplea Tolkien al describir los sucesos de la Guerra del Anillo en el Apéndice: «cómo se cumplió una esperanza contra toda esperanza» (Apéndice A, *ESdLA*, 3:1062).

47    Éomer, en Tolkien, *ESdLA*, 3:848, 3:847.

48    Éomer, en Tolkien, *ESdLA*, 3:848, 3:847.

49    Tolkien, *ESdLA*, 3:1029.

50    Nótese que, en sus *Cartas*, Tolkien se resistió repetidamente a la idea de que la trama de *ESdLA* representara una victoria sin matices del bien sobre el mal, con toda la gente buena volviendo a casa feliz y recompensada; nótese también que Sauron fue «derrotado», pero no destruido.

51    Tolkien, *Cartas*, 181.

52    Tolkien, *Cartas*, 246, 327.

53    Tolkien, *El fin de la Tercera Edad*, 62 (subrayado final mío).

54    Tolkien, *El fin de la Tercera Edad*, 62.

55    Véase *ESdLA*, 3:933: «Nunca durante mucho tiempo había muerto la esperanza en su corazón tenaz»; y 3:950: «después de haber llegado hasta aquí no quiero rendirme todavía. De algún modo, no es propio de mí».

56    Tolkien, *ESdLA*, 3:922. La «canción» a la que se alude es «La canción de Sam en la torre de los orcos».

57    Tolkien, Apéndice A, *ESdLA*, 3:1062.

58    Tolkien, *Cartas*, 181; véase de nuevo Pezzini, *Tolkien and the Mystery of Literary Creation*, cap. 5.

59    Tromans, *Hope*, 20.

60    Dante, *Purgatorio*, canto I, v. 135 (trad. Hollander); en cambio, no hay esperanza en el *Infierno*, cuyas puertas están adornadas con la frase condenatoria: «Abandonad toda esperanza los que entráis aquí».

61    Véase Pastoureau, *Azul. Historia de un color*.

62    Véase, p. ej., Kelsey, *Hope Matters*, cap. 2; Figueres y Rivett-Carnac, *El futuro por decidir*, cap. 5. Quiero subrayar que hay mucho de valioso en estos libros, y que sus autores aciertan plenamente al oponerse al fatalismo (en el primero: pp. 8, 24, 39; en el segundo: pp. 3, 13, 60); creo, sin embargo, que van demasiado lejos en su énfasis en el pensamiento positivo y en la confusión entre esperanza y optimismo.

63   P. ej., Figueres y Rivett-Carnac, *El futuro por decidir*; Wong, «How to Stay Optimistic When Everything Seems Wrong».

64   Frankl, *El hombre en busca de sentido*.

65   Frankl, *El hombre en busca de sentido*.

66   Frankl, *El hombre en busca de sentido*.

67   Frankl, *El hombre en busca de sentido*.

68   Recuérdese que esta fue exactamente la preocupación expresada por Cornel West en respuesta a las grandes esperanzas puestas en la presidencia de Obama en 2008, y por el Colectivo *Salvage* en respuesta a la candidatura de Corbyn: que unas esperanzas demasiado altas acabarán en decepción y desinflamiento. Véase el capítulo 2 sobre la desilusión de los activistas tras las COP fallidas.

69   Amanda Ripley («This Element Is Critical to Human Flourishing»): «Para los periodistas, la esperanza es una forma desafiante de estar en el mundo: siempre atenta a lo que *es*, pero igualmente alerta a lo que *podría ser*.»

70   Véase el prefacio de Paul Wilson a Havel, *Perturbar la paz*.

71   Havel, *Perturbar la paz* (subrayado mío).

72   Havel, *Perturbar la paz*. Véase Dienstag, *Pessimism*, 156 n., quien vincula a Havel con Camus y sugiere que «existen sólidos motivos para pensar que fue precisamente sobre la base de una solidaridad pesimista de este tipo como, por ejemplo, se articularon los movimientos disidentes rebeldes de Europa del Este en las décadas de 1970 y 1980. Los escritos de Václav Havel —y la veneración de iconoclastas como Frank Zappa por parte del *underground* checo— se hacen eco de la exhortación de Camus a combatir la opresión mediante la individualidad».

73   Havel, carta 64, 17 de enero de 1981, *Cartas a Olga*, 150. Este punto pasa inadvertido para Figueres y Rivett-Carnac, que citan erróneamente a Havel como si describiera aquí el «optimismo» (*El futuro por decidir*, 52).

74   En este texto, Havel parece usar «esperanza» (*naděje*) y «fe» (*víra*) de manera intercambiable; ambas se presentan en claro contraste con el optimismo. Mi agradecimiento a Matyáš Moravec por la consulta sobre los términos checos.

75   Havel, carta 64, 17 de enero de 1981, *Cartas a Olga*, 150-151.

76   Havel, *Perturbar la paz*.

77   Frankl, *El hombre en busca de sentido* (primer subrayado suyo; segundo subrayado mío).

78   West, *Hope on a Tightrope*, 209, 78 (subrayado mío).

79   Popper, *La responsabilidad de vivir*, 111, 109 (subrayados míos); véase el capítulo 1 para la cita completa.

80   George Perkins Marsh, citado en Wulf, *La invención de la naturaleza*, 297.

81   Solnit, *Esperanza en la oscuridad*, xxi (en este libro, Solnit alterna repetida y significativamente entre la esperanza azul y la verde).

82   Virginia Woolf, citada en Solnit, *Esperanza en la oscuridad*, 1.

83   Solnit, *Esperanza en la oscuridad*.

84   Eagleton, *Esperanza sin optimismo* (aquí discutiendo a Quentin Meillassoux).

85   La Mettrie (mi traducción), citado íntegramente en mi *Dark Matters*, 183.

86   Schopenhauer, *El mundo como voluntad y representación*, 1:184.

87  Eagleton, *Esperanza sin optimismo*.

88  Popper, *La responsabilidad de vivir* (subrayado mío). Véase Bloch, *El principio esperanza*, 1:246: «Lo auténtico en el ser humano y en el mundo es lo que sobresale, lo que espera; vive con el temor de verse frustrado y con la esperanza de realizarse. Pues lo posible puede transformarse tanto en la nada como en el ser: lo posible, en cuanto no está plenamente condicionado, es aquello que no está decidido».

89  McKinnon, «Climate Change», 40 (véase el capítulo 8).

90  West, *Hope on a Tightrope*, 217.

91  Marcel, *Ser y tener*, 91 n.; véase también p. 93: «Me parece que las condiciones que hacen posible la esperanza son estrictamente las mismas que hacen posible la desesperación». Nótese, sin embargo, que para Marcel la esperanza debe estar en última instancia arraigada en lo trascendente: «es en el mundo invisible donde la Esperanza desemboca en el mar» (*Ser y tener*, 78; véase *Homo viator*, 40–41).

92  Eagleton, *Esperanza sin optimismo*.

93  Epicuro, citado en Eagleton, *Esperanza sin optimismo*.

94  Véase de nuevo Popper, *La responsabilidad de vivir*, 112: «En lo que respecta al futuro, no deberíamos tratar de profetizar, sino simplemente intentar actuar de un modo moralmente recto y responsable».

95  Havel, *Perturbar la paz*.

96  Frankl, *El hombre en busca de sentido*.

97  West, *Hope on a Tightrope*, 99.

98  Brossat y Klingberg, *Revolutionary Yiddishland*, 132, 139, 143 (subrayados míos); el hombre judío de Europa oriental permanece sin nombre.

99  Goodall, *El libro de la esperanza* (subrayados míos).

100 Nakate, *Una imagen más grande*, 10–17 (subrayado suyo). Véase el capítulo 9 para la cita completa.

101 Thunberg, *El libro del clima*.

102 Ghosh, «Climate Change Is Becoming an All-out War» (subrayado mío),

103 Jordan a Solnit, agosto de 2003, citado en Solnit, *Esperanza en la oscuridad*.

104 «Activismo» es un término deliberadamente vago, que puede definirse de forma estrecha o amplia: dejo expresamente abierta la puerta a definiciones en competencia, pues mi objetivo no es defender un modo concreto de activismo, sino el potencial del pesimismo como fuente de motivación.

105 West, *Hope on a Tightrope*, 209.

106 Rowan Williams y Peter Fenwick, comentarios durante un debate en línea, 12 de diciembre de 2022, https://www.youtube.com/watch?v=taC3YPuV7mM, en 1:07:47.

107 Por ejemplo, Goodall (*El libro de la esperanza*, 234) escribe sobre animar a una multitud a declarar con ella: «¡Juntos podemos! ¡Juntos lo lograremos!».

108 Recuérdese también que puede orientarse al pasado; véase el capítulo 5.

109 Por ejemplo, la justicia climática.

110 Miéville, «The Limits of Utopia».

111 Goodall, *El libro de la esperanza*.

112 Rowland, «One Atom of Justice».

113 Solnit, *Esperanza en la oscuridad*, 109, 21–22, 139. Hay aquí una tensión que Solnit no percibe. De hecho, en su libro operan dos tipos de esperanza: por un lado, una esperanza basada en información positiva (razones o fundamentos para la esperanza), como éxitos pasados o signos «esperanzadores» de que las cosas avanzan en la dirección correcta; por otro, una esperanza basada en la incertidumbre radical.

114 Solnit, *Esperanza en la oscuridad*.

115 Tolkien, *El Señor de los Anillos*, 3:933. Sam también se da cuenta de que, de algún modo, la caída de Gandalf es crucial: «Todo empezó a torcerse cuando bajamos a Moria».

116 Watts, citado en Bateman, «Mr. G. F. Watts and His Art», 4.

## Capítulo 7. Nuestra Señora de las Lágrimas

1 De Quincey, *Suspiria*, 156.

2 De Quincey, *Suspiria*, 146 (cito principalmente el ensayo «Levana y Nuestras Señoras del Dolor»).

3 De Quincey, *Suspiria*, 148-149.

4 De Quincey, *Suspiria*, 149: «Los símbolos eran de ellas; las palabras son mías» (subrayado en el original).

5 Helen Macdonald, entrevista de Michael Berkeley, *Private Passions*, 28 de junio de 2020, https://www.bbc.co.uk/sounds/play/m000kh8f

6 Tomo el término «compañeras en el camino» de Kingsnorth, *Confessions*, 147 (citado en el capítulo siguiente).

7 De Quincey, *Suspiria*, 149-150.

8 Lemon, «Dress in Relation to Animal Life», 172; véase Boase, *Etta Lemon*, cap. 16.

9 G. F. Watts, *A Dedication (To all those who love the beautiful and mourn over the senseless and cruel destruction of bird life and beauty)*, 1898–99 (Lemon menciona en su folleto de 1899 que «mientras lo pintaba, el señor Watts lo llamaba su "Ángel estremecido"» [«Dress in Relation to Animal Life», 175]).

10 Leopold, *A Sand County Almanac*, 10.

11 Cunsolo y Ellis, «Ecological Grief», 275.

12 Leopold, «The Round River—A Parable» (c. 1941), en *The Essential Aldo Leopold*, 265.

13 Hamilton, *Requiem*, 212. Véase también el capítulo 3.

14 Hamilton, *Requiem*, 214.

15 Aparece en el documental neerlandés *Klimaatrebellen*, en 51:22.

16 Klein, citada en Hanman, «We Are Seeing the Beginnings». Véase también Sherrell, *Warmth*, 95: «Al organizarnos día tras día contra el Problema, nos hemos vuelto tan hábiles en la compartimentación que estas acciones son a menudo nuestra única oportunidad real de cumplir con el duelo. La sentada crea un contexto para ello, un momento de dramatismo intensificado en el que por fin podemos verter nuestra ira y nuestra incredulidad y —lo más aterrador de todo, porque lo protegemos con tanto celo— nuestro parpadeante pero aún no extinguido sentido de la esperanza».

17 Citado en el documental *Lament for the Land*, de Ashlee Cunsolo Willox y las comunidades de Nunatsiavut, http://www.lamentfortheland.ca/, aprox. en 29:40.

18 Albrecht, *Earth Emotions*, 200, 40. Véase el capítulo 3.

19    Lewis, *Una pena en observación.*

20    Véase, por ejemplo, https://therevelator.org/species-extinct-2022/.

21    Tolkien, *El Señor de los Anillos*, 1:351. Tolkien se refiere a este pasaje concreto en sus *Cartas*, y señala que en esa descripción «permanece el corazón»: todavía le conmueve (*Cartas*, 221).

22    Citado en Lear, *Esperanza radical*.

23    Jetñil-Kijiner, «Dear Matafele Peinem» (se añade subrayado). Se mencionan los habitantes de Carteret y Taro porque ambos constituyen ejemplos tempranos de comunidades obligadas a reubicarse por el aumento del nivel del mar.

24    Hamilton, *Requiem*, 211.

25    Lear, *Imagining the End*, 41. Nótese que, de estas tres categorías de crisis, la última parece ser la que más ocupa a Lear: es en el contexto de la pandemia cuando dice: «Estamos ansiosos e inseguros respecto del futuro, y el pasado ya no ofrece una guía clara» (22–23).

26    Lear, *Imagining the End*, 41.

27    Lear, *Imagining the End*, 41–42 (subrayado en el original).

28    Lear, *Imagining the End*, 62 (se han eliminado los subrayados).

29    Lear, *Imagining the End*, 8 (subrayado en el original).

30    Lear, *Imagining the End*, 10, 15.

31    Lear, *Imagining the End*, 15.

32    Lear, *Imagining the End*, 17.

33    Lear, *Imagining the End*, 18–19.

34    Lear, *Imagining the End*, 24. Lear sugiere así una similitud entre la ansiedad en torno a la Primera Guerra Mundial y la que rodeó a la pandemia de Covid-19 (al menos en el momento de escribir).

35    Lear, *Imagining the End*, 38-40 (subrayado en el original): nótese que, aunque esto suena un poco a «esperanza radical», Lear no usa este término en el libro nuevo (quizá con buen criterio: véase el cap. 5).

36    Lear, *Imagining the End*, 63.

37    Lear, *Imagining the End*, 64.

38    Freud, «Duelo». (La palabra que usa Freud es *Vollendung*, «culminación»; en alemán: *nach der Vollendung der Trauerarbeit*).

39    Butler, *Vida precaria*, quien menciona también que Freud cambió de opinión sobre algunos aspectos del duelo.

40    Aquí sigo la distinción de Cholbi en *Grief*, 21-22; nótese, sin embargo, que los términos son fluidos. Como señala Cholbi, muchas personas que están de luto también están atravesando un duelo, pero es posible estar de luto sin estar en duelo (*Grief*, 22).

41    Aquí parafraseo a una amiga que, tras la muerte repentina de un amigo muy querido, habló de que el duelo se había convertido en parte de su vida: «un duelo silencioso que no quiero ni necesito que desaparezca».

42    Cunsolo y Ellis, «Ecological Grief», 279.

43    Freud, «Duelo y melancolía».

44    Hamilton, *Requiem*, 211. Véase Boehm y Cronk, «Dark Extinction».

45    Véase Cunsolo y Ellis, «Ecological Grief», 279, quienes señalan que quizá no sea posible volver a «un nuevo punto de estabilidad relativa tras experimentar una pérdida significativa» en «el contexto de pérdidas ambientales incesantes o continuas».

46    Freud, «Duelo y melancolía.

47    Sherrell, *Warmth*, 245 (subrayado en el original).

48    Véase Freud, «Duelo y melancolía»: «aunque el duelo implique graves desviaciones respecto de la actitud normal ante la vida, nunca se nos ocurre considerarlo una condición patológica y remitirlo a tratamiento médico».

49    *Los Simpson*, «The Good, the Sad and the Drugly», temporada 20, episodio 17.

50    Lo cual no quiere decir que la melancolía o la depresión no puedan ser una respuesta a una pérdida real (como también señaló Freud), sino que nuestro lenguaje ordinario sugiere otra cosa.

51    Butler, *Vida precaria*.

52    Lear, *Esperanza radical*.

## Capítulo 8. Nuestra Señora de los Suspiros

1    De Quincey, *Suspiria*, 150-151.

2    De Quincey, *Suspiria*, 150.

3    Goodall, *El libro de la esperanza*, 78.

4    Solnit, «Why Climate Despair Is a Luxury»; Solnit, *Esperanza en la oscuridad*, ix.

5    Véase, p. ej., McKinnon, «Climate Change»; Malm, *Cómo dinamitar un oleoducto*, cap. 3, «Fighting Despair»; Monbiot y Wrigley, «Rewilding», 351: «El renaturalizar nos permite empezar a sanar parte del gran daño que hemos infligido al mundo vivo y, con ello, las heridas que nos hemos infligido a nosotros mismos. Y esta podría ser nuestra mejor defensa contra la desesperación. Podemos sustituir nuestra primavera silenciosa por un verano estruendoso».

6    Thunberg, *El libro del clima*, 42.

7    Frankl, *El hombre en busca de sentido*, 32: la cita medio recordada procede de la obra de Lessing *Emilia Galotti*, acto IV, escena 7, donde la condesa Orsina dice: «*Wer über gewisse Dinge den Verstand nicht verlieret, der hat keinen zu verlieren.*» (Agradezco a un revisor anónimo la referencia).

8    Han-Pile, «Hope, Powerlessness and Agency», 176; Meirav, «The Nature of Hope», 219. Véase el capítulo 4.

9    Meirav, «The Nature of Hope», 222-223 (subrayado del autor). Meirav ofrece también otro ejemplo, en el que una persona tiene esperanzas de ganar la lotería y otra es escéptica, aunque sus evaluaciones de la probabilidad y la deseabilidad de ganar sean exactamente las mismas (223-224).

10    Por ejemplo, Meirav, Han-Pile y, recientemente, Whyman (*Infinitely Full of Hope*, 31–32).

11    Nótese que aquí la certeza incluye la certeza de la imposibilidad. A Paul Tillich se le atribuye a menudo la frase de que «lo contrario de la fe no es la duda, sino la certeza», que se corresponde aproximadamente, aunque no literalmente, con lo que sostiene en *Dinámica de la fe*.

12    Véase Eagleton, *Esperanza sin optimismo*, 44: «Hay, en consecuencia, ocasiones en que [la esperanza] no suena tan distinta de la desesperación».

13  Mann, «Resisting the New Denialism», 373.

14  Solnit, «Why Climate Despair Is a Luxury».

15  McKinnon, «Climate Change», 33.

16  La conclusión suele quedar implícita. Véanse, en particular, Scranton, *We're Doomed. Now What?*; y también Franzen, «What If We Stopped Pretending?» (aunque Franzen dice que aún hay motivos para actuar a escala local); para críticas, véanse Malm, *Cómo dinamitar un oleoducto*, cap. 3, y Stolze, «Against Climate Stoicism».

17  Sherrell, *Warmth*, 153; aunque añade que, en el fondo, no estaba realmente seguro de ese argumento.

18  Sonia Seneviratne (ETH Zúrich), citada en Abnett, «Explainer»; véase el informe del IPCC de 2023: https://www.ipcc.ch/report/sixth-assessment-report-cycle/.

19  Sobre las diferencias entre grados de calentamiento, véanse Lyon *et al.*, «Climate Change Research and Action Must Look beyond 2100»; McCarthy, «Climate Crisis»; y Carbon Brief, «The Impacts of Climate Change».

20  Broome, «Against Denialism», donde discute el escenario «joyguzzling» (un paseo divertido de altas emisiones en un SUV un domingo por la tarde). Para otros argumentos sobre la eficacia de la acción individual, véanse Nefsky, «How You Can Help», y McKinnon, «Climate Change».

21  Ya he citado a Malm, Thunberg, Wallace-Wells y Sherrell, que han señalado todos este punto. Véase también Solnit, *Esperanza en la oscuridad*, 131: «la diferencia entre los mejores y los peores escenarios es enorme, y el futuro aún no está escrito».

22  Véase el capítulo 1.

23  Scranton, *We're Doomed. Now What?*, 67, 68, 73.

24  Malm, *Cómo dinamitar un oleoducto* (subrayado en el original); McKinnon, «Climate Change», 40.

25  Solnit, *Esperanza en la oscuridad*.

26  Solnit, *Esperanza en la oscuridad*; Solnit, «Why Climate Despair Is a Luxury»; véanse también Ripley, «This Element Is Critical to Human Flourishing», y Goodall, *El libro de la esperanza*: «Ojalá los medios dieran más espacio a las noticias alentadoras y esperanzadoras que encontramos por todas partes».

27  Thunberg, *El libro del clima*.

28  Thunberg, *El libro del clima*.

29  Solnit, «Why Climate Despair Is a Luxury» (subrayado mío); también contrapone la desesperación como sentimiento/pronóstico.

30  Solnit, *Esperanza en la oscuridad*.

31  Véase el capítulo 9.

32  Véanse Han-Pile y Stern, «Is Hope a Secular Virtue?», 89.

33  Solnit, «Why Climate Despair Is a Luxury».

34  Spinoza, *Ética demostrada según el orden geométrico*, 3p50escolio (p. 132) y «Definiciones de los afectos» 13exp (pp. 146–157). Véase Han-Pile, «Hope, Powerlessness, and Agency», 183, quien cita también a Hume, La Rochefoucauld y Séneca para posturas similares. En contraste, Solnit, *Esperanza en la oscuridad*, 4: «Esperar es peligroso y, sin embargo, es lo contrario del miedo, porque vivir es arriesgar».

35   Austen, *Persuasión*, 284.
36   Véanse Han-Pile y Stern, «Is Hope a Secular Virtue?», 88-92.
37   Véanse los capítulos 2 y 5.
38   Sobre Provo, véanse sobre todo Roel van Duijn (miembro fundador y activista que más tarde desarrolló una carrera en la política local), *Provo*, y su autobiografía *Diepvriesfiguur* (ambos en neerlandés).
39   *Manifiesto Provo*, en Van Duijn, *Provo*, 28 (traducción y subrayados míos).
40   *Manifiesto Provo* (1967), en Van Duijn, *Provo*, 71.
41   «Inleiding tot het Provocerend Denken», en Van Duijn, *Provo*, 29 (Johnson y Kosygin eran entonces, respectivamente, presidente de Estados Unidos y primer ministro de la Unión Soviética).
42   Thunberg, «Our House Is on Fire».
43   Esta es una cita libre de Bayle, «Xenophanes.F» (citado íntegramente en mi *Dark Matters*, 50).
44   Kierkegaard, *La enfermedad mortal*, 142; véase Eagleton, *Esperanza sin optimismo*, 128. (Nótese, sin embargo, que Kierkegaard analiza la desesperación en un contexto firmemente religioso).
45   Véase Alessandri, *Visión nocturna*.
46   West, *Hope on a Tightrope*, 217 (subrayado mío); véase el capítulo 6 (de este libro) para la cita completa.
47   Miéville, «The Limits of Utopia» y «From Choice to Polarity», respectivamente (subrayado mío).
48   Klein, citada en Hanman, «We Are Seeing the Beginnings»; véase también Sherrell, *Warmth*, 122: «La oscilación rítmica entre acumulación y derrumbe, entre esperanza y ausencia de esperanza».
49   Kingsnorth, *Confessions*, 147.
50   Solnit, *Esperanza en la oscuridad*, 138 («el osito de peluche de la desesperación»), 142 («la facilidad de la desesperación»), 7.
51   Eagleton, *Esperanza sin optimismo*, 12.
52   Alessandri, *Visión nocturna*, 11.
53   Solnit, *Esperanza en la oscuridad*: «la esperanza debería empujarte a salir por la puerta».

## Capítulo 9. Nuestra Señora de la Oscuridad
1   De Quincey, *Suspiria*, 151-152.
2   De Quincey, *Suspiria*, 152–153 (subrayado en el original): en el texto de De Quincey es la primera hermana (la Madonna) quien se dirige a la tercera, mientras están junto a la cama de De Quincey y deciden la forma que tomará su vida.
3   Véase Galvagni, «Climate Change», para un panorama útil del debate; Chappell, «Virtue Ethics and Climate Change».
4   La primera caracterización procede de Galvagni, «Climate Change», 590, donde analiza estos dos beneficios para la ética de la virtud. Sobre la distinción hoy estándar entre emisiones de lujo y de subsistencia, véase Shue, «Subsistence Emissions».
5   Galvagni, «Climate Change», 591-593.

6   Véanse Broome, «Against Denialism»; Nefsky, «How You Can Help».

7   Nótese que digo «enfoque orientado a la virtud» porque esto funciona para una variedad de teorías, no solo para la ética de la virtud en sentido estricto: véanse Galvagni, «Climate Change», 592–593; y Chappell, «Virtue Ethics», 185, que sostiene que «una concepción de las virtudes es una parte necesaria de cualquier perspectiva ética humanamente adecuada».

8   Lenzi, «How Should We Respond to Climate Change?», 424; véase de nuevo Galvagni, «Climate Change», 593.

9   Sobre «resultados tangibles», véase el capítulo 5. Nótese que esto no pretende avalar el mero «activismo de pureza» (en el que la abstención individual es el fin y el límite de la acción), sino sugerir que el cultivo de virtudes puede desplegarse en un compromiso activo a escala variada.

10  Chappell, «Virtue Ethics», 188-189 (subrayado en el original).

11  Chappell, «Virtue Ethics», 190.

12  Chappell, «Virtue Ethics», 191.

13  Chappell, *Epiphanies*, 8: «Una epifanía es una manifestación abrumadora y existencialmente significativa del valor en la experiencia, a menudo súbita y sorprendente, que alimenta la psique, que se siente como si "viniera de fuera" … que nos enseña algo nuevo, que "nos saca de nosotros mismos", y a la que hay una respuesta natural y correcta». La llama una «experiencia cumbre», señalando que ello no significa que las epifanías sean necesariamente positivas; también pueden ser epifánicas al alcanzar un pico de horror, terror o ira (9).

14  Chappell, *Epiphanies*, 50.

15  Chappell, *Epiphanies*, 50-51.

16  Owen Jones, citado en Chappell, *Epiphanies*, 52.

17  Chappell, *Epiphanies*, 52.

18  Goodall, *El libro de la esperanza*, 197.

19  Nakate, *Una imagen más grande*, 10-17 (subrayado suyo).

20  Sherrell, *Warmth*, 25.

21  Chappell, *Epiphanies*, 280.

22  Chappell, *Epiphanies*, 121.

23  Chappell, *Epiphanies*, 53.

24  Chappell, *Epiphanies*, 51.

25  Chappell, *Epiphanies*, 132.

26  Cuando la campaña negacionista dejó de ser sostenible, las empresas de combustibles fósiles se apresuraron a popularizar la idea de la huella de carbono personal, explotando así la concienciación para mantener el *business as usual*; véase, por ejemplo, Crist, «Is It OK to Have a Child?».

27  Blumenfeld, «Climate Barbarism»; véase el capítulo 2.

28  Chappell, turno de preguntas tras su presentación sobre *Epiphanies* en el congreso «Epistemic Breakthroughs», celebrado en St Andrews en junio de 2022.

29  Sobre los peligros del «neo-optimismo», véanse también Malm y el Colectivo Zetkin, *White Skin, Black Fuel*, 486–492, 537. Nótese que el optimismo explícito y la burla de las preocupaciones climáticas («Se cancela el día del juicio final», «No al apocalipsis») fueron

una estrategia deliberada del *greenwashing* de los combustibles fósiles desde la década de 1980; véase, por ejemplo, Supran y Oreskes, «The Forgotten Oil Ads».

30 Véase mi *Dark Matters*; y Alessandri, *Visión nocturna*, 2: «Lo que necesitamos de ahora en adelante es dejar de intentar arrojar luz sobre la oscuridad y aprender, en cambio, a ver en la oscuridad».

31 Hume, *Investigación sobre los principios de la moral* (1751), sección 9.1.

32 Robinson, *The Givenness of Things*, 29.

33 Por ejemplo, Colby y Damon, *Some Do Care*, cap. 10, «Positivity and Hopefulness». Los autores subrayan, sin embargo, que estos modelos no aspiraban a la positividad: «Los valores morales eran primarios, y si la persecución de esos valores conduce a la miseria y la abatimiento en lugar de a la exaltación, que así sea» (271).

34 Malm, *Cómo dinamitar un oleoducto*.

35 Thunberg, *El libro del clima*.

36 Tarrou, en Camus, *La peste*.

37 Heglar, «Climate Change Isn't the First Existential Threat».

38 Es decir, los tiempos activos: véase el capítulo 8.

39 A veces de manera explícita: véase, por ejemplo, Malm, *Progress*, 195: «Mientras solo haya pocos indicios de que [el capitalismo] esté siendo derrocado a escala global, hay motivos para el pesimismo —y, en consecuencia, para una militancia y una negatividad intransigentes». En una nota a pie remite a Eagleton, *Esperanza sin optimismo* (¡esperanza!) y a *Salvage* (¡pesimismo!).

40 Véase de nuevo mi *Dark Matters*, especialmente el cap. 9; y Alessandri, *Visión nocturna*.

41 Kingsnorth, *Confessions*, 143.

42 Alessandri, *Visión nocturna*.

43 West, *Hope on a Tightrope*, 85-86.

44 Berry, *Befriending the Earth*, 90.

45 Camus, *El hombre rebelde*, trad. Josep Escué, Madrid: Alianza Editorial, 1.ª ed., 1.ª imp.

# Bibliografía

Abnett, K. (9 de noviembre, 2021). «Explainer: What's the difference between 1.5°C and 2°C of global warming?» *Reuters.* https://www.reuters.com/business/cop/whats-difference-between-15c-2c-global-warming-2021-11-07/

Albrecht, G. A. (2020). *Las emociones de la Tierra: Nuevas palabras para un nuevo mundo* (J. Abelló, Trad.). MRA Ediciones. (Obra original publicada en 2019).

Alessandri, M. (2024). *Visión nocturna* (A. I. Sánchez Díez, Trad.). Kōan Libros. (Obra original publicada en 2023).

Aquinas, T. (2005). *Disputed questions on the virtues* (E. M. Atkins, Trad.; E. M. Atkins & T. Williams, Eds.). Cambridge University Press.

Austen, J. (2018). *Persuasión* (M. Ortega i Gasset, Trad.). Penguin Clásicos. (Obra original publicada en 1818).

Bateman, C. T. (1901, junio). «Mr. G. F. Watts and his art». *The Windsor Magazine, 14,* 3–16.

Bloch, E. (2004-2007). *El principio esperanza* (F. Serra, Ed.; F. González Vicén, Trad.; Vols. 1-3). Editorial Trotta. (Obra original publicada en 1954–1959).

Blumberg, J. (30 de octubre, 2007). «Sitting Bull's legacy: The Lakota Sioux leader's relics return to his only living descendants». *Smithsonian Magazine.* https://www.smithsonianmag.com/history/sitting-bulls-legacy-175332903/

Blumenfeld, J. (2023). Climate barbarism: Adapting to a wrong world. *Constellations, 30*(2), 162-178. https://doi.org/10.1111/1467-8675.12596

Boase, T. (2021). *Etta Lemon: The woman who saved the birds*. Aurum.

Boehm, M. M. A., & Cronk, Q. C. B. (2021). «Dark extinction: The problem of unknown historical extinctions». *Biology Letters, 17*(3), 20210007. https://doi.org/10.1098/rsbl.2021.0007

Bowler, K. (2019). *No hay mal que por bien no venga, y otras mentiras piadosas: Una carta de amor a la vida* (G. E. Padilla Sierra, Trad.). Diana. (Obra original publicada en 2018).

Broome, J. (2019). Against denialism. *The Monist, 102*(1), 110-129. https://doi.org/10.1093/monist/ony024

Brossat, A., & Klingberg, S. (2016). *Revolutionary Yiddishland: A history of Jewish radicalism* (D. Fernbach, Trans.). Verso.

Butler, J. (18 de noviembre, 2021). *A coal mine for every wildfire: James Butler writes about Andreas Malm's climate manifestos. London Review of Books, 43*(22). https://www.lrb.co.uk/the-paper/v43n22/james-butler/a-coal-mine-for-every-wildfire

Butler, J. (2006). *Vida precaria: El poder del duelo y la violencia* (F. Rodríguez, Trad.). Paidós. (Obra original publicada en 2004).

Camus, A. (1970). *Lyrical and critical essays* (P. Thody, Ed.; E. C. Kennedy, Trad.). Vintage Books.

Camus, A. (2021). *El mito de Sísifo* (E. Benítez, Trad.). Random House. (Obra original publicada en 1942).

Camus, A. (2006). *La peste* (R. Chacel, Trad.). Debolsillo. (Obra original publicada en 1947).

Camus, A. (2022). *El hombre rebelde* (J. Escué, Trad.). Random House. (Obra original publicada en 1951).

Camus, A. (1995). *El hombre rebelde*. Losada

Camus, A. (2023). *El derecho a no mentir: Conferencias y discursos (1936–1958)* (J. Vivanco Gefaell, Trad.). Debate. (Obra original publicada en 2021).

Carbon Brief. (4 de octubre, 2018). *The impacts of climate change at 1.5C, 2C and beyond.* https://interactive.carbonbrief.org/impacts-climate-change-one-point-five-degrees-two-degrees/index.html

Chappell, S.-G. (2022). *Epiphanies: An ethics of experience*. Oxford University Press.

Chappell, S.-G. (2022, June 24). *Epiphanies* [Workshop presentation]. *Epistemic Breakthroughs Workshop*, University of St Andrews, St Andrews, Scotland.

Chappell, S.-G. (2020). «Virtue ethics and climate change». En D. E. Miller & B. Eggleston (Eds.), *Moral theory and climate change: Ethical perspectives on a warming planet* (pp. 177-192). Routledge. https://doi.org/10.4324/9781315205069-10

Chesterton, G. K. (2011). *G. F. Watts* (A. Rice Derqui, Trad.). Espuela de Plata. (Obra original publicada en 1904).

Cholbi, M. (2022). *Grief: A philosophical guide*. Princeton University Press.

Chomsky, N., y Polychroniou, C. J. (2017). *Optimismo contra el desaliento: Sobre el capitalismo, el imperio y el cambio social* (F. Reyes Camps, Trad.). Ediciones B. (Obra original publicada en 2017).

Clark, T. (29 de octubre, 2021). «Carlota Perez and the economics of hope». *Prospect*. https://www.prospectmagazine.co.uk/ideas/economics/38086/carlota-perez-and-the-economics-of-hope

Colby, A., & Damon, W. (1992). *Some do care: Contemporary lives of moral commitment*. Free Press.

Crist, M. (5 de marzo, 2020). «Is it OK to have a child?» *London Review of Books, 42*(5). https://www.lrb.co.uk/the-paper/v42/n05/meehan-crist/is-it-ok-to-have-a-child

Cunsolo, A., & Ellis, N. R. (2018). «Ecological grief as a mental health response to climate change-related loss». *Nature Climate Change, 8*(4), 275-281. https://doi.org/10.1038/s41558-018-0092-2

Alighieri, D. (2021). *Divina comedia. Purgatorio* (R. Pinto, Trad.). Ediciones Akal. (Obra original publicada en el siglo XIV).

De Quincey, T. (2008). *Suspiria de profundis* (L. Loayza, Trad.). Alianza Editorial. (Obra original publicada en 1845).

Dienstag, J. F. (2006). *Pessimism: Philosophy, ethic, spirit*. Princeton University Press.

Eagleton, T. (2016). *Esperanza sin optimismo* (B. Urrutia, Trad.). Taurus. (Obra original publicada en 2015).

Eliot, T. S. (2016). *Cuatro cuartetos* (A. Jaume, Trad.). Lumen. (Obra original publicada en 1943).

Figueres, C., y Rivett-Carnac, T. (2021). *El futuro por decidir: Cómo sobrevivir a la crisis climática* (P. Hermida Lazcano, Trad.). Debate. (Obra original publicada en 2020).

Foer, J. S. (2019). *Podemos salvar el mundo antes de cenar* (L. Luengo, Trad.). Seix Barral. (Obra original publicada en 2019).

Forsyth, P. T. (1889). *Religion in recent art: Expository lectures on Rossetti, Burne Jones, Watts, Holman Hunt and Wagner.* Abel Heywood & Son.

Frankl, V. E. (2015). *El hombre en busca de sentido* (Comité de traducción al español, Trad.). Herder. (Obra original publicada en 1946).

Franklin, J. C. (2003). «Once more the poet: Keats, Severn, and the Grecian lyre». *Memoirs of the American Academy in Rome, 48*, 227-240.

Franzen, J. (2019, September 8). «What if we stopped pretending?» *The New Yorker.* https://www.newyorker.com/culture/cultural-comment/what-if-we-stopped-pretending

Freud, S. (1993). «Duelo y melancolía». En S. Freud, *Obras completas* (J. L. Etcheverry, Trad., Vol. 14, pp. 235–256). Amorrortu. (Obra original publicada en 1917).

Galvagni, E. (2023). «Climate change and virtue ethics». En G. Pellegrino & M. Di Paola (Eds.), *Handbook of philosophy of climate change.* Springer. https://doi.org/10.1007/978-3-030-16960-2_152-1

Gardiner, S. M. (2013). *A perfect moral storm: The ethical tragedy of climate change.* Oxford University Press.

Gay, R. (6 de junio, 2019). The case against hope. *The New York Times.* https://www.nytimes.com/2019/06/06/opinion/hope-politics-2019.html

Gayle, D. (5 de julio, 2022). «Just Stop Oil campaigners glue themselves to Da Vinci copy in Royal Academy». *The Guardian.* https://www.theguardian.com/artanddesign/2022/jul/05/just-stop-oil-campaigners-glue-themselves-to-da-vinci-copy-in-royal-academy

Goodall, J., Abrams, D., y Hudson, G. (2022). *El libro de la esperanza: Una guía de supervivencia para tiempos difíciles.* (A. F. Rodríguez Esteban, Trad.). Paidós. (Obra original publicada en 2021).

Gopnik, A. (2 de abril, 2012). «Facing history». *The New Yorker*. https://www.newyorker.com/magazine/2012/04/09/facing-history

Gravlee, G. S. (2000). «Aristotle on hope». *Journal of the History of Philosophy, 38*(4), 461–477. https://doi.org/10.1353/hph.2005.0029

Hamilton, C. (2011). *Réquiem para una especie: Cambio climático: Por qué nos resistimos a la verdad* (J. M. Lebón, Trad.). Capital Intelectual. (Obra original publicada en 2010).

Hammer, J. (octubre, 2013). Why is Albert Camus still a stranger in his native Algeria? *Smithsonian Magazine*. https://www.smithsonianmag.com/innovation/why-is-albert-camus-still-a-stranger-in-his-native-algeria-13063/

Hanman, N. (14 de septiembre, 2019). Naomi Klein: «We are seeing the beginnings of the era of climate barbarism». *The Guardian*. https://www.theguardian.com/books/2019/sep/14/naomi-klein-we-are-seeing-the-beginnings-of-the-era-of-climate-barbarism

Han-Pile, B. (2017). «Hope, powerlessness, and agency». *Midwest Studies in Philosophy, 41*(1), 175-201. https://doi.org/10.1111/misp.12069

Han-Pile, B., & Stern, R. (2024). «Is hope a secular virtue? Hope as the virtue of the possible». En N. E. Snow (Ed.), *The virtue of hope* (pp. 73-108). Oxford University Press.

Harvey, F. (6 de diciembre, 2019). «Greta Thunberg says school strikes have achieved nothing». The Guardian. https://www.theguardian.com/environment/2019/dec/06/greta-thunberg-says-school-strikes-have-achieved-nothing

Havel, V. (1991). *Disturbing the peace: A conversation with Karel Hvížďala* (P. Wilson, Trad.). Vintage Books.

Havel, V. (1997). *Cartas a Olga: Consideraciones desde la prisión* (M. Zgustová, Trad. y ed.). Galaxia Gutenberg; Círculo de Lectores. (Obra original publicada en 1989).

Heglar, M. A. (18 de febrero, 2019). «Climate change isn't the first existential threat». *ZORA*. https://zora.medium.com/sorry-yall-but-climate-change-ain-t-the-first-existential-threat-b3c999267aa0

Hilton, I. (14 de septiembre, 2007). «Greenland is now a country fit for broccoli growers». *The Guardian*. https://www.theguardian.com/commentisfree/2007/sep/14/comment.climatechange

Hölderlin, F. (2012). *Poemas* (edición bilingüe) (E. Gil Bera, Trad. e introd.). Lumen. (Obra original publicada entre 1793 y 1803).

Hope, S. (s. f.). *Climate change as a philosophical problem* [Manuscrito inédito].

Hume, D. (2014). *Investigación sobre los principios de la moral* (C. Mellizo Cuadrado, Trad.). Alianza Editorial. (Obra original publicada en 1751).

Isaac, J. C. (1992). *Arendt, Camus, and modern rebellion*. Yale University Press.

Jacobson, N. (1978). *Pride and solace: The functions and limits of political theory*. University of California Press.

James, W. (1909). *Principios de psicología* (D. Barnés, Trad.; Vols. 1–2). Daniel Jorro. (Obra original publicada en 1890).

James, P. D. (2018). *Hijos de los hombres* (J. L. Mustieles Rebullida, Trad.). B de Bolsillo. (Obra original publicada en 1992).

Jetñil-Kijiner, K. (2014, September 24). *United Nations Climate Summit Opening Ceremony – A poem to my daughter*. Kathy Jetñil-Kijiner. https://www.kathyjetnilkijiner.com/united-nations-climate-summit-opening-ceremony-my-poem-to-my-daughter/

Johnson, S. (1992–1994). *The letters of Samuel Johnson* (B. Redford, Ed.; Vols. 1–5). Princeton University Press.

Johnson, S. (1958–2019). *The Yale edition of the works of Samuel Johnson* (A. T. Hazen, Gen. Ed.; 23 vols.). Yale University Press.

Johnston, A. (2018). «Poet of hope: *Elpis* in Pindar». En G. Kazantzidis & D. Spatharas (Eds.), *Hope in ancient literature, history, and art: Ancient emotions I* (pp. 35–52). De Gruyter.

Kazantzidis, G., & Spatharas, D. (Eds.). (2018). *Hope in ancient literature, history, and art: Ancient emotions I*. De Gruyter. https://doi.org/10.1515/9783110598254

Kelsey, E. (2020). *Hope matters: Why changing the way we think is critical to solving the environmental crisis*. Greystone Books.

Kierkegaard, S. (2008). *La enfermedad mortal* (D. Gutiérrez Rivero, Trad.). Trotta. (Obra original publicada en 1849).

Kimmerer, R. W. (2022). Enmendar nuestra relación con la Tierra. En G. Thunberg (Ed.), *El libro del clima* (pp. 415–420). Lumen. (Obra original publicada en 2022).

Kingsnorth, P. (2019). *Confesiones de un ecologista en rehabilitación* (D. Muñoz Mateos, Trad.). Errata Naturae. (Obra original publicada en 2017).

Kingsnorth, P. (2020, 20 de marzo). *Finnegas. Emergence Magazine.* https://emergencemagazine.org/op_ed/finnegas/

Klein, N. (2021). *En llamas: Un (enardecido) argumento a favor del Green New Deal* (A. Pedrero Verge y F. J. Ramos Mena, Trads.). Paidós. (Obra original publicada en 2019).

Klein, N. (2015). *Esto lo cambia todo: El capitalismo contra el clima* (A. Santos Mosquera, Trad.). Paidós. (Obra original publicada en 2014).

Klein, N., y Stefoff, R. (2021). *Cómo cambiarlo todo* (P. Fernández Espriu, Trad.). Crossbooks. (Obra original publicada en 2021).

Kleres, J., & Wettergren, Å. (2017). «Fear, hope, anger, and guilt in climate activism». *Social Movement Studies, 16*(5), 507–519. https://doi.org/10.1080/14742837.2017.1344546

Koethe, J. (2001). «In Italy». *Southwest Review, 86*(1), 139–142. https://www.jstor.org/stable/43472144

Lakey, G., & Marom, Y. (2019, December 26). «Can now really be the best time to be alive? A dialogue across generations». *Waging Nonviolence.* https://wagingnonviolence.org/2019/12/can-now-really-be-the-best-time-to-be-alive/

Lateiner, D. (2018). «*Elpis* as emotion and reason (hope and expectation) in fifth-century Greek historians». En G. Kazantzidis & D. Spatharas (Eds.), *Hope in ancient literature, history, and art: Ancient emotions I* (pp. 131–149). De Gruyter. https://doi.org/10.1515/9783110598254-008

Lear, J. (2022). *Imagining the end: Mourning and ethical life.* The Belknap Press of Harvard University Press.

Lear, J. (2025). *Esperanza radical: Ética frente a la devastación cultural* (F. Carmena Martínez, Trad. y ed.). Didaskalos. (Obra original publicada en 2006).

Leibniz, G. W. (2022). *Teodicea: Ensayos sobre la bondad de Dios, la libertad del hombre y el origen del mal* (P. de Azcárate, Trad. y notas; J. Muñoz, Ed.; J. Muñoz, Introd. y rev. de la trad.). Editorial Biblioteca Nueva. (Obra original publicada en 1710).

Lemon, E. (2002). «Dress in relation to animal life» (1899). En B. T. Gates (Ed.), *In nature's name: An anthology of women's writing and illustration, 1780–1930* (pp. 170–175). University of Chicago Press.

Lenzi, D. (2022). «How should we respond to climate change? Virtue ethics and aggregation problems». *Journal of Social Philosophy, 54*(3), 421–436. https://doi.org/10.1111/josp.12488

Leopold, A. (1999). *The essential Aldo Leopold: Quotations and commentaries* (C. Meine & R. L. Knight, Eds.). University of Wisconsin Press.

Leopold, A. (2019). *Un año en Sand County* (A. González Hortelano, Trad.). Errata naturae. (Obra original publicada en 1949).

Lewis, C. S. (1994). *Una pena en observación* (C. Martín Gaite, Trad.). Anagrama. (Obra original publicada en 1961).

Lyon, C., Saupe, E. E., Smith, C. J., Hill, D. J., Beckerman, A. P., Stringer, L. C., Marchant, R., McKay, J., Burke, A., O'Higgins, P., Dunhill, A. M., Allen, B. J., Riel-Salvatore, J., & Aze, T. (2022). «Climate change research and action must look beyond 2100». *Global Change Biology, 28*(2), 349–361. https://doi.org/10.1111/gcb.15871

Magnason, A. S. (2021). *Sobre el tiempo y el agua* (R. García Pérez, Trad.). Salamandra. (Obra original publicada en 2019).

Malm, A. (2022). *Cómo dinamitar un oleoducto: Nuevas luchas para un mundo en llamas* (D. Muñoz Mateos, Trad.). Errata naturae. (Obra original publicada en 2021).

Malm, A. (2020). *The progress of this storm: Nature and society in a warming world*. Verso.

Malm, A., & The Zetkin Collective. (2024). *Piel blanca, combustible negro: Los peligros del fascismo fósil* (V. Prieto, Trad.). Capitán Swing. (Obra original publicada en 2021).

Mann, M. E. (2022). «Resistirse al nuevo negacionismo». En G. Thunberg (Ed.), *El libro del clima* (pp. 372–374). Lumen. (Obra original publicada en 2022).

Mantel, H. (2020). *The mirror & the light*. Fourth Estate.

Marcel, G. (1995). *Ser y tener* (A. M. Sánchez, Trad.). Caparrós Editores. (Obra original publicada en 1949).

Marcel, G. (2022). *Homo viator: Prolegómenos a una metafísica de la esperanza* (M. J. de Torres, Trad.; 2.ª ed. revisada). Ediciones Sígueme. (Obra original publicada en 1944).

Marvel, K. (1 de marzo, 2018). *We need courage, not hope, to face climate change*. On Being. https://onbeing.org/blog/kate-marvel-we-need-courage-not-hope-to-face-climate-change/

McCarthy, J. (30 de julio, 2021). *Crisis climática: ¿Cuál es la diferencia entre un aumento de 1.5, 2, y 3 grados centígrados?* Global Citizen. https://www.globalcitizen.org/es/content/the-difference-in-global-warming-levels-explained/

McKinnon, C. (2014). «Climate change: Against despair». *Ethics & the Environment, 19*(1), 31–48. https://doi.org/10.2979/ethicsenviro.19.1.31

Meirav, A. (2009). «The nature of hope». *Ratio, 22*(2), 216–233. https://doi.org/10.1111/j.1467-9329.2009.00427.x

Miéville, C. (20 de junio, 2016). «From choice to polarity: Politics of, and, and in art». *Salvage*. https://salvage.zone/from-choice-to-polarity-politics-of-in-and-and-art/

Miéville, C. (1 de agosto, 2015). «The limits of utopia». *Salvage*. https://salvage.zone/the-limits-of-utopia/

Miner, R. (2009). *Thomas Aquinas on the passions: A study of Summa Theologiae, 1a2ae 22–48*. Cambridge University Press.

Monbiot, G., & Wrigley, R. (2022). «Renaturalizar». En G. Thunberg (Ed.), *El libro del clima* (pp. 348–351). Lumen.

Mossman, K. (17 de octubre, 2022). «I haven't met a politician ready to do what it takes»: Greta Thunberg and Björk Guðmundsdóttir in conversation. *New Statesman*. https://www.newstatesman.com/ideas/2022/10/greta-thunberg-bjork-guomundsdottir-interview-climate-change

Nairn, K. (2019). «Learning from young people engaged in climate activism: The potential of collectivizing despair and hope». *YOUNG, 27*(5), 435–450. https://doi.org/10.1177/1103308818817603

Nakate, V. (2022). *A bigger picture: My fight to bring a new African voice to the climate crisis*. One Boat.

Nefsky, J. (2017). «How you can help, without making a difference». *Philosophical Studies, 174*(11), 2743–2767. https://doi.org/10.1007/s11098-016-0808-y

Neruda, P. (2025). *Los versos del capitán*. Austral.

Nguyen, A.-Q. (2024). «Pessimism for climate activists». *Ethics & the Environment, 29*(1), 109–137. https://doi.org/10.2979/een.00006

Nietzsche, F. (2019). *Humano, demasiado humano: Un libro para espíritus libres*. Volumen primero (M. Parmeggiani Rueda, Trad.). Tecnos. (Obra original publicada en 1878).

Nuttall, P. (19 de octubre, 2022). Amitav Ghosh: «Climate change is becoming an all-out war». *New Statesman*. https://www.newstatesman.com/environment/2022/10/amitav-ghosh-climate-change-war

Obama, B. (2017). *Los sueños de mi padre: Una historia de raza y herencia* (F. Miranda y E. Páez Rasmussen, Trads.). Debate. (Obra original publicada en 1995).

Oppenheimer, D. (2022, November 9). *Out of unbearable loss, a vision of radical hope. The Washington Post*. https://www.washingtonpost.com/books/2022/11/09/imagining-end-mourning-ethics-lear-review/

Ord, T. (2021). *The precipice: Existential risk and the future of humanity*. Bloomsbury Publishing.

Pastoureau, M. (2023). *Azul: Historia de un color* (N. Petit, Trad.). Folioscopio. (Obra original publicada en 2000).

Pezzini, G. (2025). *Tolkien and the mystery of literary creation*. Cambridge University Press. https://doi.org/10.1017/9781009479714

Pieper, J. (2022). *Las virtudes fundamentales* (R. Gimeno Peña, Trad.; 14.ª ed.). Ediciones Rialp. (Obras originales publicadas en varias fechas).

Popper, K. R. (2008). *La responsabilidad de vivir: Escritos sobre política, historia y conocimiento* (C. Roldán Panadero, Trad.). Ediciones Paidós. (Obra original publicada en 1994).

Poe, E. A. (2025). *La máscara de la muerte roja y otros cuentos góticos* (J. Gómez de la Serna, D. Navarro Gonçalves, y F. Gutiérrez, Trads.). Penguin Clásicos.

Potkay, A. (2022). *Hope: A literary history*. Cambridge University Press.

Redford, C. (6 de noviembre, 2014). The «last man on earth» in Romantic literature. *Wordsworth Grasmere*. https://wordsworth.org.uk/blog/2014/11/06/the-last-man-on-earth-in-romantic-literature/

Rilke, R. M. (2021). *Nuevos poemas. De los nuevos poemas, la otra parte: Selección bilingüe* (E. Salas, Trad.). Buchwald Editorial. (Obra original publicada en 1907–1908).

Ripley, A. (30 de marzo, 2023,). «This element is critical to human flourishing — yet missing from the news». *The Washington Post*. https://www.washington-post.com/opinions/2023/03/30/amanda-ripley-hope-news/

Robinson, K. S. (2021). *El ministerio del futuro* (S. Saito, Trad.). Minotauro. (Obra original publicada en 2020).

Robinson, M. (2015). *The givenness of things: Essays*. Virago.

Robson, D. (13 de enero, 2022). «The sci-fi genre offering radical hope for living better». *BBC Culture*. https://www.bbc.com/culture/article/20220113-the-sci-fi-genre-offering-radical-hope-for-living-better

Rose, J. (7 de mayo, 2020). *Pointing the finger. London Review of Books, 42*(9). https://www.lrb.co.uk/the-paper/v42/n09/jacqueline-rose/pointing-the-finger

Rowland, A. (2019). «One atom of justice, one molecule of mercy, and the empire of unsheathed knives». *The Stellar Beacon* (Winter 2019). https://festive.ninja/one-atom-of-justice-one-molecule-of-mercy-and-the-empire-of-unsheathed-knives-alexandra-rowland/

Salvage Editorial Collective. (14 de septiembre, 2015). *Pessimism after Corbyn. Salvage*. https://salvage.zone/pessimism-after-corbyn/

Rousseau, J.-J. (2009). *Escritos polémicos: Carta a Voltaire. Cartas a Malesherbes. Carta a Beaumont. Carta a Mirabeau* (Q. Calle Carabias, Trad.; 2.ª ed.; J. Rubio Carracedo y Q. Calle Carabias, Preps.). Tecnos.

Saner, E. (20 de octubre, 2021). «Jane Goodall on fires, floods, frugality and the good fight: 'People have to change from within'». *The Guardian*. https://www.theguardian.com/science/2021/oct/20/jane-goodall-on-fires-floods-frugality-and-the-good-fight-people-have-to-change-from-within

Scheffler, S. (2013). *Death and the afterlife* (N. Kolodny, Ed.). Oxford University Press.

Schopenhauer, A. (2023). *Parerga y Paralipómena I* (P. López de Santa María, Trad., introd. y notas; 2.ª ed.). Editorial Trotta. (Obra original publicada en 1851).

Schopenhauer, A. (2023). *Parerga y Paralipómena II* (P. López de Santa María, Trad., introd. y notas). Editorial Trotta. (Obra original publicada en 1851).

Schopenhauer, A. (2022). *El mundo como voluntad y representación I* (P. López de Santa María, Trad., introd. y notas; 2.ª ed.). Editorial Trotta. (Obra original publicada en 1819).

Schopenhauer, A. (2022). *El mundo como voluntad y representación II* (P. López de Santa María, Trad., introd. y notas; 3.ª ed.). Editorial Trotta. (Obra original publicada en 1844).

Scranton, R. (2021). *Aprender a vivir y a morir en el Antropoceno: Reflexiones sobre el cambio climático y el fin de una civilización* (S. Moreno Parrado, Trad.). Errata naturae. (Obra original publicada en 2015).

Scranton, R. (2018). *We're doomed. Now what?: Essays on war and climate change*. Soho Press.

Shelley, M. (2020). *El último hombre* (L. Márquez de la Plata, Trad.). Ediciones Akal. (Obra original publicada en 1826).

Sherrell, D. (2021). *Warmth: Coming of age at the end of our world*. Penguin Books.

Shue, H. (1993). «Subsistence emissions and luxury emissions». *Law & Policy, 15*(1), 39–60. https://doi.org/10.1111/j.1467-9930.1993.tb00093.x

Sitalsing, S. (23 de diciembre, 2022). «Achter elke crisis schuilt een bestuurlijke clusterfuck», *Volkskrant*. https://www.volkskrant.nl/nieuws-achtergrond/achter-elke-crisis-schuilt-een-bestuurlijke-clusterfuck~bc21fda4/

Solnit, R. (2017). *Esperanza en la oscuridad: La historia jamás contada del poder de la gente* (L. Barahona, Trad.). Capitán Swing. (Obra original publicada en 2004).

Solnit, R. (19 de octubre,2022). «Why climate despair is a luxury». *New Statesman*. https://www.newstatesman.com/environment/2022/10/rebecca-solnit-climate-despair-luxury

Spinoza, B. (2007). *Ética demostrada según el orden geométrico* (V. Peña García, Trad.; G. Albiac Lopiz, Prep.). Tecnos. (Obra original publicada en 1677).

Stangl, R. (2020). *Neither heroes nor saints: Ordinary virtue, extraordinary virtue, and self-cultivation*. Oxford University Press.

Stolze, T. (2018). «Against climate stoicism: Learning to fight in the Anthropocene». En J. Jagodzinski (Ed.), *Interrogating the Anthropocene: Ecology, aesthetics, pedagogy, and the future in question* (pp. 317–337). Palgrave Macmillan. https://doi.org/10.1007/978-3-319-78747-3_14

Supran, G., & Oreskes, N. (18 de noviembre, 2021). «The forgotten oil ads that told us climate change was nothing». *The Guardian*. https://www.theguardian.com/environment/2021/nov/18/the-forgotten-oil-ads-that-told-us-climate-change-was-nothing

Takken, W. (2 de noviembre, 2022). «Hoopvolle klimaat-tv, omdat de kijkers anders wegzappen [Hopeful climate TV, as otherwise viewers change the channel]». *NRC*. https://www.nrc.nl/nieuws/2022/11/02/hoopvolle-klimaat-tv-omdat-de-kijkers-anders-wegzappen-2-a4146985

Taylor, C. (26 de abril, 2007). *A different kind of courage*. *The New York Review of Books*. https://www.nybooks.com/articles/2007/04/26/a-different-kind-of-courage/

Thompson, A. (2009). «Radical hope for living well in a warmer world». *Journal of Agricultural and Environmental Ethics, 23*(1–2), 43–55. https://doi.org/10.1007/s10806-009-9185-2

Thunberg, G. (Ed.). (2022). *El libro del clima* (F. Pedrosa Martín, M. Reyes Quesada, J. Ros, y M. Lexell, Trads.). Lumen. (Obra original publicada en 2022).

Thunberg, G. (19 de octubre, 2022). Our politicians will not come to the rescue of planet Earth». *New «Statesman*. https://www.newstatesman.com/environment/2022/10/greta-thunberg-guest-edit-politicians-rescue-planet

Thunberg, G. (25 de enero, 2019). «'Our house is on fire': Greta Thunberg, 16, urges leaders to act on climate». *The Guardian*. https://www.theguardian.com/environment/2019/jan/25/our-house-is-on-fire-greta-thunberg16-urges-leaders-to-act-on-climate

Thunberg, G. (31 de octubre, 2018). «The rebellion has begun». *Medium*. https://medium.com/wedonthavetime/the-rebellion-has-begun-d1bffe31d3b5

Thunberg, G. (23 de abril, 2019). «'You did not act in time': Greta Thunberg's full speech to MPs». *The Guardian*. https://www.theguardian.com/environment/2019/apr/23/greta-thunberg-full-speech-to-mps-you-did-not-act-in-time

Tillich, P. (1976). *Dinámica de la fe* (M. T. La Valle, Trad.). La Aurora. (Obra original publicada en 1957).

Todd, O. (1997). *Albert Camus: una vida* (M. Armiño, Trad.). Tusquets. (Obra original publicada en 1996).

Tolkien, J. R. R. (2025). *Cartas de J. R. R. Tolkien* (H. Carpenter y C. Tolkien, Eds.; R. Masera, Trad.; ed. revisada y ampliada). Minotauro. (Obra original publicada en 1981).

Tolkien, J. R. R. (2023). *El Señor de los Anillos nº 01/03: La Comunidad del Anillo* (L. Domènech, Trad.; ed. revisada). Minotauro. (Obra original publicada en 1954).

Tolkien, J. R. R. (2023). *El Señor de los Anillos nº 02/03: Las dos torres* (L. Domènech, Trad.; ed. revisada). Minotauro. (Obra original publicada en 1954).

Tolkien, J. R. R. (2024). *El Señor de los Anillos nº 03/03: El retorno del Rey* (L. Domènech, Trad.; ed. revisada). Minotauro. (Obra original publicada en 1955).

Tolkien, J. R. R. (2002). *El anillo de Morgoth* (C. Tolkien, Ed.; E. Sarhan, Trad.). Minotauro. (Obra original publicada en 1993).

Tolkien, J. R. R. (1992). *Sauron defeated: The end of the third age* (C. Tolkien, Ed.). HarperCollins.

Tooze, A. (18 de noviembre, 2021). «Ecological Leninism: Drill, baby, drill». *London Review of Books, 43*(22). https://www.lrb.co.uk/the-paper/v43/n22/adam-tooze/ecological-leninism

Tromans, N. (2011). *Hope: The life and times of a Victorian icon.* Watts Gallery.

Trouw. (31 de diciembre, 2022). «Zo maken we de toekomst weer leuk». *Trouw.*

Utley, R. M. (2008). *Sitting Bull: The life and times of an American patriot.* Henry Holt and Company.

van der Lugt, M. (2021). *Dark matters: Pessimism and the problem of suffering.* Princeton University Press.

van der Lugt, M. (26 de abril, 2022). *Look on the dark side: In these dark times the virtue we need is hopeful pessimism. Aeon.* https://aeon.co/essays/in-these-dark-times-the-virtue-we-need-is-hopeful-pessimism

Van Duijn, R. (2012). *Diepvriesfiguur: Autobiografie van PD106043 in samenwerking met de AIVD.* Van Praag.

Van Duijn, R. (1985). *Provo: De geschiedenis van de provotarische beweging 1965–1967.* Meulenhoff.

Van Lede, K., & Luyendijk, J. (2020). *Pessimisme is voor losers: Op de rand van een nieuwe tijd.* Balans.

de Volkskrant. (2022, December 24). *Een nieuwe kijk op crisis.* https://www.volkskrant.nl/een-nieuwe-kijk-op-crisis

Voltaire. (2023). *Cándido o el optimismo* (J. R. Monreal, Trad.). Navona Editorial. (Obra original publicada en 1759).

Voltaire. (2014). *Cartas filosóficas* (G. Isnardi, Trad.). Losada. (Obra original publicada en 1734).

von Preussen, B. (15 de diciembre, 2022). «Don't tread on me: Into Wedgwood's mould». *London Review of Books, 44*(24). https://www.lrb.co.uk/the-paper/v44/n24/brigid-von-preussen/don-t-tread-on-me

Wallace-Wells, D. (2019). *El planeta inhóspito: La vida después del calentamiento* (M. Pérez Sánchez, Trad.). Debate. (Obra original publicada en 2019).

West, C. (2005). *Democracy matters: Winning the fight against imperialism.* Penguin Books.

West, C. (2015). *Hope on a tightrope: Words and wisdom.* SmileyBooks.

Whyman, T. (2021). *Infinitely full of hope: Fatherhood and the future in an age of crisis and disaster.* Repeater Books.

Williston, B. (2012). «Climate change and radical hope». *Ethics & the Environment, 17*(2), 165–186. https://doi.org/10.2979/ethicsenviro.17.2.165

Wong, K. (2020, April 29). *How to stay optimistic when everything seems wrong. The New York Times.* https://www.nytimes.com/2020/04/29/smarter-living/coronavirus-how-to-stay-optimistic-.html

Wright, J. A., Jr. (1993). «The audacity to hope». En J. K. Ross (Ed.), *What makes you so strong? Sermons of joy and strength from Jeremiah A. Wright, Jr.* (pp. 91–110). Judson Press.

Wulf, A. (2016). *La invención de la naturaleza: El nuevo mundo de Alexander von Humboldt* (M. L. Rodríguez Tapia, Trad.). Taurus. (Obra original publicada en 2015).

Žižek, S. (2012). *Viviendo en el final de los tiempos* (J. M. Amoroto Salido, Trad.). Ediciones Akal. (Obra original publicada en 2010).

# Índice alfabético

*Nuestra Señora de las Lágrimas*, 177-194.

## O

Obama, Barack, 11, 143, 145.

ocupación nazi, 168.

Offray de La Mettrie, Julien, 164.

*Optimismo contra el desaliento* (Chomsky), 13.

optimismo fatalista, 37.

optimismo histórico, 128.

optimismo y pesimismo, 27-29, 32, 60.

optimista, Churchill sobre el, 32.

Orwell, George, 71.

orientados al futuro (optimism/pesimismo), 59.

orientados al valor (optimismo/pesimismo), 26-27.

oscuridad, 212-220.

## P

pandemia de Covid-19, 45, 203.

Pandora: 94-95, 100.

pasividad, 12, 14, 17, 20, 40, 45, 67, 205.

pensamiento positivo, 101, 110, 156.

*Persuasión* (Austen), 206.

pesimismo esperanzado, 12, 196, 223-225.

pesimismo fatalista, 37.

pesimista, Churchill sobre el, 32.

*Pessimism* (Dienstag), 45-46.

pestilencia, 51-57.

Petrarca, 113.

Pezzini, Giuseppe, 149-150, 152.

Pfeiffer, Emily (sobre la «cuerda central intacta» de *Hope*), 91.

Phillips, Eliza, 179.